收藏传奇

THE LEGEND OF COLLECTABLES

杨永康　主编

贾亿宝　编著

U0721605

山西出版传媒集团　山西教育出版社

图书在版编目（CIP）数据

收藏传奇 / 贾亿宝编著. —太原 ：山西教育出版社，2020.1（2022.6重印）
ISBN 978-7-5703-0434-9

Ⅰ．①收… Ⅱ．①贾… Ⅲ．①文物—收藏—中国—通俗读物 Ⅳ．①G262-49

中国版本图书馆CIP数据核字（2019）第084051号

收藏传奇
SHOUCANG CHUANQI

责任编辑	郭志强
助理编辑	晋晓敏
复　　审	刘晓露
终　　审	康　健
装帧设计	薛　菲
印装监制	蔡　洁

出版发行 山西出版传媒集团·山西教育出版社
（太原市水西门街馒头巷7号 电话：0351-4729801 邮编：030002）

印　　装	北京一鑫印务有限责任公司
开　　本	890 mm×1240 mm　1/32
印　　张	9.875
字　　数	250千字
版　　次	2020年1月第1版　2022年6月第4次印刷
印　　数	11 001—14 000 册
书　　号	ISBN 978-7-5703-0434-9
定　　价	48.00 元

如发现印装质量问题，影响阅读，请与印刷厂联系调换。电话：010-61424266

目　录

下编：收藏冷暖宝自知

上编:流落人间存何易

01 政治神话的梦幻
——帝王权力象征的传国玉玺

◇ ....

　　有些物品，一旦象征意义过大，就会很容易使人们忽视它被归类为收藏品的可能性，其中最有代表性的就是与政治活动相关的物品。若是落到与其象征的身份地位不符的后人手中，那是毫无疑问的收藏品。可是如果名副其实，那又如何断定呢？在这个难题中，有一件历代帝王们都想追求的政治珍宝，那就是传国玉玺。

一、秦汉时的传国玉玺

　　传国玉玺，又称传国玺、传国宝，相传工匠奉秦始皇之命用和氏璧镌刻，可以传承万世。长宽四寸有余，半尺多高。上纽交五龙，印面刻有李斯书写的小篆"受命于天，既寿永昌"八字，以作为"皇权神授、正统合法"的信物。在秦统一六国以前，普通人手里的大印也可以称为"玺"，但是自从秦始皇定了新规矩，便只有皇帝的印鉴能称作"玺"，其他人的统统都是印章，否则便是犯了忤逆大罪。无论官印还是私印统统不得以玉为材，只有皇帝的玺才能用玉料雕刻。

秦始皇画像

　　传说传国玉玺的第一次失踪是在秦始皇二十八年（前219）。当时秦始皇巡狩至洞庭湖，风浪大作，龙舟将覆，他命人将玉玺投湖，风浪方才平息。至秦始皇三十六年（前211），秦始皇再次巡狩至华阴，有人挡在路上将传国玉玺递给侍从说："持此还祖龙。"说完人就不见了。传国玉玺失而复得，秦始皇还被称为祖龙，颇有点陈胜起义时狐狸夜鸣、鱼腹藏书的神秘意味，可这种故事最终也没给秦朝带来好运。

　　秦始皇死后，传国玉玺改称"始皇玺"。玉玺在秦二世皇帝胡亥手中握了几年，就流传到了被赵高扶持的秦王子婴手中。可是还没等他把玉玺捂热，公元前207年冬，沛公刘邦列军灞上，逼着秦王子婴出城投降。子婴素衣白马，出城十三里投降，献上玉玺。刘邦成为第一个得到传国玉玺的开国皇帝，并将"始皇玺"更名为"汉传国玉玺"，还按照礼法给它配了六个小玉玺来分担重任。从此，传国玉玺成为西汉皇帝的即位凭证，直到西汉出现外戚王莽专权，传国玉玺才第一次受到了非刘姓人的觊觎。

由于小皇帝刘婴还不到两岁，因此传国玉玺由王莽姑母王老太后代管。王莽准备篡位，万事俱备，只欠玉玺，就派堂弟北阳侯王舜进宫向姑母索要。王老太后毕竟是刘家媳妇，总得为刘姓江山说句公道话，因此大骂自己这帮亲戚忘恩负义，欺负孤老太太和吃奶的孩子！虽然骂得起劲，对方作为侄子挨个骂倒也忍得住，可是王老太后生起气来可真忍不住，直接就用传国玉玺砸了过去，人没砸着，却把传国玉玺的一角给摔坏了。王舜则趁机捡回来，用黄金镶补一下，交给王莽了事。传国玉玺从此有了瑕疵，但这也成了它独一无二的特点。

有了传国玉玺，王莽建立新朝，一番不合时宜的改革最终激起了民变。王莽战败，皇宫被攻破。王莽带着玉玺刚刚逃到渐台，就被商人杜吴追上并杀死。杜吴挑了半天，只取走了王莽的印绶，把传国玉玺解下来扔在了一边。在那个时代，人人有印绶，而且等级分明，王莽当时佩戴的是最高等级的印绶，非常好辨认。可能就是因为这一点，杜吴才只是拿走印绶，可见他这种身份的人并不懂传国玉玺的价值。

他不懂，有人懂，参与推翻王莽政权的一些前朝贵族就懂。他们看到有印绶却没有传国玉玺，就询问了杜吴，了解情况后马上派人割了王莽首级，顺便带回了传国玉玺，转交给了起义军的一个头领王宪。这可是传国玉玺啊！王宪一高兴，自己跑到天子车辇上玩去了，做起了称帝的美梦。谁知这梦还没做几天，更始帝的先锋李松进入长安，二话不说就把王宪杀了。传国玉玺被送到更始帝手中。接着赤眉军又击杀更始帝，传国玉玺被刘盆子获得。直到东汉建武三年（27），刘盆子战败，捧着传国玉玺投降了光武帝刘秀。绕了好大一个圈子，传国玉玺终于回到了有出息的刘家人手里。

东汉共经过十二代皇帝的传承，到了东汉末年，外戚专权、宦官当政，宦官张让、段珪等十常侍暴乱，汉少帝连夜逃出皇宫，中途与保管玉玺的官员走散。结果暴乱平定后，汉少帝回宫，其他六玺都回来了，偏偏少了传国玉玺。玉玺的第二次失踪，开始在历史上掀起了腥风血雨。

外戚与宦官争权两败俱伤，董卓进京肆意废立皇帝，惹来了十八路诸侯的讨伐。长沙太守孙坚攻入洛阳，从城南甄宫井中一名宫女的尸体上找到了传国玉玺，也有了称帝的野心。孙权的劝阻也没能制止他心生异念，孙坚把它藏在妻子吴氏身边。这段故事在名著《三国演义》中也有描写，还突出了孙权的聪慧：小小年纪就看清了传国玉玺暗含的危险。结果孙坚命短，不久就在岘山阵亡。袁术则趁机派人抢夺，获得玉玺后称帝，结果被围攻致死。袁术死后，传国玉玺辗转到了曹操手里，名义上归还了刘汉王朝。

直到曹丕篡位称帝，举行了一场禅位大典，这枚传国玉玺也出场发挥了自己的作用。不过曹丕还是怕人说闲话，又令人在传国玉玺肩部刻上"大魏受汉传国玺"七个隶字，这纯属多此一举。从此，传国玉玺在曹魏皇帝手中又传承了一段日子。

二、各路枭雄的争夺

汉末直到唐代立国，各路枭雄开始了你方唱罢我登场的残酷竞争。这一时期，西晋取代曹魏统一三国。时隔不久，西晋就陷入"八王之乱"，之后，开始了五胡十六国的大分裂时期。也就在这一时期，传国玉玺成为了各路豪杰争抢的目标。

西晋统一三国以后，玉玺到了司马炎手中，保存在洛阳皇宫。西晋永嘉五年（311），前赵王弥攻入洛阳，掳走晋怀帝和传国玉玺并交予刘聪，刘聪将其迁到平阳"保管"起来。刘聪死后，大将军靳准作乱，强迫汉人胡嵩接受传国玉玺，打算像西晋一样获得名正言顺的地位。胡嵩还没有那个胆子接受这样的挑战，宁可被杀死，也没有接受玉玺。不久靳准被杀，刘曜获得了传国玉玺。

328年，后赵石勒攻打刘曜，得到传国玉玺后，在玉玺的一边刻上了"天命石氏"四字，开始扮演天命所归的角色。不久后赵内乱，冉闵杀石鉴，将传国玉玺传其子冉智。352年，慕容儁攻克冉魏邺城，遍寻不得，就谎称冉闵妻子已献出传国玉玺。其实他的本意重在摒弃自己东晋分封的燕王身份，称帝独立。不久，慕容儁建大燕国（即前燕），自称皇帝。

那么传国玉玺去哪里了呢？其实，玉玺早就不在冉氏手中。在同一年，东晋濮阳太守戴施早就以出兵救援为名，从冉魏大将军蒋干手中获得了玉玺，派遣都护何融将传国玉玺交由安西将军送往东晋都城建康（今南京）。至此，传国玉玺在少数民族头领手中流转了四十多年之后终于重新回到晋朝皇帝手里。当年晋元帝东渡之后，连续数代皇帝都没有传国玉玺，以致受人嘲笑："司马家是白板天子"。这次传国玉玺回归，司马氏皇帝终于恢复了正统的名誉，一时间扬眉吐气，世家大族、功臣宿将纷纷庆贺，好不热闹。

420年，晋恭帝被逼禅位于刘裕，传国玉玺由刘宋继承，后传齐、梁。到了梁简文帝时，侯景叛乱，攻入建康抢夺传国玉玺。混战中，侯景部下获得玉玺，逃走时因怕追兵发现，就将玉玺投入建康栖霞寺的水井中，被寺僧永行发现。直到陈永定二年（558），寺僧晋智将传国玉玺进献给了陈武帝。

隋灭陈，传国玉玺归隋。隋朝末年，隋炀帝携带传国玉玺南下扬州，结果在江都被弑，玉玺暂时到了宇文化及手中。宇文化及兵败后，萧皇后携皇孙杨政道带着传国玉玺遁入漠北突厥。这导致唐朝皇帝在618年建朝时没能凭借传国玉玺的威名获得天下承认，而是全凭武力取得最终胜利。

唐贞观四年（630），李靖率军讨伐突厥，迫使萧皇后与杨政道返回中原。传国玉玺归来，唐太宗龙颜大悦。当时李世民早已命人制作了"受命宝""定命宝"等数方大玺聊以自慰，如今获得传国玉玺，自然更加高兴。从武则天开始，"玺"开始被称作"宝"，貌似是由于那时候"玺"字发音类似"死"字，女皇觉得不吉利。不过这一时期武则天以周代唐，对历代旧朝推崇的传国玉玺不感兴趣，又仿照唐太宗的方式，也刻制了"受命宝""定命宝"，将其作为皇权走向新时代的象征。传国玉玺被放在珍宝库里，仿佛已被人遗忘。至于玉玺是称作"玺"还是"宝"的问题，只在唐中宗时期改回了"玺"的叫法，后来唐玄宗李隆基再次推敲这一争端，最后决定还是改称"宝"比较合适。后世各朝对此则不再计较，以"宝"字指称玉玺从此成为传统，沿用不变。

到了唐末，传国玉玺的消息再次活跃了各路藩镇武人的心思。唐天祐四年（907），早已控制李唐皇室的朱全忠废黜唐哀帝，夺得传国玉玺，建立后梁。十六年后，李存勖灭后梁，建立后唐，传国玉玺也落入其囊中。又十三年后，大将石敬瑭引契丹军至洛阳，后唐末帝李从珂携带传国玉玺登上玄武楼焚身自杀。在洛阳城陷的一刻，整个玄武楼随着他化为灰烬，但是没有人找到传国玉玺。传国玉玺的第三次失踪，从此成了百年疑案。

三、五代之后若隐若现的传国玉玺

后周太祖郭威仔细找了好久，也没找到传国玉玺，只好自刻"皇帝神宝"两方印玺，一直传至北宋。宋太祖因"陈桥兵变"受禅，也只获得了后周的两方宝印，没有得到传国玉玺。也就从这一时代开始，传国玉玺离奇失踪又离奇出现的传说愈来愈多。由于无人能讲述玉玺在李从珂之后的流转轨迹，且新出玉玺都与史实描述有偏差，导致这些传说变得真真假假，人们若信若疑。

宋哲宗绍圣四年（1097），咸阳县民段义掘地时得一玉玺，据称离李从珂火焚处不远。玉玺色绿如蓝，品质不凡。次年正月送至京师，蔡京等人认为确实是秦制传国玉玺。可是三十年后，宋徽宗、宋钦宗二帝被金人俘获，玉玺也被掳去，结果又下落不明。

元世祖至元年间，通政院使硕得死后，家人处境艰难，遂将家藏的一块玺印拿到市上出售，因形制非常，无人敢买，最后被权相伯颜命人购得。只见"黝玉宝符，其方四寸，螭纽交蟠，四可边际，中洞横窍，其篆画作虫鸟鱼龙之状"。经过监察御史杨桓辨认，刻文为"受命于天，既寿永昌"，于是被确认为传国玉玺。但偏偏就是这个伯颜，曾将元朝收缴的各国历代印玺统统磨平，分发给王公大臣刻制私人印章。所幸没有磨平了传国玉玺，否则可就会让所有后来的皇帝们都欲哭无泪了。

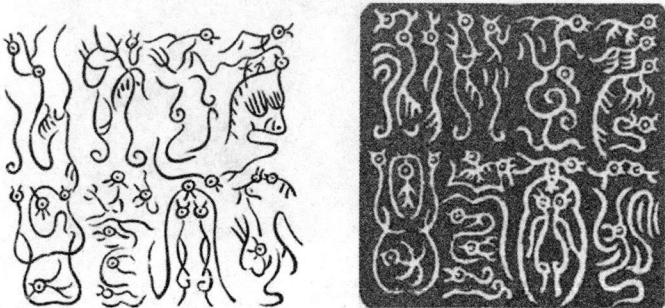

刻文

明朝初年，时人传说元顺帝携带传国玉玺逃到大漠以北。朱元璋一代布衣，求玺心切，便不惜派遣徐达带兵数十万深入漠北，希望夺回此宝，为此还惹得大臣们上表，请罢兵戎，以利百姓生息。即使李文忠二次远征，俘虏部分元后妃和诸王，从他们那里得到了一些宋代及元代的玉玺，也没发现传国玉玺的踪影。

既然传说在漠北，那一定就会出现漠北的传说。某年，在漠北某地，一位牧羊人发现自己的头羊用蹄子在地上专注地刨东西，一会儿就刨出了一块又大又漂亮的玉印。他将玉印献给了元顺帝的后人博硕克图汗，玉印也被鉴定为"传国玉玺"。成吉思汗嫡系后裔、漠南蒙古察哈尔部的林丹汗听闻，即率 20 万大军来攻，经过一场血战，最终夺得玉玺。

明弘治十三年（1500），陕西鄠县（今陕西户县）有人从泥河岸得到一块玉玺，声称是传国玉玺，交由陕西巡抚熊羽中呈献明孝宗朱祐樘。但孝宗皇帝不相信，而且也不在乎这个，就没当一回事，把它当作纯粹的宫廷收藏品收起来了。

清朝受命之宝

后金天聪九年（1635），皇太极派他的弟弟多尔衮西征察哈尔，林丹汗之子额哲献出"传国玉玺"并投降。但皇太极看到玉玺时才发现，虽然玉玺也有镶金补缺的痕迹，但是上面刻的是"制诰之宝"四字。这块玉玺在古史上有记载，是汉元帝命昭君和番时送给匈奴王的一颗羊脂玉玺。不过对外忽悠人这已经足够了，皇太极大张旗鼓地公告天下，宣称他得到了传国玉玺，并正式改国号为"清"。

清代制诰之宝

可是清朝还是没有真正的传国玉玺。清乾隆年间，紫禁城内交泰殿一共贮有 39 颗玉玺，放在正中的一方上面便篆刻着"受命于天，既寿永昌"八字。宫中一直认为它就是传国玉玺，但乾隆皇帝选择以一个收藏家的眼光看待这颗玉玺，在钦定 25 宝的时候亲自把它认定为赝品，完全不在乎"传国玉玺"被定为赝品会给皇权带来什

一般玉玺形制

么样的非议。不过清代是皇帝御用玺印泛滥的年代，仅乾隆皇帝自己就刻了1200 多方玺印，玉、木、石等材质的都有。他可真是把玉玺当成收藏品了，还常常制作数量很多的纪念套装，就差推向社会公开发行了。

近代战乱，清代玺印也大部分流散民间。至今我们都常常听说

在拍卖会上有清朝皇帝玺印拍卖的消息。民国十三年（1924），末代皇帝溥仪被冯玉祥驱逐出紫禁城。大部分玺印得以留存，而溥仪带出皇宫的玉玺中，就有皇太极所得的"制诰之宝"玉玺。当时负责驱赶他的冯部将领鹿钟麟等人曾经向溥仪索要，但没有如愿。后来，溥仪从伪满洲国皇帝变成战犯被押往苏联，又转押回国的数十年间，这颗玉玺都一直隐秘地存放在他随身携带的皮箱的夹层中。

溥仪

直到来到抚顺战犯所，在共产党政策的引导下，溥仪将这颗玉玺交给了国家。但是传国玉玺依然没有任何下落。

四、最早的皇后玉玺

传国玉玺在皇帝印玺中出现最早、等级最高，那么管理后宫的皇后又有什么样的早期重宝呢？《汉官旧仪》上有这样的记载："皇后玉玺，文与帝同。皇后之玺，金螭虎纽。"如此高等级的皇后玉玺究竟是什么样子，我国长期并无实物发现，直到1968年，咸阳韩家湾一位13岁的小学生的发现，才揭开了这个千古之谜。

这个小学生叫孔忠良，放学后沿着路上的小水渠玩耍，偶然发现一枚大印一样的石头。他拿回家让哥哥看怎么处理，哥哥则打算把上面的字磨掉，刻上自己的名字。结果这石头质地太硬，他们也没有合适的工具，只好扔在一边。半个月后，他们的父亲发现了这块石头，觉得是件宝贝，专程去陕西省博物馆请专家鉴定。专家立刻发现石头的材质是上等的羊脂白玉，顶端雕刻一只螭虎。印面上有"皇后之玺"四个篆体字。众人一致认定，这枚印章应该是汉朝开国皇后、刘邦夫人吕后的玉玺。

皇后之玺（底部）

皇后之玺（正面）

　　专家根据发现地韩家湾的方位推断，该印处于吕后与刘邦合葬的封土之西约一公里的陵园之内，所有特征皆符合文献记载，确为真品无疑。有些专家则提出合理推测，认为它本来可能被放置在吕后墓旁的偏殿中用于祭祀，只是后来偏殿被毁，玉玺被扔在野外，被泥沙覆盖，这才在两千年中销声匿迹，反而得以保存下来。

　　它是我国发现最早的皇后印玺，它的主人也是我国历史上最早的正式的皇后。迄今为止，皇后之玺仍是我们发现的两汉时期等级最高且唯一的一枚皇后玉玺，属于国家级文物，是陕西省博物馆的镇馆之宝之一。

小结：

作为实打实的国之重宝，传国玉玺在历代传承中预示着整个王朝的天命所归，得到则象征开国帝王"受命于天"，失去则表示当代皇帝"气数已尽"。凡是登临皇位却没能出示传国玉玺的皇帝，则被讥为"白板皇帝"，因底气不足而为世人所轻视。每到改朝易代之际，欲谋大宝之辈你争我夺，致使传国玉玺屡屡易主，最终销声匿迹，至今杳无踪影，令人扼腕叹息。

传国玉玺用和氏璧雕刻的传说，我们无从验证真假。和氏璧是天下第一美玉，就材料来说它再合适不过，也可以想象得出这块精美的石头带给帝王们的重要意义。在唯我独尊的历史时期，天下最高统治者皇帝，所拥有的象征身份的石头也要达到最高级别才行。由于没有图样与实物留存，我们很难想象玉璧如何雕刻成四四方方的玉玺。这一历史之谜，也只有期待新的考古发现来解答了。后代皇帝及皇后特制的各种玺印，虽然材质并非天下第一美玉，但也是一等的宝物。

对于传国玉玺之类收藏的玺印，一般情况下只有皇帝才有机会代代传承，享受这类玉玺带来的荣誉和权力的美妙滋味。我们称之为政治传承收藏品，也正是基于这一原因。可是被统治者们追逐的这类收藏品可不只有传国玉玺。相信大家还听过另一件象征九州的国之重器。它是什么呢？请看下一章。

02　新时代的新聚首
——"皿天全方罍"的完璧

◇ ....

　　许多青铜器构造单一，没有可分离的配件。可是有一部分青铜器本来是身盖一体或是一对儿，却意外造成了两地分离，难以重归一处。2014 年 6 月 14 日，一件刚刚被湘籍收藏家群体从拍卖会赎回的青铜重器便属于这种情况，它的盖子在国内，可是身子被倒卖到了国外。它就是号称"方罍之王"的"皿天全方罍"。

　　方罍与大鼎都属于重要的祭祀礼器，这样的身份与一段盖身分离的传奇相结合，实在令人惊叹。在 2014 年 3 月针对方罍器身的拍卖活动开始后，一群地方收藏家集体为这件国宝成功赎身的故事，为流失海外的文物回归增添了一抹闪亮的色彩。

一、出土后的身盖分离

这件"皿天全方罍"属于盛酒器，与作为食器的鼎可谓是重器中的好哥俩。它的铸造时期在晚商，正好是青铜器铸造的巅峰年代，器型硕大，纹理精美，大气活泼，被国内外公认为方罍中的翘楚、重器中的杰作，是迄今为止中国出土方罍中最大最精美的一件。它的器身高 63.6 厘米，盖身则为 21.5 厘米，合盖后高度能达到 84 厘米，封王实至名归。

"皿天全方罍"器身（侧面）

许多青铜重器都是有铭文的，"皿天全方罍"也不例外，而且身盖皆有字，不过比较少而已。经专家辨认，器盖上的铭文为"皿天全乍父已尊彝"，而器身上则是五个字，为"皿乍尊父彝"，因此定名它为"皿天全方罍"。皿方罍的颜色黑亮，是所谓的"黑漆古"，需要在腐蚀酸的环境中埋藏千年以上才能形成，这与中原青铜器在碱性土壤中所形

"皿天全方罍"器身（正面）

成的颜色不同。它被认为是商朝人从中原南迁时带入湖南的。那么它究竟是怎么被发现的呢？

1922 年那个多雨的夏季，在湖南省桃源县漆家河边上，连日来的暴雨将半山腰上的泥土冲刷进了河沟里。上山务农的艾清宴扛着锄头路过，不小心踩垮了一堆土。土中有一处异于石块的黑色棱

角，在不经意间被他注意到了。他叫来家人，将这件器物搬回了家里。

挖出宝贝的艾家人掩藏不住内心的喜悦，到镇上请来了专门收购古董的文物贩子掌眼，准备换钱。消息很快就通过文物贩子传了出去。一位浸淫收藏界多年的古董收购商闻讯赶来，直接找到了艾清宴的父亲，在看到这件青铜重宝之后，便急切地表示自己愿意出400块银元购买。恰在这个时候，老爷子在外做工的长子回家，得知宝物能够卖到如此高价，当即劝父亲暂停交易，自己拿着方罍的盖子去找当地小学堂的校长钟逢雨鉴定，打算先估个合适的价钱再行交易。

钟校长见到罍盖，知晓绝非一般古物，立刻决定出800块银元购买，并且先将它留下，让艾家人回家把罍身取回来再行结算。之前打算购买的古董商派来探听消息的小伙计得知这一情况后马上回去通知了古董商。古董商立刻拉着艾家老爷子结算了

"皿天全方罍"器盖

款项，令小伙计抱着罍身匆忙离开，自己则趁着老爷子数钱的机会得以找借口离开（另一版本则是艾家人当时偶遇了一个想收购的文物贩子，艾清宴的父亲不放心，才找到钟校长，而且还有一个当地驻军的团长在场，想当场购买，结果消息传回去，文物贩子立刻抱着罍身逃走，钱也未付）。不过闹了这么一出，方罍的盖、身从此分存异处，一时难以再聚前缘。

至于罍盖，由于出了一部分钱，钟逢雨得以将其留下，还特意在报纸上刊登消息，寻求罍身。近在咫尺的常德驻军率先前来索要，吓得他立刻躲了出去。为了避免招来杀身之祸，他找到当地驻军团长周磐，提出献出罍盖，换取驻军出资助学。周磐见到宝贝，支付了 5000 大洋，将罍盖据为己有。而钟校长利用这笔钱为该县办学，造福颇多，成为一时佳话，也算是这件国宝为地方教育发展作出的一些贡献。

二、各自的不同历程

抢到器身的古董商不敢停留，乘船到达上海，就开始以 100 万大洋的高价叫卖罍身。上海大古董商李文卿和马长生闻讯赶来，在验过罍身真伪以后，二人各自摊了一半资金，合伙买了下来。他二人是标准的国际文物贩子，文物过手便是换钱，不为收藏，也不看买主是谁。得知国外将中国青铜器炒得火热，他们决定前去寻找外国买主。罍身被他们买下仅仅 10 天便被偷运到了美国。石油大亨洛克菲勒在看到这件宝物后，毫不犹豫地出资 80 万美元先行买下，而且打算配成全器。不久，洛克菲勒托古董商以 14 万大洋的底价（这一时期，美元与大洋兑换率在 1：2 左右，14 万大洋约为 7 万美元）回国购买罍盖，但此时罍盖已被周磐获得，他开口便索要 50 万美元，超出了洛克菲勒规定的上限。双方经过数次协商均不愿意妥协，交易不了了之。虽然方罍未能完璧，但是也避免了罍盖流失海外。

方罍出土的消息也引起了当时段祺瑞管辖的北洋政府的注意。段祺瑞得知此事，特意派人前来调查，声称"严令追缴"。在寻找罍身无望之后，前来调查的特派员很快就根据线索找到周磐，索取罍盖。周磐使用拖延策略，使北洋政府的追缴工作一时毫无进展。段祺瑞闻讯大怒，命人抓捕周磐，要他将罍盖限期交出。周磐见抵赖无望，只好通知家人主动献出罍盖以求脱身。

　　没收后的罍盖被段祺瑞指令湖南省政府保存，存放在湖南省银行的保险库中。不久便遇上战争，此事便无人过问，即使历经多次战乱，罍盖仍安然无恙地躺在仓库角落里，被人彻底遗忘。直到1956年进一步清理整顿物资时才发现它的存在，最终移交湖南省博物馆保存。

　　洛克菲勒则是由于始终没有配上罍盖，在收藏数年后终于将其转让。20世纪初的多位重要古董商卢芹斋、姚昌复、包尔禄等人都有幸将罍身收为己藏，但都相继转手他人以赚取巨额利润。1961年，日本古董商浅野梅吉也得以过手罍身，其子浅野刚编写的《中国金石陶瓷图鉴》也首次登载了它的相关情况。

方罍上的饕餮纹　　　　　　　　罍身上的铭文

　　又经过了几次倒手，日本收藏家新田栋一在1991年将罍身从另一藏家手中买下，充实自己的收藏。这一时期，有专家依据国内外相关资料，释读了罍身与罍盖的铭文，正式为它定名为"皿天全方罍"。2001年，新田栋一的家人决定将罍身委托纽约佳士得拍卖行拍卖。那一次，上海博物馆与北京保利艺术博物馆得知消息，联合筹集了一笔巨款前往美国参加竞拍。但是事与愿违，一位法国买主以高出中方最高报价近四成的价格将其拍走，成交价高达 924.6 万美元。这一高价远远超出了中国参拍者的预期，此行最终无功而返。这个价位在当时创下了中国青铜器拍卖的世界最高纪录，业界称其为拍卖场上的"青铜之王"，一时引得世界收藏界为之瞩目。迄今为止，还没有其他青铜器拍卖价格能达到或超越这一纪录。

三、湘籍收藏家群体的努力

2014 年 3 月，拍卖市场上爆出重磅新闻，罍身即将被再次拍卖，起拍价高达 1000 万美元。其相关传说立刻被人们从记忆中寻找出来，一时群情振奋。湘籍收藏家更是积极踊跃，想要为家乡出土的国宝回归贡献一份力量。不久，新加坡籍华人收藏家曹兴诚联合其他 10 余名湘籍收藏家，率先在华人收藏圈中发起不盲目参与竞拍的倡议，防止拍卖炒作造成中国人内部损耗，极力支持由收藏有罍盖的湖南省博物馆作为代表，尝试从佳士得以谈判的方式购回罍身。在大家的努力下，社会很快形成了良性反应，收藏家们纷纷支持这一号召，并得到广大群众的支持。

2014 年 3 月 19 日，纽约佳士得拍卖行在公开拍卖罍身前一天发表声明，由于中国湖南收藏家群体与佳士得达成洽购意向，并正式提出联合洽购罍身，佳士得暂时撤回本次拍卖。过了几天，湖南省博物馆与湘籍收藏家组成一支代表团前往纽约正式谈判，顺便带了一个 3D 打印的罍盖作为交流中的重要道具。当 3D 罍盖顺利盖在罍身上时，与会众人皆大欢喜，谈判更加顺利。

经过与方罍罍身当时的持有者积极沟通，买卖双方达成协议，湖南代表团以 2000 万美元的协议价购买罍身，并永久交付湖南省博物馆收藏。双方商定，方罍器身一经博物馆收藏，永远不会再出现在拍卖市场上。这一协议价虽然创造了青铜器赎买的高价，但是毕竟避免了通过拍卖途径买回，已经大大降低了希望文物回流的爱国人士的损失。至于 2000 万美元，则以湖南省博物馆出资为主，社会各界收藏家、文物爱好者、企业负责人纷纷垫资，使问题圆满解决。

消息传回湖南，三湘大地万众欢腾，当地媒体以及各级相关单位以"身首合一、完罍归湘"为主题举行庆祝仪式，热烈欢迎"皿天全方罍"罍身的归来。湖南卫视则直播了位于美国纽约的佳士得拍卖行举行的"皿天全方罍"器身交接仪式。2014 年 6 月 12 日，流落国外的中国古代青铜器珍宝"皿天全方罍"器身正式移交中国代表团，并于当年 6 月底交由湖南省博物馆正式向公众开放展示。

四、失散青铜器的命运

外流青铜器很多，但是它们当年以一种组合的方式出场时，铸造它们的人也许没有想到自己的杰作会遭遇分隔异地的不幸。

清咸丰年间，山东省寿张县梁山出土了七件西周早期的青铜器。除两件一模一样外，其余器型全不相同。清末学者和收藏家们纷纷开始研究其铭文内容，此类研究一时间成为热门。七件青铜器也因此得名"梁山七器"。清末战乱，文物失散，这七件青铜器也被古董商人分开变卖。除太保方鼎被徐世昌后人在中华人民共和国成立后捐赠给天津博物馆、伯丰鼎被清华大学在 2013 年收藏外，其他五件中，另一件太保方鼎藏于瑞典斯特格尔摩远东艺术博物馆，小臣艅犀尊现藏于美国旧金山亚洲艺术博物馆，太保簋藏于美国弗利尔美术馆，大史友甗则被保存在日本泉屋博古馆，伯丰盉至今仍然不知所踪。

中国青铜器在世界收藏市场上属于大热门。由于没有详细的相关数据，全世界收藏的中国青铜器的总数无法统计，但目前已知拥有铭文的就超过 10000 件，总数估计能达到 30 万件。不同的青铜器有着不同的命运，往往类似"皿天全方罍"这样的国家重器才会引起人们的争夺，演绎出丰富的收藏故事。有许多青铜器在流传中变成碎片，但是还能够修复，比如四羊方尊；有些身盖分离，但还有"聚首"的一刻；有些暂时分存各地，但终有重新相聚的时候，相比那些回归了熔炉、碎裂在泥土里的青铜器，它们还算幸运。

小结：

"方罍之王"在 2014 年 6 月 28 日正式完成了盖身合一，回归故事也终于谢幕。那些流失海外的青铜器，需要我们理性对待它们的回归。像"皿天全方罍"这样的情况虽然付出的代价并不微小，但最终协商解决。如何才能使流失海外的文物以理性方式回归祖国，这个问题依然值得我们继续探索思考。

寂寞中的破碎

03

——四羊方尊的孤独

◇ ·················

　　尊类青铜器是酒器，在考古发掘中多有发现。它们的一大特色就是造型多为动物形象，目前出土的尊类酒器器皿中有不少兽形尊，类似鸟尊、羊尊、牛尊、猪尊、兔尊等尊器在陕西、山西、河南、湖南各地都有发现。此外还有不少象尊。巴黎集美博物馆保存着一件象尊，它高 65 厘米，长 96 厘米，是目前世界最大的动物型青铜尊器。在流失海外的尊器中，还有一件非常著名的小臣艅犀尊，曾

鸟尊

属于"梁山七器"之一,被外国人看作是中国青铜器的代表器物。可是在中国,最为知名的青铜尊莫过于四羊方尊,它的流传命运中充满了危机甚至灾难。

一、虽免流失在外,难逃保护不周

首先来看四羊方尊的外形。它的口沿边长为 52.4 厘米,高58.3 厘米,重量达到 34.5 千克。尊分明显的三段,口沿以下尊肩部分饰高浮雕蛇身,有爪龙纹;尊腹部居中外凸,四角各塑一个卷角羊头,羊头与羊颈伸出于器外,羊嘴最远端与口沿的尖端成垂直线,两羊比邻处,各一双角龙首探出器表,羊身与尊腹部合在一起,羊腿则在底部圈足上突显。因羊腿与羊身比例的需要,圈足较高,四边上装饰有蕉叶纹、三角夔纹和兽面纹。现在收藏于中国国家博物馆,但是在到达这里之前,它可谓是国宝级重器里面最不幸的一个。

四羊方尊

　　1938 年 4 月，湖南省长沙市下辖宁乡县黄材镇的转耳仑山上的春耕刚刚开始，姜景舒兄弟三人正在半山腰的荒地里栽种红薯。在山间，很多耕地都是这样每年开垦一些，积少成多，最终形成了可以长期劳作的土地。姜景舒娴熟地挥舞着锄头，开垦着适合种植的坡地，就在刚刚一锄头下去的地方，一片黑色的痕迹从土壤里裸露了出来，这个位置接近上下两片梯田交界的缓坡处。也许原先埋得很深，可是在雨水日积月累地冲刷下，它还是渐渐露出了表面。就欠这么一锄头，姜家兄弟把它挖了出来。一件硕大的方形金属罐子呈现在眼前，姜景舒兄弟虽然看不明白，但不用想都知道这肯定是个宝贝。四羊方尊就这样出土了。

　　姜景舒把它抱回了家。很快，消息就不胫而走，文物贩子立刻找上门来，一级比一级大的官员也开始到他家里看宝贝。黄材镇万利山货号的老板得知宝贝出土的消息，立刻开出了 400 大洋的价钱收购。不过当地保长、甲长可没有让这笔钱顺利地到达姜景舒手里，他们以中间人的名义周旋在二者之间。虽然这 400 大洋被他们剥削了不少，但是姜景舒拿到剩下的钱也已经非常满意了。在出卖古董之前，他们在清理时不小心磕坏了口沿，掉落了一小块碎片，姜景舒有意留下它做个纪念，就没有那么老实地交出去。

　　虽然当地常常出土青铜器，但是一旦有人能收购到如此硕大的器型，那时就是当地所有文物贩子的狂欢节。黄材镇的古董商买进重宝的消息很快传遍了长沙所有经营古董买卖的商号，各路大文物贩子纷纷联手，打算将这件宝物炒作起来，卖个高价。

　　可是他们太兴奋了，惹怒了一直对倒卖文物睁一只眼闭一只眼的湖南省政府。当时的长沙附近多有上古青铜器出现，比如虎食人卣等器物，文物盗掘走私现象日趋严重，湖南省政府在社会舆论的压力下也不得不打击一下这些人的嚣张气焰。四羊方尊出土的消息很快被湖南省政府得知。在省政府的压力下，长沙县政府派人查处了那个古董商，将四羊方尊没收，上交了湖南省政府。但是宝物充公之后，时任湖南省主席的张治中一时也不知道该如何处理，只好放在自己的办公室里。他把宝物摆在办公室的几案上，临时作为笔筒达3个月之久。当时湖南并没有一个像样的文物保护机构，而且省政府也有不少收藏摆件，放在这里也不算突兀。

命途不佳，偏偏赶上了日军侵华。1938年11月，日寇逼近长沙，张治中精简了办公室的布置，将四羊方尊等省政府原藏宝物送到湖南省银行金库保管。当年11月10日，国民党湖南省政府和湖南省银行一同迁往湖南西北部的沅陵县。为了不让完整的长沙城落入日寇之手，蒋介石决定实行"焦土政策"，火烧长沙，以示决不向日寇妥协的决心。连续数日，火光冲天。这场大火烧毁了长沙城近80％的建筑，史称"文夕大火"。与烧城同时进行的，就是省政府与省银行的车队从长沙开赴沅陵。可是从这个时候起，四羊方尊便在省政府与省银行的记录中不见了踪影。抗战胜利后，四羊方尊一时被大多数人遗忘了。

二、战后追寻与修复

可是有人没有忘记它。当年四羊方尊出土、被收缴的消息曾在湖南引发轰动。那时候，在长沙有一个八路军办事处，周恩来、叶剑英等人当时都在长沙。1952年，全国局势得到初步稳定，各地方工作也步入正轨。周恩来总理在百忙之中责成文化部派人追查四羊方尊的下落。经过多方打听，依据一个原湖南省银行职员的回忆，才得知内迁沅陵的过程中，车队几次遭到日机轰炸，运载四羊方尊的车辆就在一次轰炸中不幸中弹，四羊方尊则被炸成了20多块，被随行人员收拾起来装进了麻袋。抗日战争胜利后所有人回到长沙，这些碎片就被丢弃在湖南省银行仓库的一只木箱内，渐渐被人遗忘了。

当时原湖南省银行所有陈旧的相关设施已被中国人民银行湖南省分行接收。得知这一情况，湖南省文物管理委员会专家蔡季襄在老职员所说的仓库中，找到这个破碎的宝贝，先运回了湖南省文物管理处保存室。1954 年 4 月，他们请文化部调拨国内文物修复大家张欣如来湖南省主持四羊方尊的修复工作。张欣如是河南资深文物修复大师，接手之后，很快便制定出修复方案，使修复工作顺利开展。确定青铜器的金属混合比例、清洗碎片、模拟拼图、烙铁焊接……众人最高兴的一件事是，通过模拟还原，碎片基本完整，除了口沿处的缺口被证明是收藏时就已存在，其他所有碎片都没有在那次轰炸中遗失！两个多月的时间里，张欣如按照复原图，一片一片地将碎片还原到它们应有的位置。四羊方尊基本修复成功，依然展现出独有的迷人风采。

至于那个缺口，当时的人们并没有意识到依然存在将其找回的可能性，湖南省文物管理委员会便放弃了追查。1956 年，由湖南省文物管理委员会牵头组建的湖南省博物馆正式开馆，四羊方尊也被转送到博物馆收藏。1976 年，湖南省博物馆老馆长高至喜翻找相关资料时发现，这个缺口在民国湖南省政府查抄古董店时已经存在。高至喜断定残片很有可能仍在古董商或挖掘者那里。在确定古董店老板已经过世之后，高至喜来到四羊方尊出土地点，经过打听终于找到了姜景舒，经过一番询问，果然找回了口沿上的残片。

这时候，四羊方尊已经不在湖南省博物馆了。原来，1959 年举行国庆十周年纪念，四羊方尊被调往中国历史博物馆参加庆典，然后就被永远留在那里了。高至喜将残片送到了北京，在重新修补后，四羊方尊终于弥补了它将近 40 年的残缺。

三、出土地之谜

青铜器的分类很多，可以按时代分，也可以按地域分。四羊方尊就是比较适合按地域分的一类宝物。它出土于湖南省宁乡县，这个地方的青铜器出土数量多、质量高，在中国青铜器史上占有重要地位，考古界称之为"宁乡青铜器群"。四羊方尊是宁乡商周青铜器中商朝的作品，但无法推断其属于商代青铜器早、中、晚三期何期，器体外表泛黑，是当地青铜器的普遍特色"黑漆古"，是在酸性土壤中保存而形成的矿化层。

我们一直介绍四羊方尊出土于湖南宁乡，但现在有人提出质疑，认为它的首次出土地应该在河北省广宗县，理由是民国时期的广宗县县长姜谧荣与四羊方尊有很大的关系。在《广宗县志》中曾记载宁乡县人姜谧荣在1931年出任过广宗县县长。怀疑者认为，当时战乱，他极有可能为了保护国宝才将四羊方尊带回家乡暂时埋藏起来。

但是反对这一观点的人坚持认为四羊方尊就是宁乡当地青铜文明的代表，即便是外来器皿，也不存在纯粹的北方特征。在四羊方尊出土地周围保留有丰富的商周文化层。与四羊方尊在同一地域出土的人面纹方鼎、虎食人卣、大型的象纹铜铙等青铜器在中原并未见到相同器型，而且金属比例也是当地独有，可以说确实属于宁乡青铜器族群。宁乡在古代是有青铜器生产能力的，而且还发现了当地商周时期方国文明的考古证据与相关青铜器。另外就是姜氏家族后继人才众多，如果祖上有如此功绩，怎么会不留一丝记载？这些有证据的推断，总比质疑者的猜测要好得多。

不过前面提到的质疑者自称有证人与文字依据，目前还不好验证真假。四羊方尊作为商代青铜器，时间较早却没有铭文，没有与其他宁乡本地青铜器族群形成完整的生产与埋藏的证据链也是事实，很有可能是中原贵族南迁前生产，带有本族独有技艺与设计理念，才会与中原商代青铜器产生外形上的近似。其埋藏地也曾经受到过扰动，才会导致出土时以单一形式出现，无法与其他青铜器形成互证。这些神秘的情况，对四羊方尊来说，也算是它的魅力所在吧！

四、其他国宝级尊类

国宝级的尊类器皿中，何尊是少有的非动物造型的大型尊。它的命运没有四羊方尊那样坎坷，但也差点遭到毁灭。何尊，西周早期的青铜器口圆体方结构，明显的三段式，通体有四道镂空的大扉棱装饰，主体雷纹，上沿与底足以饕餮纹装饰，高 39 厘米，口径 28.6 厘米，重 14.6 千克。1963 年，陕西宝鸡贾村镇居住的中年汉子陈堆在租住地的后院土崖发现了它。第二年，陈堆因家中有事需要去固原，就把它交给亲戚陈湖保管。谁知一年多后陈堆一家也没回来。1965 年，陈湖嫌弃这个东西占地方，就联系了废品收购站拉走，卖了30 块钱。宝鸡市博物馆干部佟太放在废品收购站看到了这件青铜器，觉得可能是个宝贝，就请保管部主任王永光去查看。王永光也断定这是一件珍贵文物，便以收购站最初的价格将它买回博物馆。

何尊

1975 年，它被国家文物局选中，参加出国展览。也正是这时，上海博物馆馆长马承源发现它内胆底部居然有多达 122 字的铭文，主人叫"何"，因此命名其为"何尊"。这尊铜器便成了宝鸡市博物馆在 1958 年成立后收藏的第一件本地青铜器。铭文中的"宅兹中国"四字中的"中国"，则是这一词汇的最早的相关文献记载。

尊类器皿在西周晚期以后多与其他类别青铜器相伴出土，甚至还有组合出土的，比如曾侯乙尊盘中的尊便是可以拿下来的。类似四羊方尊与何尊这样单一出土的还真不多见。四羊方尊也是少有的精品青铜器被毁坏的案例。而在考古工作中，普通青铜器一旦毁坏，往往失去了文物价值，这导致文物残片的遗弃、丢失情况非常严重。近代以来炸药在盗墓活动中的猖獗使用，更是导致大量精品青铜器成为碎片，难以为我们提供有价值的铭文线索。因此，对青铜器的保护工作任重而道远。

曾侯乙尊

小结：

四羊方尊是不幸的，它在寂寞中出土，无人知晓当时究竟发生了什么，而在出土以后，在早期被收藏时也没有得到很好的保护。但它又是幸运的，毕竟只要没有遗失与毁灭，便还有被发现和修复的希望。这也在提醒我们，一定要有良好的文物保护意识，只有这样，才能避免那些蕴藏巨大价值的文物无助地消失在时间的荒野之中。

04 "飘若浮云，矫若惊龙"
——《兰亭集序》

◇ ·····················

　　《兰亭集序》简称《兰亭》，又名《兰亭宴集序》《临河序》《楔序》《楔帖》，是一件书法长卷，真迹现今下落不明。书圣王羲之留下的墨宝存世的也有不少，可是只有这一件被称为"天下第一行书"。王羲之的字被赞誉为"飘若浮云，矫若惊龙"，这件《兰亭集序》便是绝佳的证明。当年众人去兰亭游玩，他微酒正酣，笔走龙蛇，留下的便是让人们永久怀念的传奇。

　　《兰亭集序》的内容被选入了中学课本，与之相映生辉的便是王羲之写下的行书手迹。它创作于东晋穆帝永和九年（353），之后便被王氏家族珍藏。但是后来家族变迁，宝物难以长久留在后人手中。我们现在见到的《兰亭集序》写本，都是后世书法名家的摹本或是拓本。而真迹的流行与消失，却与皇帝李世民息息相关。

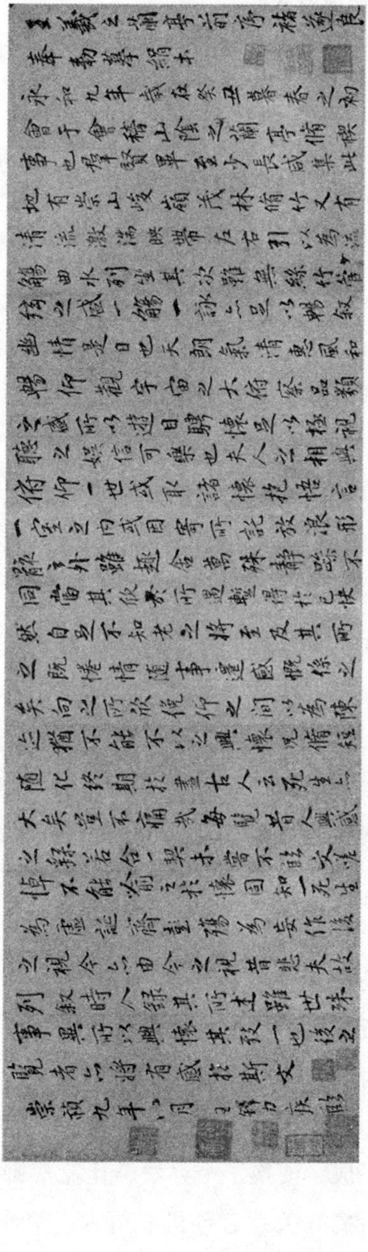

《兰亭集序》（全篇）

一、唐太宗的"巧取豪夺"

《兰亭集序》手卷在面世之初，一直保存在王羲之及其家族手中。这一时期平安无事，可是从东晋南北朝以来，多少世家大族衰落，王家也不例外。"旧时王谢堂前燕，飞入寻常百姓家。"王氏家族鼎盛年代的许多藏品，也同样流落到了各色人等手中。上至帝王朝臣，下至庶民乞丐，都有可能获得王氏家族的作品。而隋唐时期书法大家也是层出不穷，比如虞世南、欧阳询等人。唐太宗李世民也是书法爱好者，称得上是书法鉴赏家，可是偏偏在获取《兰亭集序》长卷的过程中，留下的形象却不是那么光明正大。

《兰亭集序》在王羲之死后，历经七代，传到了七世孙智永手中。虽然智永成了和尚，但王家擅长书法的传统没有丢，他自己也是写得一手好字，留下了不少传世名作。可他一生最引以为豪的，就是收藏了祖上的《兰亭集序》，当然，王羲之所在的琅琊王氏又不止他一个后代，其他的王家子孙手里也有不少王羲之的真迹，只是没有《兰亭集序》如此出名而已。

智永出家时，正值隋唐易代之际，他居住在云门寺修行兼修书法，指导过虞世南、辩才和尚等弟子。直到自己即将往生极乐的时候，他才将《兰亭集序》手卷传给了与自己最为交好的辩才和尚，嘱咐对方妥善保管。

《兰亭集序》被智永传给了辩才和尚，本来是件极为隐秘的事，却被辩才和尚的官场友人泄露了出去。一传十，十传百，也不知怎么就传到了当朝皇帝李世民耳中，惹来一场争夺战。李世民多次派人索取，想要一睹为快，却屡遭辩才和尚不知真迹下落的推脱，不能尽兴。

李世民看硬要不成，便换了个办法，让监察御史萧翼装扮成书生，接近辩才和尚后搞好关系，寻机取得《兰亭集序》。萧翼对书法也很有研究，和辨才和尚谈得很投缘。待两人关系密切之后，萧翼故意拿出几件王羲之的书法作品向辨才和尚炫耀。辨才和尚看后，不以为然地说："真倒是真的，但不是绝世名作，我有一本真迹，那才是王羲之真正的传世之宝。"

萧翼当然是揣着明白装糊涂，貌似无意地问是什么帖子，辨才和尚犹豫了一下，还是忍不住说了出来："就是《兰亭集序》的手书真迹。"萧翼哈哈一笑，摇头表示不信。辨才和尚被萧翼嘲弄，决定让对方开开眼，就从屋梁上的洞内取下《兰亭集序》真迹给萧翼观看。萧翼自然是仔细查看，确定是《兰亭集序》真迹后，立刻变了一副面容，拿出了事先早已准备好的唐太宗的"诏书"。辨才此时也无法将书法长卷收起来了，只好甩手送上。想要的东西终于抢到手了，李世民高兴得忘乎所以。为了表彰萧翼"智取"《兰亭集序》的功劳，李世民朱笔钦点，为其升官赏财，萧翼一时好不风光。

李世民当皇帝长了脾气，明明是自己强抢别人的东西，还为别人不肯进献宝物对自己说谎而生气。仗着自己手中大权在握，就不把别人的私有产权放在眼里。数月后，为了彰显自己的仁厚宽容、不拘小节，李世民下令赐给辨才和尚锦帛三千匹，谷三千石，下敕书让越州都督府衙代为支付。辨才和尚虽然得到赏赐，但是这样巧取豪夺的手段实在是令他感到万分痛心。即便大师是个修行多年的人，受此打击后不足两年，便饱含着对遗失《兰亭集序》真迹的愧疚撒手人寰了。

李世民获得《兰亭集序》长卷以后，对王羲之书法推崇备至的他，立刻敕令侍奉在宫内的资深拓书人赵模、韩道政、冯承素、诸葛真四人，各自精拓数本，赏赐给皇子和近臣，以示褒奖。不过也正因如此，这种"下真迹一等"的摹本在后世流传甚多，不至于全部失传。欧阳询、褚遂良、虞世南等书法名家也曾被唐太宗召进皇宫，得以亲手临摹《兰亭集序》。

二、下落之谜

在一大批拓本的掩映下，《兰亭集序》手卷真迹反而不知所踪，成了收藏界千百年来的大谜团，也成了收藏家们永久的遗憾。它的失传，与李世民的关系最为重大。这件书法神作，随着李世民的离世，留下了数个不同版本的传说。

最早的官方传说来自于史书，据说是李世民遗诏，要求将《兰亭集序》殉葬，还指定了位置，就是自己枕头下面。按理既然官方都这么说，而且在他死后也确实没有了真迹的消息，那这记载应当确凿无疑。可是偏偏在唐朝末年，有人用实践推翻了这条记载的说法。唐末五代，武人骄横，社会上笼罩着一片腥风血雨。在当时，政治黑暗，人人自危，而只有唐朝历代帝王都在财富堆里躺得那么安心，惹来了大老粗武将们的不忿，其中之一，就是军阀温韬。

当时温韬任职关中三地节度使，管辖皇陵所在地。他曾经追随曾任凤翔节度使的李茂贞去长安与唐昭宗起兵冲突，有不尊重皇帝家族的历史。后梁建立以后，他归附了朱温，同时获封此地。温韬占据了好地方，而且本身就是偷鸡摸狗的痞子小盗出身，看着高大的帝王山陵就在眼前，他动了歪心思。

他不是为军费，而且自己也不缺钱，后世研究者多数认为他完全是好奇心太强，而且还有强迫症。唐代皇帝陵墓总共就18座大规模的山陵，他成功挖掉了17座，只有合葬武则天和李治的乾陵无论如何不敢再挖了，据说那座每次温韬上山就电闪雷鸣、下山就阳光明媚的诡异的乾陵，让他压根就没法动铲子，所以无法算在他的"战绩"内。

在他的挖掘过程中，碰到的最难挖的陵墓是唐太宗的昭陵，但没具体说怎么个难法。因为他是在大白天带着数千人的军队去挖，所以再难也不算一回事，无非多费点时间罢了。人多力量大，昭陵墓道上所有的阻碍全被清理干净，坚固的墓门也被想办法砸开。进了昭陵，内部情况就像外面的宫殿一样，李世民的棺椁左右摆放着石床，床上放着铁函，里面装的便是传说中的字画。温韬命人带出了所有宝物，他的手下还给登记造册。据称有人见过这个册子，但是没有人发现《兰亭集序》。不过这个册子很有可能是个传说，从未存世，所以也不可信。温韬此时做了一件让所有人哭笑不得的事，那就是命人将所有宝物上的绸缎撕下来再利用，除了金银器物留下充为军用，其他书画纸品的东西视如垃圾，由士兵自行处置。

如此败家子的行为，让人们觉得《兰亭集序》可能有四个结果，其中三个还是和温韬有关的。第一个就是他没找到，因为唐太宗当年提倡薄葬，其实没留下多少陪葬品，《兰亭集序》也不在其中。第二个则是他为了得到装裱字画的绸缎，把《兰亭集序》撕下来一把火烧掉，这也是完全有可能的。第三个则是昭陵中另有密室，温韬并没有仔细搜寻，可能将《兰亭集序》留在了墓中。

由于乾陵始终没有被盗，因此第四个结果就围绕乾陵展开，那就是《兰亭集序》埋在了乾陵。与父亲一样酷爱书画的李治临终前有遗诏，要求把生前喜欢的字画随葬。因此，在他的陵墓里很有可能保存着《兰亭集序》的真迹。它并非随葬昭陵，而是被葬在乾陵。

可是《兰亭集序》真迹的下落究竟如何，我们也不可能现在就将乾陵打开验证。真迹虽然不存，但是摹本就像它的孩子一样，让《兰亭集序》的血脉流散开来，让我们至今仍能够欣赏到历代书法名家与王羲之技艺交融的作品。

三、摹本的流转收藏

《兰亭集序》传世的版本多达百余种，最具有收藏价值的无疑就是由唐初书法名家临摹的那几卷摹本，后世书法家则以其版本再行演绎。因为在1000余年里，就有100多卷问世，所以传世颇多。其中以唐人五大摹本为代表的摹本经过多个朝代，最后汇聚在清乾隆内府，后因文物南迁分处海峡两岸：虞本、褚本、冯本现藏于北京故宫博物院，黄绢本、定武原石本则藏于"台北故宫博物院"。

经过名人点评，五大摹本各有千秋。其中居首位、最能体现书法意韵的摹本是唐代大书法家虞世南所临，曾经流入元天历内府收藏，也称"天历本"。虞世南是智永弟子，习得正宗王氏书法，非常接近王羲之的书法意韵，摹本笔法浑厚，只是略微少了一丝王羲之的洒脱之情。

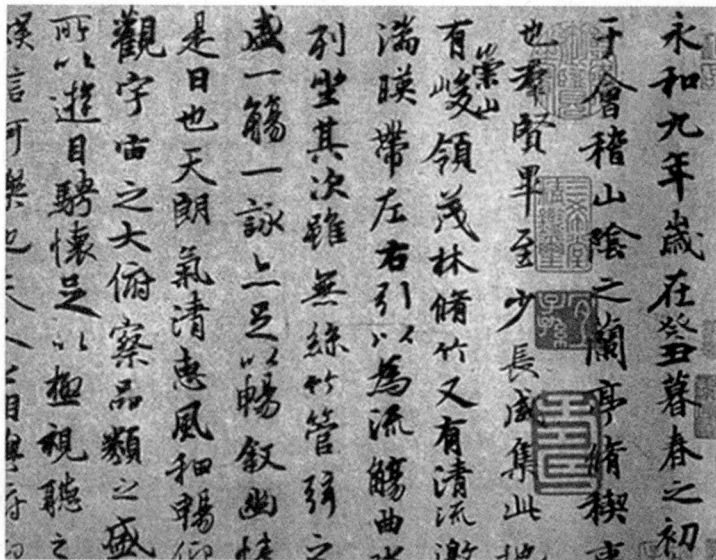

《兰亭集序》局部

最能体现《兰亭集序》神韵的摹本则是褚本，为唐代大书法家褚遂良所临，因卷后有米芾题诗，故也称"米芾诗题本"。褚遂良摹本笔力轻健，对《兰亭集序》的笔意把握最佳，却在许多点钩部分一成不变，没能像王羲之一样做到每个都似同而非，各有风采。现今流传的褚本为《张金界奴本兰亭序》与曾托名褚本的《洛阳宫本兰亭序》（即黄绢本）。

如果要找最接近王羲之真迹的摹本，人们公认唐代内府栩书官冯承素摹写的冯本要比前面两位书法家的虞本、褚本更为接近。它采用了"双钩"摹法（即沿着字的外廓描形），完全不加自己的创作，只求精细复制王羲之的全部字体的细节变化。因其卷引首处钤有"神龙"二字的左半小印，后世又称其为"神龙本"。但是不少专家学者对"神龙本"归于冯承素名下抱有怀疑态度，认为最早推测"神龙本"作者为"冯承素"的人是元代收藏鉴定家郭天赐，但是后面还有个"等"字。到了明代，项元汴得了这幅摹本，直接圈定"冯承素"，而把其他人排除了。可是冯承素的墓志在近代出土后，并未见到相关记载，这样一来，就不得不令人怀疑了。更有人认为"神龙本"是褚遂良的创作。不过这些怀疑目前尚无定论，也算是一件疑案吧！

至于欧阳询本，南唐文人张泊曾认为欧阳询的书法凸显了王羲之的笔劲，但是却丧失了温润神秀的感觉。不过欧阳询的临本没有传下纸本，倒是大量的定武拓印本曾经显赫一时。

当时群臣摹写诸本中，欧阳询的摹本写得最好，于是被制作成刻石安置于学士院，拓赐近臣。安史之乱时它曾被郭子仪移往唐肃宗所在的灵州，后又移回。五代时期梁王朱温将长安毁弃，拓石被移到汴梁（今开封）。辽耶律德光破晋时将此石掳掠北去，因他中途病故，拓石被抛弃在定州栾城。宋仁宗庆历年间，真定地方官用重金从拾到者手中买下此石，保藏于官库。因真定为州治，唐时置义武军，宋时避赵光义名讳，更名定武，此拓印本故而得名"定武本"。

接任的地方官薛师正热爱书法，与其子薛绍彭（北宋书法家）将真石藏于家中，另外翻刻一石放置在官库中，掩人耳目。薛师正父子在翻刻时，故意将原石"湍、流、带、左、右"五字字刻略损一二笔，暗记其真伪（因而定武本有"损本"和"不损本"之分。"损本"反为拓自原石的真本）。宋徽宗大观年间，宰相蔡京也是书法高手，发现官库的兰亭刻石不实，即知薛家捣鬼，藏有兰亭原刻石，下诏索取。薛绍彭的儿子薛嗣昌不敢隐瞒，将刻石送入宣和内府。不过10余年后金兵入汴梁（今开封），宫里的珠玉珍宝被掠夺一空，唯独刻石无恙。后来，留守汴梁的宗泽将刻石送往扬州给了尚未称帝的赵构。1129年金兵进逼扬州，赵构南逃，此石下落从此无人知晓。

定武本《兰亭集序》卷首

定武兰亭原石拓本仅存三本。一是元朝吴炳藏本，是"湍、流、带、左、右"五字未损本，上海有正书局曾印制发行，观存于

"台北故宫博物院"。二是元朝柯九思藏本，为五字已损本，现藏北京故宫博物院。三是元代独孤长老藏本，也是五字已损本，有元代赵孟頫等名家题跋，后遭火灾，唯存三小片，传已流落日本。另外属于定武系兰亭的著名版本还有"玉泉本""宣城本""柯九思定武兰亭瘦本""王晓模本""唐荆川旧藏本"等。这一版本由于可以广泛传播，在诸本之中起到了启蒙教化后代书法爱好者的作用。不过自从"神龙半印本兰亭序"墨本近代影印出版以后，定武兰亭刻本被排挤出流行摹本行列，在市面上不再占主流。

最后则是薛稷本，是唐代第四大书法家薛稷（前三位自然是虞世南、褚遂良、欧阳询）留下的刻石拓印本，现在民间也有不少真假难辨的唐拓、宋拓、明拓本传世，众说纷纭，尚无定论。虽然他的摹本笔法清俊，但是略有窘拘，与前三位书法家的摹本相比稍有差距。

后世摹写《兰亭集序》的人不少，同时也承担着收藏的重任。比如宋代姜夔酷爱《兰亭集序》，据说藏有《兰亭集序》摹本共四本，分别有黄庭坚、王晋之、葛次颜、单炳文题字。文徵明创作的10余幅《兰亭集序》摹本，在当代收藏中也是颇为热门。到近代，于右任、启功等书法名家也有摹本问世，为《兰亭集序》摹本增添了更多的家族成员。

四、真伪疑云

《兰亭集序》真迹不存，而摹、刻本的规模日益壮大，令不少人产生怀疑。清乾隆年间的书法家赵魏首先怀疑《兰亭集序》摹本的真伪，认为南北朝至初唐的碑刻能流传下来的，一定有当时的主流文字隶书的痕迹，在唐玄宗开元以后才是纯粹成熟的行书体。而在《兰亭集序》摹本中，王羲之的行书已然登峰造极，全无隶书旧貌。清代所见的摹本、刻本都可能失去了王羲之原本的真正笔意。

清光绪年间的书法家李文田则更进一步，认为《兰亭集序》连内容都是假的，书法更是唐人伪造。

中华人民共和国成立后，《兰亭集序》摹本在各地又有不少面世。在1965年，还掀起一场"《兰亭集序》真伪"的大辩论，以郭沫若为代表的一方认为"伪"，章士钊等另一方坚持为"真"。相关论文还被出版社集结出版了《兰亭论辩》。著名学者钱钟书则认为双方都未仔细比对王羲之所处时代南碑与北碑的变化，他们的辩论早就跑偏了。而对于这一论点的证明，估计还需要南方出土相应时代的碑刻资料或是唐代新的摹本才能更进一步推动"真伪"命题的定论。

《兰亭集序》真迹的下落，乾陵的迷云，摹本的纷扰，还有对于《兰亭集序》真迹与真伪的考辨，都说明了《兰亭集序》对我们书法文化与人文世界的影响。王羲之的书法作品中也只有《兰亭集序》成为了历代书法家检验自身书法水平的试金石。1000多年来，书法家与书法爱好者乐此不疲地临摹、考辨《兰亭集序》的行为更是证明了中华文化的活力，充分凸显了我们对美的艺术的追求与热爱。近些年，因为敦煌有一份唐代摹本的出现，还解决了《兰亭集序》文本中的"快"和"怏"的正误问题。而历代对《兰亭集序》摹本的收藏也保存了极多的惊喜，为这件书法神品增添了更多的神秘与活力。

小结：

虽然是摹本，但是它们"下真迹一等"的水准也能带给我们真迹所能给予的那份感觉，即王羲之书写时的酣畅淋漓与洒脱。《兰亭集序》真迹与摹本的流传故事，更饱含了人们对这幅"天下第一行书"的敬仰与怀念。

05

画中梦中人并立
——徐悲鸿与《八十七神仙卷》

◇·················

　　中国古代画坛知名画家层出不穷，作品也非常丰富，然而自宋朝以后便喜好追求圣人，也喜欢塑造圣人。每一个行业一定有一个立足于巅峰的、祖师爷一般的存在，受到后世同行或崇拜者的一致认可，圣人便因此诞生了。

　　那么画坛的圣人是谁呢？他并不是画坛第一人，却被民间画工尊为真正的祖师爷，得到众人的认可；他没有什么山水画传世，流传于民间的也只是当时很流行的人物画，甚至不过是唐代壁画的底稿白描本，现在那些壁画都已经所存无几。可就是这些壁画，让他的"画圣"之名当之无愧，他就是唐代著名画家吴道子。而下面要讲的故事，是我国现代著名画家徐悲鸿与吴道子的一幅作品之间的收藏情缘。

一、情不自禁获巨宝

在北京，由徐悲鸿故居逐步发展而来的徐悲鸿纪念馆中，静静地躺着一幅传世名画，它便是吴道子的《八十七神仙卷》。它不仅向来访的人们展示着中国唐代雍容大气的壮丽文化，展示着中国唐代美术在人物画方面的最高成就，也在那里默默地讲述着徐悲鸿与它之间的令人惊叹、曲折婉转的收藏故事。

这幅《八十七神仙卷》是一幅人物画，更确切地说，是一幅用于壁画的白描底稿，只是壁画的附属品而已，世间多有仿本。这样的画作真迹能流传下来绝非易事，但是徐悲鸿发现的这一幅，却是难得的一件唐代人物画真迹，还是画圣吴道子的真迹。

《八十七神仙卷》并无任何款识，常人难以断定它的价值。史上虽多有名家收藏，但也没能留下丰富的历史记载。因传世时间过久而渐变至深褐色的绢面上，有八十七位列队行进的神仙。画中的线条遒劲有力，人物形象简洁明快，生命力十足。画面中的天王、神将，虬须云鬓，褒衣博带，神态雍容的气派被表现得淋漓尽致，以及那冉冉欲动的白云、飘飘欲飞的仙子，使整幅画作具有"天衣飞扬，满壁风动"的艺术感染力。那么它是如何被断定为吴道子真迹的呢？这还要从徐悲鸿前往香港参加画展说起。

《八十七神仙卷》局部

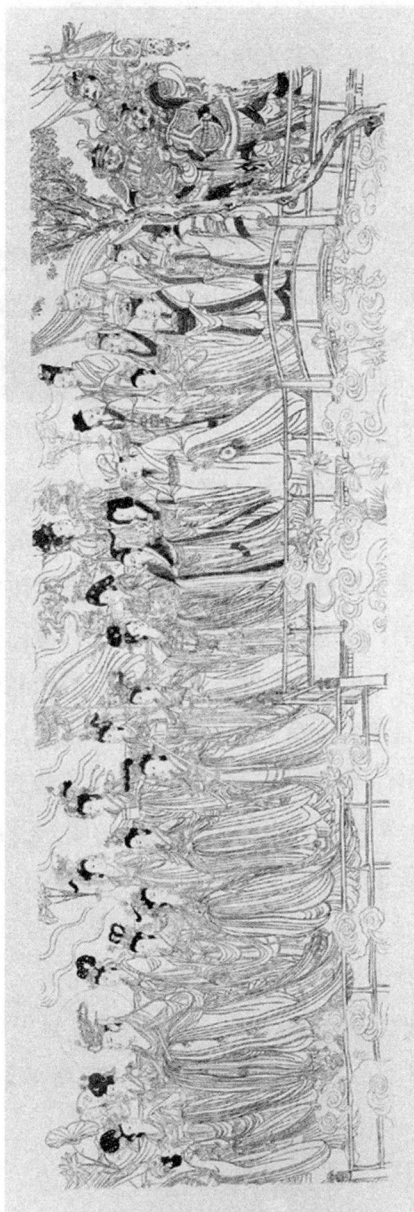

《八十七神仙卷》临摹版

1937 年 5 月，时任中央大学艺术系主任兼教授的徐悲鸿应香港大学的邀请赴香港举办画展。闲暇之余，他走访各处，与朋友一起看古玩、赏字画。一天，一位德国的马丁夫人打算出售自己家族收藏的中国字画，开始广邀社会名流前来观画，待价而沽。作家许地山听说后，便介绍徐悲鸿一同前往观看淘宝。马丁夫人知道徐悲鸿是有名的当代画家，对达成交易自然十分期待。

徐悲鸿

字画被一一打开，前两箱字画徐悲鸿都没有发现什么入眼的佳作。直到第三箱中，一卷泛着古朴的旧纸色的画轴的出现，让徐悲鸿眼前一亮。他慢慢地展开画卷，心情有些按捺不住的激动。看到上面的白描人物之后，徐悲鸿已经失去了欣赏其他画作的兴趣，对马丁夫人说："就这一幅，其他我都不要了。"说话间声音中蕴含着掩饰不住的激动。马丁夫人虽然吃惊，但出于礼貌，还是想让徐悲鸿继续欣赏其他画作。徐悲鸿已经没了心情，连连摇头说："没有比这幅更好的了！"匆忙间，徐悲鸿便提出结账，将自己手头仅有的 10000 元现金拿了出来。徐悲鸿急切的举动被马丁夫人看在眼里，她虽然不懂画的价值，但知道奇货可居，便表示自己舍不得出售，暗示徐悲鸿加价。徐悲鸿当然明白，但是求画心切，马上提出愿意另外赠送七幅自己的作品用来交换。马丁夫人早就听说过徐悲鸿的画在市场上价格很高，影响力也不错，便在略微犹豫之后欣然同意。

画面没有任何款识，但徐悲鸿一眼就看出这是一幅出于唐代名家之手的艺术绝品，其中的白描技法在我国的唐代人物画中极为典型，绝非凡品。为了验证自己的眼光，徐悲鸿匆匆结束了香港的画展，返回上海找到老朋友张大千和谢稚柳前来共同鉴定。

张大千和谢稚柳来到徐家，见到这幅白描人物画卷，也对其夸赞不已。对敦煌壁画研究已经小有成就的张大千从绘画技法与画史传承上，断定此画应当是吴道子的真迹。因为宋代壁画流传下众多的绘画小样，即使是同样的白描样稿，都没有这幅《八十七神仙卷》中的人物神态雍容大气，典雅端庄。张大千认为北宋武宗元的同内容作品《朝元仙杖图》很有可能是学自壁画，或是学自徐悲鸿手中这一幅白描样稿；谢稚柳则认为这幅人物画卷具有隋唐壁画的典型画风，是宋代画师功力不能企及的。同道好友如此称赞自己得到的绝世收藏品，徐悲鸿不禁喜上眉梢。

徐悲鸿自己十分推崇《八十七神仙卷》，认为它的艺术价值足可媲美欧洲最高贵的名作，甚至可以与世界美术史上第一流的作品——希腊班尔堆依神庙雕刻相提并论。《八十七神仙卷》这个名字也是由徐悲鸿命名。为了表达自己的喜爱之情，他亲手将自己特意定制的"悲鸿生命"印章盖在了画面的一处空白上。从这一刻开始，人物画中的绝世佳作《八十七神仙卷》成为了徐悲鸿形影不离的收藏品。无论出国办画展还是回国教授学业，这幅画都始终伴随徐悲鸿东奔西走，令他疲惫的身心获得了一丝安慰与满足。

二、辗转人间惊遗失

可是常年在外辗转，画作便有遗失在路上的危险。随着抗战的爆发，徐悲鸿发挥着一个画家所能做出的最大努力，开办画展，奔走呼喊，为抗日战争筹资募捐。也就是在这一时期，他的大量画作散佚丢失在海外。唯一庆幸的是，《八十七神仙卷》还在他身边。

1939 年 1 月，徐悲鸿携带百余件自己创作的精品油画、国画与收藏的历代书画等珍藏，取道香港，远赴新加坡举办救国筹款画展。画展毫无意外取得极大成功，这次画展门票和卖画所得资金在当时可谓是笔巨款。这笔巨款被徐悲鸿全部捐献，成为当时广西第五路军抗战烈士遗孤的抚恤金。此后两年多时间里，徐悲鸿又先后前往吉隆坡、怡保、槟城等地举办义展，共筹得款项近10万美金。他全部捐回国内，用来救济国内因战争流散的难民。所到之处，当地华人都对他抗日爱国身体力行的义举连连称赞，认为他的确称得上是中国人的楷模。

1941年12月，太平洋战争爆发，日军推行南下政策，派飞机袭击了新加坡，引发一片混乱，打断了徐悲鸿原定的赴美展览计划。他一时进退两难，而且头痛于自己随身携带的数百件珍贵艺术品不知如何处置。在当地华人朋友林庆年、庄惠泉等人的帮助下，徐悲鸿暂时被安置于安溪会馆在新加坡办的崇文学校内。经过商议，帮助徐悲鸿开办画展的林庆年、庄惠泉决定把他存放在好友黄曼士家中的部分绘画、书籍、印章以及40余幅难以携带归国的油画秘密运到崇文学校，先打包放在皮蛋缸里，然后送入一口枯井下埋藏。

徐悲鸿本来决意留在新加坡，以便时时刻刻保护珍宝。可是时局越来越紧张，朋友们力劝徐悲鸿回国。为了防止自己的收藏在路上发生意外，徐悲鸿决定轻装上阵，忍痛将自己的一部分绘画作品留下，只身携带《八十七神仙卷》与部分重要作品登上一班客轮，辗转到了印度，又从印度取道缅甸，历经艰辛回到祖国。《八十七神仙卷》带回来了，可是徐悲鸿耗费数年心血创作的众多绘画作品与多年的收藏却永远留在了新加坡。

1942年1月至1942年5月，徐悲鸿走保山、大理一线到达昆明，路上一边创作新的画作，一边举行劳军画展。可是，在昆明，一个致命的打击突然袭来。

1942 年 5 月 10 日，空袭警报像往常一样响起，徐悲鸿匆忙锁好门，同大家一起跑进了防空洞。当警报解除，徐悲鸿回到住处，猛然发现房门和装有字画的箱子都被撬开，《八十七神仙卷》和其他 30 余幅国画居然不翼而飞！目睹此情此景，徐悲鸿顿时头晕目眩，昏了过去。学生们悉心照料数日，他才在虚弱中醒了过来。

著名画家徐悲鸿的画作失踪！这一消息在社会上引起了轩然大波。当时的云南省政府高层官员大为震惊，派人追查，限期破案。然而数月过去，所有画作如泥牛入海，没能传回来半点有用的讯息。徐悲鸿为此多日忧心忡忡，寝食不安，导致自己血压急剧上升，最终倒在了病床上，历经月余方才有所好转。十分自责的徐悲鸿写下了一首诗，表达自己的痛苦与煎熬：

"想象方壶碧海沉，帝心凄切痛何深。

相如能任连城璧，愧此须眉负此身。"

平日里，徐悲鸿在与学生的信件交流中，提到这件憾事也充满了深深的郁闷。因为内心长期沉浸在痛苦中，事业的负担又不断加重，徐悲鸿患上了严重的高血压，无法再继续透支自己的身体了。1943 年夏至 1944 年夏，徐悲鸿辗转到了重庆居住。这段时期陪伴他的并不是他的妻子，而是他在中央美术学院的助手廖静文。

三、千金散尽赎画回

此时的徐悲鸿，不仅丢失了自己心爱的国宝，还与自己的前妻有着一份斩不断、理还乱的感情纠葛。夫人蒋碧薇心思细腻，又总被徐悲鸿因为作画和参与社会事务而冷落，夫妻双方早已互相离情，在生活中逐渐产生了隔阂。在 1945 年徐悲鸿与蒋碧薇离婚之前，双方的夫妻关系早已名存实亡，分居多年。

在徐悲鸿最郁闷的时候，助手廖静文一直细心陪伴着他。在廖静文的悉心照顾下，徐悲鸿渐渐地好了起来。也就在这个时候，一个消息传了回来，好坏参半。

　　1944年夏，从成都送来一封信，写信人是徐悲鸿在国立中央大学艺术系的女学生卢荫寰。她在信中告诉老师，有人在成都兜售《八十七神仙卷》！一个偶然的机会，她在一处朋友开的画店里看到了这幅画作。因为徐志鸿曾安排他们临摹过《八十七神仙卷》的照片，而且徐悲鸿原本盖有"悲鸿生命"四字印章的地方被人故意挖掉了，卢荫寰更加确认此画是老师的珍藏无疑。画店卖画的人张口就要20万大洋，似乎有意联系老师。徐悲鸿阅完信，决定立即前往成都。但马上要出发的时候，他取消了这个决定。

　　徐悲鸿亲自去成都，固然最为合适，但是万一消息走漏，持宝人害怕徐悲鸿报警抓人，一旦将画毁尸灭迹，那可就是万劫不复的损失。徐悲鸿考虑再三，决定委托一位也见过《八十七神仙卷》的朋友刘德铭去成都，请他先去验画，在确认为真品后，再协商花钱把画买回来。消息很快传来，确认是徐悲鸿丢失的那一幅。

　　原来，当年偷画的是一名偶然出现在新加坡的云南籍军官，名叫刘汉钧。他曾在新加坡见过徐悲鸿展出《八十七神仙卷》，自那以后便动了歹心。得知徐悲鸿到了云南，他趁着战局混乱擅离值守，悄悄跟住了徐悲鸿，准备伺机行动。就是趁着那次空袭，他逆人流而动，闯入徐悲鸿的住宅，窃取了徐悲鸿的大量画作和《八十七神仙卷》，远逃四川，想要出手。

　　可是等他到了四川，云南省政府的协查令也到了，所有买卖字画的销售渠道都知道大师徐悲鸿丢了一大批画，协助找到者可以获得徐悲鸿的重谢。刘汉钧这时候走正常渠道销售，就等同是自寻死路。白道不行，走黑道。哪知黑道也不好走，刘汉钧拿了两幅普通的徐悲鸿画作前去销售，却被黑道的收画者强抢不说，还送了他一顿毒打。

刘汉钧想来想去，也只想到一条赚钱的办法，就是把徐悲鸿最看重的《八十七神仙卷》卖给徐悲鸿。他故意找到部分四川的徐悲鸿的学生，通过他们向徐悲鸿传话，要求徐悲鸿出重金赎回这幅画作。

虽然对方无耻至极，但是徐悲鸿不愿意宝物再有闪失，答应了对方的要求。连续数月，徐悲鸿不顾身体有恙，日夜作画，想办法筹集赎金。在一共给对方寄去 20 万现款，又搭上了十几幅新作之后，1944 年秋天，《八十七神仙卷》终于重新回到徐悲鸿手中。

徐悲鸿仔细审视着失而复得的《八十七神仙卷》，不禁泪流满面。画面上失去了"悲鸿生命"的印记，连当年留下的题跋也被割掉，但是八十七位神仙完好无损，这已经让徐悲鸿非常欣慰。他激动不已，再次挥毫赋诗一首：

"得见神仙一面难，况与伴侣尽情看。

人生总是荼菲味，换到金丹凡骨安。"

从这之后，《八十七神仙卷》一直陪伴在徐悲鸿身边，再未分开，直到徐悲鸿去世。在与蒋碧薇离婚后，徐悲鸿与廖静文在 1946 年 1 月正式结婚。国宝与相濡以沫的爱人，终于双双完美地陪伴在他的身边。

四、遗愿国宝捐国家

《八十七神仙卷》的故事暂时告一段落，但是徐悲鸿的收藏传奇尚未结束。他收藏的名画不少，其中多数是精品。他曾通过为陈嘉庚画像换取报酬，只是为了购买导师达仰的油画《奥菲利亚》并收藏；也曾不顾收藏界的规矩，害怕明代仇英的《梅妃写真图》流失海外，在别人交易中强行闯入，抢回了国宝却也背了一身债务。

正如对《八十七神仙卷》的热爱一样，徐悲鸿非常热爱他的所有收藏，也希望能常伴左右。但是天不遂人愿，高血压带来的病痛很快便让徐悲鸿的生命走到尽头。

1953 年 9 月，当时担任中央美术学院院长和全国美术工作者协会主席双重重任的徐悲鸿终于积劳成疾，突发脑出血，经抢救无效而去世。在他生前，他曾与夫人廖静文以及一双子女商量过自己的画作与珍藏的未来归属。大家一致同意将全部收藏捐给国家，给予它们最好的保护。

徐悲鸿纪念馆

目送徐悲鸿离开人世之后，廖静文流着眼泪，回到家中检视着他留下的大量遗作和那些珍贵收藏，下定了捐出宝藏的决心。就在当天，廖静文在全体来访宾客的面前宣布，总计 2000 余卷的徐悲鸿留下的所有画作和他收藏的历代优秀字画以及万余件图书资料将全部献给国家，其中自然包括独一无二的国宝《八十七神仙卷》，同时还决定捐出当年在北京购置的房子作为收储展览机构，交由国家管理。廖静文实现了徐悲鸿生前的意愿，得到了社会各界的一致认同。不久，徐悲鸿故居被辟为徐悲鸿纪念馆，廖静文被任命为馆长，依然可以陪伴这批珍宝度过余生。

小结：

现在徐悲鸿创作的存世画作大约有 3000 多件，其中纪念馆就收藏有 1200 多件，新加坡等地也收藏颇多，流传于民间的大约 400 件，其中大部分都不会轻易流入市场。徐悲鸿纪念馆中的丰富收藏，已经足以让我们领略到大师的艺术风采。根据徐悲鸿纪念馆目前的规定，《八十七神仙卷》只会在金秋十月进行专题展出。在我们细细品味八十七位气质不凡的神仙的飘逸身姿的同时，画面中他们仿佛与徐悲鸿并肩而立，一同讲述着那一段历经波折的动人故事。

06 大雅人间俗世界
——写照社会的《清明上河图》

◇·················

　　世间流传的名画不少，可是唯有北宋画家张择端的这幅名画像一扇穿越历史的窗口，让我们能够看到一座繁华都市的社会面貌。《清明上河图》真迹是中国十大传世名画之一，为北宋画家张择端仅见的存世精品，被誉为"中华第一神品"，属国宝级文物，现藏于北京故宫博物院。

　　这幅名画能从北宋流传下来，除却具有很高的历史价值和艺术价值外，还具有独特的社会价值。围绕着它发生的收藏故事，也充满了社会气息。

一、宋金元时期的连环倒手

　　北宋徽宗建中靖国元年（1101），张择端创作了《清明上河图》。图宽 24.8 厘米，长 528.7 厘米，生动记录了 12 世纪北宋汴京的城市面貌和社会各阶层人民的生活状况。画中描绘了当时都城汴京（又称开封或东京）的繁荣景象。在 5 米多长的画卷里，张择端一共绘制了 814 个各色人物，牛、骡、驴等牲畜 60 多匹，车、轿20 多辆，大小船只 28 艘，树木 170 余株。房屋、桥梁、城楼等各具特色，展现出了一个平凡的俗人世界，但画面中却充满了雅致，蕴含着饱满的艺术气息。

张择端本《清明上河图》（局部）

张择端作画的时候已是北宋末期，该画不久就被进献朝廷，送入御府珍藏。北宋徽宗赵佶亲手在卷首书写"清明上河图"五个瘦金体大字，又授意臣下在卷首题诗，并加盖自己的双龙收藏印。毫无疑问，当朝皇帝成了《清明上河图》的第一任收藏者。

张择端本《清明上河图》（局部）

不过好景不长，金兵南下，东京汴梁被攻破，徽、钦二宗被掳掠北去，皇宫中的珍藏被洗劫一空，《清明上河图》也被裹挟在大批书画中被带入金人地区。虽然金人也已经汉化了较长时间，但是对于中原文化中的这些风雅文玩并不感兴趣。在他们眼中，画得一手好画、写得一手好字的徽、钦二宗，还不是沦为了自己的阶下囚？在金人朝堂中，掠夺来的东西作为封赏之用，流散在一众朝臣手中。《清明上河图》也就这样被赏赐了出去。

金世宗大定二十六年（1186），在金朝做官的张著、张公药、郦权、张世积等人有幸鉴赏了这幅名画，还在图的后面留下了自己的题跋。张公药、郦权都是降金的前朝旧臣，在目睹张择端笔下汴京的旧日风貌之后，也是颇多感慨，唏嘘不已。

赵孟頫题《清明上河图》卷首

1260 年，元世祖忽必烈登基，尚未定国号为元。这一时期，《清明上河图》从故金大臣府中被查抄收入元宫廷秘府。宫廷装裱匠在奉命修整《清明上河图》期间，带人就地临摹做了个仿本。不久，上司检视完装裱好的《清明上河图》后，仍交由他送库收藏。借此机会，装裱匠用仿本偷梁换柱，成功将画偷换出宫，通过中间人的联系，准备出售给一个高官。不过还没开始交易，中间人在保管过程中，又私下联系，偷偷将画卖给了杭州收藏家陈彦廉。这个故事还有另一个版本，说是此图被收藏在元代专管收藏旧物的秘书监的藏阁里，无人关注。担任翰林院承旨学士的赵宋皇族后裔、大画家赵孟頫发现后，便神不知鬼不觉地从藏阁中将其带走，悄悄运回湖州老家，然后制作了一幅摹本归还内府，终元一朝也没有被发现，不过这幅画最后还是流传到了陈彦廉手中。这第二个版本的故事充满了赵宋子孙复仇的色彩，充满了人们对故国的怀念，真假反而不是那么重要了。

时间到了元至正二十一年（1361），正是元末农民起义刚刚爆发的年代。陈彦廉的后人将画卖给杨准，不过在 1365 年，离朱元璋建立明朝还有三年，江南大部分地区已经被朱元璋平定，《清明上河图》则出现在了静山周氏家族手中。之后的流传轨迹便无人知晓，即便仍然在倒手转卖，也已经不再出现在大家的视野中。

二、明代权臣之争

《清明上河图》经历了元末明初百余年的销声匿迹之后，再次重新面世。这时候与之有关的消息一出，人们顿时恍然大悟，原来，画已经流传到英国公张辅家中。他是明成祖时大将张玉之子，参加过靖难之役。这样的功臣世家，家中藏有《清明上河图》可以说当之无愧。

明英宗天顺五年（1461）前后，大理寺卿朱鹤坡从张家后人手中买下《清明上河图》，不久就送给了明朝内阁首辅华盖殿大学士徐溥。徐溥临终时，将画赠给了好友文渊阁大学士李东阳。李东阳死后，家人将画再次出售。

明世宗嘉靖三年（1524），画归兵部尚书、苏州人陆完所有。陆完死后，他儿子急等钱用，就将画出售给了昆山收藏家顾鼎臣。不过这一时期，相国严嵩、严世蕃父子权势正盛如日中天，嚣张跋扈，有好东西就抢。他们听说画在顾鼎臣这里，当即使了手段抢走。由于严嵩早就想得到《清明上河图》，曾多次求索，都御史王忬还帮他买过画，结果被后人演绎出了一个权相与都御史围绕《清明上河图》的斗争故事，徒增一段传奇。这个故事是这样的：

陆完死后，他的夫人将《清明上河图》缝入枕中，视如身家性命，即便当年陆完好友来访，也只推脱以画殉葬，不欲再对外出示。可是此事偏偏被常来陆家居住的娘家外甥王某暗中得知。他本来就伶牙俐齿，会说好话哄夫人开心，而且也痴迷书画，便央求夫人借看《清明上河图》。不得已，夫人勉强同意，许他在阁楼观瞻。王某记性极好，看了数次，便能下手临摹，与真迹有八分相似。严嵩搜寻《清明上河图》的时候，曾请都御史王忬帮忙。王忬得知王某手中有仿作，便出钱买下，献给严嵩。严嵩府上的装裱匠汤臣认出画是假货，便以此要挟王忬，想讹诈 40 两银子，但王忬对其不予理会。汤臣恼羞成怒，在严嵩一次设宴欢庆共赏名画时，故意损坏那幅赝品，指出毛病让大家看笑话。严嵩在众人面前丢了面子，不久之后就将王忬报复致死，临摹此画的王某也被抓去并饿死狱中。

其实这个故事是被小说家们出于对奸臣的痛恨给夸张了。严嵩确实曾经拜托王忬为自己买过"名画"，王忬也确实曾买下苏州人王彪的《清明上河图》摹本献给严嵩，后被识破，受到相应惩罚，但事实没有像上述这般情节曲折，结局也没有那么惨。明隆庆年间，严嵩父子被御史邹应龙弹劾，官场威风不再，严世蕃也被斩首，严府被抄，《清明上河图》在明代终于被收入了皇宫。

这一时期，《清明上河图》最出名的不是真迹，而是大批量的"苏州片"仿本。在画作还在陆完、顾鼎臣手中的时候，与他们有来往的文人墨客、仿古高手，纷纷参与到仿作这一盛宴中来，制作出了大量可以与真品相媲美的仿本。明代著名画家仇英就仿过数本，甚至还肆意加工，用苏州的许多特色风情与建筑样式取代了张择端当年画出来的汴京城。虽然看似仍为原来的布局，但是里面的内容俨然都染上了明代苏州的色彩。这种仿本，开启了后来仿《清明上河图》时加入时代特色建筑的风气，在当今收藏界，也是与真迹可以相提并论的收藏品。

明神宗万历六年（1578），内府出了一件盗窃案，《清明上河图》真迹不翼而飞。最后查明是宫中一名小太监将画盗出，路上遇到巡查的侍卫，慌乱间把画藏在御沟的石缝中。但当晚下了雨，御沟水涨，画便被浸泡了。小太监被处死后，人们以为《清明上河图》真迹就此被毁。可是待大太监冯保被抄家后，民间又出现一幅

《清明上河图》真迹。人们发现真迹居然被冯保收藏，才明白之前发生的盗窃案不过是个障眼法。

三、清朝的真伪入宫

经过清朝初年清兵南下的战乱摧残后，江南历经40余年才恢复了原有的活力。也正是在这一段时间，《清明上河图》真迹最先流落到收藏家陆费墀家中。在他死后画被转卖给了毕沅。毕沅是清代名臣，生平喜爱金石书画，家中收藏颇为丰富。他得到《清明上河图》以后，收藏在老家藏书阁中。1799年，毕沅获罪判死刑后的第四年，家产全部籍没。《清明上河图》则被收入清宫，安置在紫禁城迎春阁内，嘉庆皇帝命人把它著录在《石渠宝笈三编》。直至清末，此画在紫禁城安然无恙，未受到兵祸之苦，算是非常幸运。

1911年辛亥革命以后，被迫退位的清廷末帝溥仪逐渐长大，终于意识到自己形同囚徒。1920年，溥仪便以赏赐弟弟溥杰的名义，以蚂蚁搬家的方式把宫中最值钱的字画和古籍盗运出宫。在相当长的时间内，溥杰每天从宫内放学回家时都带走一个包裹字画的小包袱。哥俩用这种方式先后盗出字画手卷1000多件，挂轴和册页200多种，宋版书200种左右，《清明上河图》便在其中。这一行动一直持续到1923年建福宫大火那天，后来溥仪被冯玉祥派军队在1924年驱逐出紫禁城。到了这个时候，溥仪把偷出去的这批字画古籍变成了自己的私有财产，存放在天津租界的暂住地张园内。

1932年，溥仪在日本人扶植下建立伪满洲国，这批字画也被他带到长春，存放在俗称"小白楼"的伪满皇宫东院图书楼中。这些都是精挑细选过的清宫藏历代书画精品，每一件都堪称上品。裹挟其中的《清明上河图》就有多个版本，包括张择端的《清明上河图》真迹、明代仇英《清明上河图》摹本、明代其他画家的"苏州片"《清明上河图》仿本，等等。

仇英本《清明上河图》（局部）

1945 年 8 月，第二次世界大战接近尾声，日本侵略者的末日即将来临。溥仪和控制他的日本高官得知消息，便乘飞机逃往大栗子沟躲藏，伪满皇宫则因失火变得一片狼藉。混乱之中，周围居住的不少民众、伪官便趁机进宫"抢洋捞"，伪满皇宫的大批珍贵之物便在这场混乱中流散到了民间，仇英本《清明上河图》就被闯入者从伪满皇宫中带了出来。这时期仍有不少军警在当地商会的支持下没有解散，依然负责维护治安。他们在通化县设立的哨卡将仇英本《清明上河图》截获，存放在当地警察局的保存室内，日后被辽宁博物馆发现并收藏。

溥仪在大栗子沟躲了三天，又赶往沈阳，企图从沈阳逃走。这一次溥仪再次精选珍宝、字画，准备携往沈阳，这其中就包括《清明上河图》真迹。那些被遗弃在大栗子沟的其他收藏品再次被人瓜分，有的还不幸被焚毁，剩下的则被当地留守的人另行封存。当年 8 月 19 日，溥仪在沈阳机场乘飞机准备逃往日本，结果飞机起飞后被苏联红军迫降，溥仪和他的随从人员以及随身携带的珍宝、字画被截获。溥仪随后被苏联红军押往苏联赤塔，后转至伯力，五年之后被遣送回国。在这一过程中《清明上河图》真迹下落不明。

1948 年，中国人民解放军解放长春，全面接收长春各处物资。解放军干部张克威通过当地干部从各单位与住户家中搜集伪满皇宫流散出去的物品，并交给了开辟东北革命根据地的负责人之一林枫，后经林枫之手转入东北博物馆。

1950 年冬，东北局文化部着手整理战后搜集起来的文化遗产，特聘书画鉴定专家杨仁恺负责整理鉴定从各方收集来的大量字画。杨仁恺从中找到珍贵字画 10 余卷，其中一幅《清明上河图》长卷引起了他的注意。画幅上并无画家本人的款印，然而历代名人题跋丰富翔实，历代收藏印章随处可见，仅溥仪的印章就有 3 枚之多，最起码可以证明是溥仪当年携带过的那一幅。画卷之后的金代张著题跋记载："翰林张择端，字正道，东武人也，幼读书，游学于京师，后习绘事，本工其'界画'，尤嗜于舟车市桥郭径，别成家数也。按向氏《评论图画记》云，《西湖争标图》《清明上河图》选入神品，藏者宜宝之。大定丙午清明后一日。"

杨仁恺不久就将这幅画卷的照片以及相关文字证明发表在了东北博物馆编印的《国宝沉浮录》，很快引起国内外专家的关注。国家文物局局长郑振铎将画卷调往北京，经故宫的一众专家们考证鉴定，确认这幅长卷就是张择端真迹《清明上河图》，最后决定交由北京故宫博物院收藏，让宝物重回原先驻足过的地方。至此，《清明上河图》真迹结束了自己颠沛流离的命运，得到了妥善的安置。

张择端本《清明上河图》（局部）

四、《清明上河图》的现代情结

2010 年，中国上海举办世博会，其中的中国馆专门制作了三维数字化动态版《清明上河图》，作为我国传统社会文化的代表展示给来访大众。《清明上河图》的"清明"二字，本就不是清明节的意思，只是寄托了天下清明的美好寓意，带有社会和谐发展的良好愿望。画中描述的社会生活场景，为我们带来的不仅仅是千年前的繁华景象，还具有希冀百姓安居乐业的意味。使用现代科技手段进行展示，也是相关研究人员对《清明上河图》的收藏与保护做出的新贡献，提醒更多的人珍视古代传统文化成果。

现在能够在收藏界见到的《清明上河图》版本，除了故宫收藏的张择端真迹外，比较著名的还有之前提到的仇英仿本，现藏于辽宁省博物馆。如今互联网上流传的关于《清明上河图》的全景图图片多数便是这个版本的作品。"台北故宫博物院"则收藏着七幅仿本，其中除了仇英本，最重要的是一幅清院本的《清明上河图》。这是在清乾隆元年（1736）由清宫画院五位画家陈枚、孙祜、金昆、戴洪、程志道合作画成，而且同样借鉴了前辈们对这幅名作只仿框架、不仿细节的仿画原则，在细节方面自行创作。他们还特意在画中增添了体现明清之际社会风俗的一些活动、物件，甚至还有西式建筑。

清院本《清明上河图》（局部）

小结：

以上重点提到的三个版本的《清明上河图》各有千秋，分别反映了三个不同时代，成为各种收藏版本中最有代表性的存在。这样看来，《清明上河图》分明是一套背景组画，它在每一时代的"出场"都不相同，像照片一样留给我们不少不同时代的社会信息，这也算是它的独有特色之一吧！至于《清明上河图》的其他仿品，至今仍不时在拍卖市场出现，但大多数都是苏州仿仇英本。

07 乾隆皇帝走了眼
——被火吻过的《富春山居图》

◇ ·················

　　中国国宝级名画不胜枚举，其中就有这件《富春山居图》。自从 2011 年两岸进行合璧大展以来，它的传奇故事与颠沛流离的命运才广为人知，甚至还成为了电影题材，成为刘德华主演的电影《天机·富春山居图》的主题。就拿这幅名画来说，作为一个有故事的收藏品，它的名声大噪可谓一点都不奇怪。那么它的前世今生究竟有哪些有趣的故事呢？且听笔者细细道来。

一、现世与辗转收藏

　　艺术品中的书画，往往是名家所作，《富春山居图》当然也不例外。元代画家黄公望应师弟郑樗相邀，为他创作了这幅山水名画。郑樗字无用，又与黄公望一同皈依道教全真派，道友对其敬称"无用师"。相传在求画的时候，郑樗作为毫无疑问的第一收藏者，担心日后有人巧取豪夺，凭借双方交好的关系，便请黄公望在画内题跋处写上"无用师"这三字，以示殊荣。这幅画的一部分在日后称《无用师卷》，缘由便出于此。其实这幅画本来叫作《富春山图》，为何变成了《富春山居图》呢？此处典故，后文会为大家详细解释。

对这幅画的创作，黄公望极为耐心。在浙江富春江畔山水间行走，多年的修行游历让他慨然于美景的丰富多彩，也始终保持着自己的创作热情，常常入山寻得一处好景致便如痴如醉，临空摹下轮廓反复构思。待满意时就寻一平整之处，从随身携带的皮囊中取出画具，将山川的精髓留于纸上。从元顺帝至正七年（1347）到至正十年（1350），黄公望断断续续画了三年多时间也未能完稿。因已到耄耋之年，精力不足，难以继续对这幅画多加修琢，他方才题词收笔。此画全长6.9米，共花费了六张宣纸。画中前后段的景色不尽相同，各有神采。山光水色在纸面纵横，别有一番意境。

一朝踏上收藏路，危险重重岂可知？郑樗在世时，对此画自然爱惜备至。然而自己已经老迈不堪，又剩下多少时间能守住珍品？果然，郑樗仙去以后，家中人才凋零，后人不再珍惜这些不能吃、不能用的画卷，开始逐步典卖贴补家用。艺术品早期的命运普遍如此。幸运的，历经多家辗转，战乱更迭，仍然能在某个角落悄然现世，重展往昔风采；命运不济的，我们不仅无缘得见，恐怕连听也未曾听说就被丢得无影无踪。不久，《富春山居图》就被大户人家买去，从此百余年中人们只听说过，却谁也没有见过这幅画。直到明成化年间，画家沈周从市场上发现它的身影，这才收入了自己的藏品当中，加盖了自己的收藏印记。书画收藏有一个特点，就是可以加盖收藏者的私印，还可以在画面空白处题字讲一段相关故事，留给后人一些自己的痕迹。当然，下得了笔、盖得上印的人，往往都是在收藏圈里浸淫已久，对此颇有自信的人。这不仅是对自己眼光的肯定，也是对自己能收藏一幅佳作而表达的欣喜。谁都知道自己活的时间未必比得过自己的藏品，那只有在活着的时候多留些痕迹，才能不枉自己与珍品的一时缘分。在沈周之前，肯定也有其他藏家留下的题跋，但是沈周见到此画时，已经见不到那些字了。

收藏品是极容易被借来借去的，这其中就充满了当年郑樗最为担心的巧取豪夺的危险。偏偏沈周便遇上了这样的事情。他将画借给对方去欣赏题字，借画者的儿子私自藏匿，编造了几句发生意外情况的谎话，向沈周推说画丢了。沈周当时虽然气愤，却也无可奈何。可是不久之后，在市场上见到此画身影的时候，沈周的愤怒真是难以按捺了。遇上这种情况，就仿佛家里人被绑架，赎与不赎都是自己吃亏，选择最为艰难。恰恰此时沈周家里也不富裕，光景不复往昔，这笔赎金还真是凑不出来，他真是后悔不已。虽然他是画家，在家里凭借记忆临摹一幅还是能办到的，但最终只能面对一幅临摹之作来怀念已经难以亲手把玩的真迹，心中的郁闷真是难以言喻。

沈周《仿富春山居图》

　　但是沈周与这幅画还是有未尽的缘分的。在他的朋友当中，有人出得起卖家所定的价钱。此人就是沈周的朋友樊舜举，也是有心收藏这幅画的大家，一直在市场上留意真迹，最后成功以重金购得，成为画的新主人。沈周凭借与樊舜举的交情，能够再次见到此画真身，已是欣喜万分，故欣然应邀为他撰写了新的题记，补叙自己收藏时的情况。其中提到"一时名辈题跋，岁久脱去"的破旧，又从画家的视角称赞此画"墨法、笔法深得董、巨之妙，此卷全在巨然风韵中来"，还提到了他与樊舜举的情谊，留下了一段佳话。沈周最后还将自己的《仿富春山居图》送给了樊舜举。

　　明穆宗隆庆四年（1570），此画辗转流落到无锡当地有名的画家、鉴赏家谈志伊手中，画家周天球等人在次年得以一睹为快，并应邀撰写观后记。又过了20多年，明代晚期的著名画家董其昌将此画收藏进自己府中，好在不久就转手相赠他人了，不然还真躲不过那场江南民众向董家宅子放的一把大火。

二、没躲过去的火劫

　　接手董其昌收藏的是明末宜兴收藏家吴之矩，他有个儿子叫吴洪裕（字问卿）。与他老爸相比，这位更是一个狂热的收藏发烧友。他在得到《富春山居图》后，还特意建了一座富春轩来珍藏这幅名画，时不时就入轩欣赏。在他的藏品中，也只有另外收藏的一幅唐代智永的《千字文》能与之相提并论。在《富春山居图》上题跋时，他自叙自己生平与这幅画形影不离，连吃饭都不肯离开。此语当然有些夸张，但是可以看出他心中对这幅画充满了喜爱。在清兵南下、社会动荡不安的时候，他携带着这件珍宝躲避兵锋，还曾自叹值得以性命为此画殉葬，恐怕当时他觉得殉情的感觉也不过如此吧！危险往往就在收藏者一念之间，说来就来了。

　　这画命中可能就需要这么一场火劫，横竖躲不过去了。《富春山居图》最大的一场劫难，就是在吴洪裕的疯狂喜爱下才发生的，他想要此画为他殉葬。人们常常为自己喜欢的东西陷入艰难的选择，那个过程让人纠结万分，就像面对哈姆雷特之问一般。吴洪裕眼看自己到了风烛残年，时日不多，就开始准备安排后事。对他来说，最放心不下的就是这些他珍视一生的书画名作。留给子孙，担心得不到善待，也难以割舍自己长久以来的复杂情感。纠结来纠结去，老爷子狠狠心，一咬牙，拿去！烧！用自己犹存的余威，逼着子孙们将这些收藏多年的画作当面逐件焚烧，打算将画带到坟墓里去欣赏。第一天，那副《千字文》就被送入了火盆，看得周围的人们莫不惋惜。也不知是精力不济还是什么原因，老爷子决定第二天再烧《富春山居图》，总算为这幅画留出了一天的美好时光。

　　侄儿吴贞度（字子文）在家中也多有帮忙，眼看珍宝不存，不忍之心难以按捺。在与诸位堂兄弟商量之后，在第二天的焚画开始不久，就在老爷子看着火焰腾起后转身被众人扶回卧榻的那短短的时间里，他迅速将已投入火中的《富春山居图》抢出，藏到一边。为了对随时可能杀个回马枪的老爷子交代，他另外丢入火盆一幅大小相似、价值较次的画作。这幅名画终于得以留存。

　　可是毕竟过了次火，《富春山居图》还是留下了几片火烧过的痕迹，不做一些修补的话恐怕是难以长久保存了。最后的处理结果就是这幅画从过火最严重之处被分割为一长一短两部分，各自装裱。长的一部分不是问题，截去火烧过的痕迹就可以保留大部分山水景色。短的那部分是这幅画原本的卷首，被单独取下来之后，由装裱师与主人商定，将剩下的景色合理布置，恰恰也是一副比较完整的山水画。由于主题上显得一山独大，所以定名为《剩山图》。原来画上的题跋在重新装裱后，也被移动了地方，长的那卷最后被人起了别名为"无用师卷"。从此，一大一小两幅画开始以不同的轨迹在世间流传，又有了各自不同的命运传说。

三、乾隆皇帝走了眼

"走眼"是收藏界的行话，意思就是看错了东西。乾隆皇帝是清代有名的收藏家，不仅权势最大，而且也的确非常爱好收藏。皇帝每年收到的各地的贡品，多到数都数不过来，更何况他还有各种办法能从民间得到好东西。在见多识广的情况下，说他是个资深收藏家也不为过。不过这幅画在流入清宫之前的际遇还是有很多故事可讲，并且是乾隆皇帝犯错误的根源。

清初，《富春山居图》就已经在江南小有名气。江南名士沈德潜，就是日后被牵涉进了文字狱，被毁了棺椁却仍然被继续批斗的那位老先生，也在自己的著作中对《富春山居图》赞赏有加。清朝初年，临摹《富春山居图》的画家远远多于明代。最早临摹此画的沈周之外，这一时期临摹最多的是江南著名画家王翚。相传他曾七次临摹《富春山居图》，在数量上就已经非一般人能追赶得上。谈到仿品的质量，就不得不讲一下王翚其人。他的身份的确不一般，有着"清代画圣"的美誉，在康熙皇帝在世的时候就已经被邀请绘制《康熙南巡图》，成为该画的执牛耳者。一同被邀请来的其他画家都是恭恭敬敬，唯老先生马首是瞻。他最早师从的画家张珂学的就是黄公望的绘画技法，那么他也受到黄公望的影响是毫不奇怪的事情。有学者就怀疑《富春山居图》中能够以假乱真的仿品就出于他的笔下。他的另外几位老师是王时敏、王鉴，都是明末清初江南有名的巨匠大师。《富春山居图》就在他们的圈子里流传，而且爱好相同者还都有机会亲自临摹一番。前面讲的《富春山图》为何变成了《富春山居图》，也就是因为这时候临仿本太多，有的临摹者自己在名称上添油加醋，结果就出现了《富春山居图》。沈德潜见到的，恐怕就是被加了字的版本。而且仿本中有不少功夫下得比真迹还要到位，没点儿眼力还真是鉴定不出来。

在这种情形下，原本的孤品流传变成了仿本满天飞的景象，收藏界那可就热闹了。既然都满天飞了，那么飞得越快的自然也就越容易被皇宫收纳。很快，乾隆皇帝在收藏界闹得最著名的笑话就开始登场了。

清乾隆十年（1745），一幅《富春山居图》流入皇宫，乾隆皇帝在未曾见过其他版本的情况下，依据沈德潜曾经留下的鉴赏笔记判定此画就是真迹。而且这幅《富春山居图》在上一任收藏者手中时叫作《山居图》，这几个字为这幅画现在的名字奠定了基础。其实这种仿本严格地说叫赝品，日后收录的那幅真迹就是被以这种身份判定，打入了冷宫。摹仿者在自己的题跋中写明仿品字样，就是正规的仿本。而一旦有人将这些字样删除，刻意整得与真迹一模一样，不说自己是假的，那就难以辨识是否赝品了。先入宫的这幅就是这么个情况，关键是作为评定依据的材料居然和这幅画吻合，真是让后世研究者无法理解的一件怪事。现在只能说这种情况确实是机缘巧合之下，模仿者与鉴赏者在不负责任地误导无辜的爱好者。沈德潜的一些失误，让这幅画蒙上了不白之冤。

在这幅画中，有"子明隐者"等字样，应当为收藏家或模仿者自己题写的受赠人别称，至于是谁，现代学者也没能得出一个共同认定的结果。这幅《富春山居图》从此开始别称"子明卷"，常伴乾隆皇帝身边。可是接下来，在清乾隆十一年（1746），别称"无用师卷"的真迹《富春山居图》的收藏者安岐去世，这幅画在被子孙变卖以后也流入了宫中。乾隆皇帝看到后也是非常惊诧，对两幅画到底谁是真迹拿不定主意，开始纠结自己的眼光是不是有问题了。在他和大臣们商议之后，当年赞同皇帝初次鉴定结果的大臣们坚定不移，一致认定"子明卷"是真迹，"无用师卷"是不折不扣的赝品，定类为高仿，也值得皇宫收藏。乾隆皇帝一听，原来大家都是跟朕一样的慧眼啊，就这么定了！现在看来，究竟是大家的鉴赏水平问题还是面子问题，没人说得清楚。对于画作的名字，则统一为《富春山居图》。作为御定名字的画作，后人哪有胆量敢随便更改。

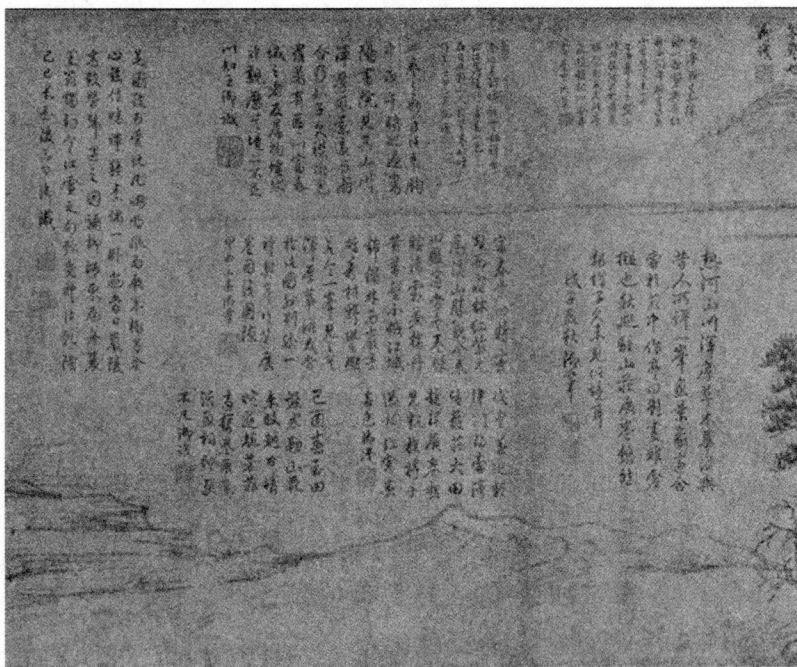

"子明卷"

　　翻案是后话。但是在乾隆皇帝指鹿为马、以假当真的时期，真迹却是躲过了皇帝御笔的各种"蹂躏"。乾隆皇帝对自己能够认定两幅画的真伪非常高兴，再说他也确实喜爱这幅画，就常常在自认为真迹的"子明卷"上题写各种夸耀之辞。大家都知道，乾隆皇帝是我国写诗最多的诗人，但我们大多数人都没能记住几首。这幅

"子明卷"就"享受"到了这一待遇，画面的空白处几乎都被乾隆皇帝50多首各种自夸的诗占据。最后多到乾隆皇帝自己都不好意思地在画卷开头写了一份自我检讨，说以后再也不在这幅画上题诗了。这么一来，被打入冷宫的"无用师卷"反而落了个清清白白，只多了一份刚入宫时被冷眼相待的鉴定意见书。真可谓因祸得福，成了一个美丽的误会。

它被确定为真迹还是在民国面临危机的时候。九一八事变在东北一爆发，近在咫尺的北京就变得极不安全。日本人如果到了这里，保存在宫中的文物岂不是相当于拱手相送？就这样，一大批文物古迹被匆匆打包，开始了近代史上著名的国宝长征，两幅《富春山居图》都到了上海，文物专家徐邦达也在库房里第一次见到了它们。别看是第一次见面，徐先生的眼力还是很老辣的，在仔细比对了多幅黄公望的真迹与《富春山居图》的各种细节后，徐先生认定"无用师卷"才是真迹。这一结论也得到了时至今日所有专家的肯定。

正名之后，这一历史公案才有了一个定论，两幅《富春山居图》让乾隆皇帝走了眼的故事流传开来，成为收藏界的一段笑谈。在此提醒，专业与非专业的人士搞收藏，无论如何都得注意风险。

四、再续前缘

自从文物南迁，两幅《富春山居图》就再也没能回到呆过200多年的北京故宫，辗转到了台北，入藏"台北故宫博物院"。而那副《剩山图》流落民间，更为低调。它当时无款无识无题跋，一般人很难注意到它的价值。在落到古董商人手中时，已经仅仅成为一件可以高价转卖的古画。清初的收藏家王廷宾有幸得到了它，并且留下了讲述它在经历火劫时的故事题跋。不过最后也只是纳入其自编的画册《三朝宝绘册》中，与其他画作打包后，《剩山图》又慢慢踏上了飘摇不定的被倒手转卖的历程。

《剩山图》

　　等此画再次横空出世的时候，却是在 200 年后的江阴一带。书画鉴赏与收藏大家吴湖帆在友人曹友卿那里看到了它，并且认定了它是真迹，最后用一件青铜重器才得以换到手，还顺便去旧卖主手中找到了已被当作废纸的王廷宾的题跋。他又是如何断定这幅画的真伪呢？首先，这个时期他已经见过《富春山居图》"无用师卷"，对这些典故有一定的了解。其次，这幅画还留有半枚收藏家吴之矩印在两张宣纸之间的骑缝章，与"无用师卷"在拼接后严丝合缝，毫无破绽。其他小的细节更是毫无可疑之处。从此，吴湖帆自称"大痴富春山图一角人家"，自豪的心情可见一斑。

吴之矩骑缝章

1955 年，沙孟海委托谢稚柳将《剩山图》从吴湖帆手中购入浙江博物馆，充实馆藏。从此，《剩山图》与"无用师卷"隔海相望于海峡两岸，多年难以往来。2011 年 5 月，在两岸文化交流的推动下，《剩山图》前往台北参加了合璧大展，初次满足了海峡两岸有识之士的共同期盼。

这次交流以《剩山图》前往"台北故宫博物院"参展为主要活动。另有 11 件与黄公望或是《富春山居图》相关的大陆文物也陪同赴台。在现代技术的保护与解说之下，这次活动充满了人们对祖国统一的殷切希冀，是两岸文化交流的一段佳话。这幅名画承载了中国人民一段难以割舍的"两岸一家人"的情结，让我们情不自禁地憧憬它的未来。

之前也提到，《富春山居图》有不少仿本流传在世，与《富春山居图》有故事的北京故宫怎么能没有呢？前文提到的沈周的那幅

《仿富春山居图》就被北京故宫博物院收藏，可以说勉强解了一丝遗憾。至于其他仿本在海外也有收藏，时不时还会进入拍卖市场流通，也算是这幅中国第一山水画留给人们的一些念想吧！

小结：

清宫曾收藏过的名画中，唐代韩滉所绘《五牛图》曾被《国家人文历史》专家评为九大"镇国之宝"之一。这幅画与《富春山居图》相比，是我国目前所见最早绘于纸上的作品。它在宋代入藏宫廷，元代流入书法家赵孟頫手中，获得"神气磊落、希世明笔"的称赞。清初被乾隆皇帝收藏入宫，在清末因八国联军侵华流失国外，20世纪50年代才重新在香港现世，被周恩来总理特批资金赎回，经专家修复后，入藏北京故宫博物院。我国名画收藏中，还有数量不少的传世佳作在私人收藏家手中辗转，与现当代书画作品共同构成了中国书画收藏的主流对象。

08　　失落的中国百科全书

——存放不易的《永乐大典》

◇ ....

　　许多时候，由国家主持的大型文化工程只在每一王朝建立初期最为鼎盛。其中最常见的做法便是为前朝修史，这几乎成为了每一朝代的必修课。但是除了正史典籍，一些总结性质的文化巨典开始出现，类书这种百科全书性质的工具书也随之兴起。

　　"巨典"，顾名思义，包罗万象，卷帙浩繁。类书虽然普遍部头够大，但是只有明清时期编修的几部才称得上"巨典"。在皇家藏书里，它们简直是大个头的怪物。对它们的收藏，从来不是用几个书柜来衡量，而是按照楼层计算。这种"巨典"，除了皇家馆阁，普通私人藏书楼是承担不起的。想想也是，私有的藏书楼里只收藏这么一部著作，看起来得有多么单调啊！可历史上，一座藏书楼里只有一部著作的情形还是存在的，它就是《永乐大典》。

一、《永乐大典》的三部悲响曲

第一部"巨典",就是明代永乐年间编修的《永乐大典》。明永乐皇帝朱棣篡夺了侄子建文帝朱允炆的皇位,惹得天下读圣贤书的人们一阵纠结,把明王朝的读书人推入了一个极为尴尬的境地。为了重振读书人的信心,制造"自己是明君"的烟幕弹,朱棣召集人马,主持编修了这部《永乐大典》,留存后世,作为国家级文化工程来安抚读书人受伤的心灵。当然,实际负责人是

明成祖朱棣画像

大学士解缙。大典历时六年编纂完成,规模远大于之前任何一部类书,保存了 14 世纪以前中国所有历史地理、文学艺术、哲学宗教和百科文献的官方可见资料。全书约 3 亿 7 千万字,共计 22937 卷、目录 60 卷,分装成 11095 册。现在规模最大的《不列颠百科全书》则在其"百科全书"条目中,认为《永乐大典》才是世界上曾经首屈一指的百科全书。

书完成了,就得找地方收藏。《永乐大典》前后共有三套,分别是原稿、正本和副本。它的每一册都像修北京城的城砖一样厚。这 11095 册,放在专用的双层书柜里立起来也得挤满一个篮球场大小的地方。原稿和正本在永乐时期完成,早先存放在南京文渊阁。朱棣迁都的时候,在北京的紫禁城里也原模原样建造了一个文渊阁,建立了南北双文渊的馆藏藏书体系。不过正本迁入了北京后,并未放入文渊

《永乐大典》书影

阁，而是存放在附近的文楼，原稿则留在了南京。不过，这两部《永乐大典》的收藏劫难居然在成书40余年后就快速地来临了。

明正统十四年（1449），明英宗因土木堡之变被北掳而去，弟弟朱祁镇登基。就在这一时期，南京文渊阁突发大火，《永乐大典》原稿和宋元以来其他大部分秘藏被焚成了一地灰烬。祸不单行，就在前后数年，参与主持编修《永乐大典》的10余位文臣先后去世，明代朝堂中的永乐阁老也为之一空。在另一个世界里，他们与自己亲手编修的著作永远在一起了。

明世宗嘉靖三十六年（1557）四月，天雷滚滚的季节再次来临，北京奉天三大殿第二次被雷击导致的火灾烧成焦炭。还没过几天，文华门的文渊阁也同时失火，差点牵连到距离它不远的文楼中的《永乐大典》正本。这把爱书如命的嘉靖皇帝朱厚熜吓得够呛，命人冒火抢救两楼中的所有典籍，方才避免了更大的损失。在这之后，嘉靖皇帝对重抄《永乐大典》念念不忘，在宫中再一次失火后，果断下令调集人马，着手抄录副本。

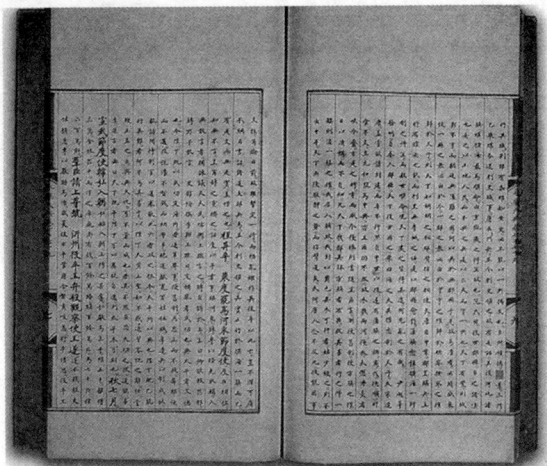

《永乐大典》书影

明世宗嘉靖四十一年（1562），朱厚熜任命徐阶、高拱、瞿景淳、张居正等人负责重录《永乐大典》的工作。徐阶在翻阅《永乐大典》之后，发现不适宜取巧，决定重录工作全仿永乐正本，不加任何改变，还从各地选拔了109名缮写者，规定他们每人每日精心抄写三叶（页），这样的重录工作整整花了5年时间，到明穆宗隆庆元年（1567）四月才最后完成。抄好的副本被放置在新建的皇史宬中。

抄完之后，正本下落就不为人知了。据专家考证，副本诞生后，最先收藏于皇史宬中，过了很久才入藏文渊阁。正本则并未放入文渊阁，也未回文楼，反而因为之前文渊阁失火的缘故放在了极少有人问津的古今通集库。这一建筑其实离文渊阁也不算太远，只是更靠近紫禁城的东南角而已。正本下落至今仍为谜团，但很有可能是在明末被李自成农民军大规模焚烧故宫时全部焚

故宫文渊阁

毁。虽然仍存在蛛丝马迹，但是由于从清代开始就找不到一本正本《永乐大典》的纸片，让人们产生了无限的遐想，认为正本很有可能成为了嘉靖皇帝的陪葬品，藏于永陵的地宫中。人们之所以希望嘉靖皇帝地宫中藏着正本，主要还是因为从清代开始，仅存的副本也开始多灾多难起来。

二、《永乐大典》副本之灾

经过明代的战乱，《永乐大典》副本也已经有所散失。等到清乾隆三十七年（1772）开四库全书馆时，《永乐大典》的缺失终于得到了乾隆皇帝的重视。当时因要从大典中辑佚失传的典籍，进行

过一次清查，发现大典缺失了 2422 卷、1000 多册。乾隆皇帝下令在全国寻找丢失的《永乐大典》。有人猜测，最早发现大典的徐乾学、高士奇、王鸿绪等人曾经用过此书，可能把一部分带回老家去了。可是派人追索后未发现踪迹，他们的家人也矢口否认，抄家也没找到，最后只得无功而返。曾有个四库全书馆的纂修官黄寿龄私自把六册《永乐大典》带回家中阅读，被人盗去。事发之后，乾隆皇帝严令缉捕盗贼，盗书人听闻后惶惶不可终日，在一天夜里悄悄将这六册《永乐大典》放到皇宫御河桥边，这才将事情了结。

清乾隆三十八年（1773），四库全书馆辑校《永乐大典》中的古书，共得经、史、子、集四部书 385 种、4946 卷，但还有很多古籍未能辑出。事后，馆臣们认为"菁华已尽，糟粕可捐"，草草收场。清道光以后，《永乐大典》就没能回到文渊阁，反而被弃置在翰林院。管理松散的结果，就是一些官员趁机大行孔乙己"窃书不算偷"的龌龊行径。当时人们起得早，春秋两季的清晨寒气逼人，翰林院的部分官员早晨进来办公时穿一件棉袍御寒，下午离开翰林院时把棉袍打包背在身后，顺便包一册《永乐大典》出来，看守人员则装作不知道。就连文廷式这样的著名学者也用同样的手法偷盗了《永乐大典》100 多册。清光绪元年（1875）重修翰林院衙门时，重新清点了一次《永乐大典》，还剩 5000 多册。20 年后再清点，竟然不到 800 册了。这么大的一部书，居然被偷了大半。

1900 年 6 月，剩下的藏书赶上了最后的劫难。八国联军进攻北京，与围攻英国使馆的义和团发生冲突。英国使馆毗邻翰林院，在冲突中成为战场。冲突中有人将火把抛进翰林院中，翰林院顿时着起大火，全部藏书遭受空前浩劫。专贮《永乐大典》的敬一亭也起了火。英国人见隔壁着火，有那么多好书唾手可得，这种可遇不可求的机会怎么能错过呢？英国使馆中懂行的人纷纷呼朋唤友，跑到火场里抢到两本就跑。幸存的部分《永乐大典》有的在之后的军队入城中被修了工事，有的被垫了马槽。译学馆的刘可毅就在洋人的马槽下捡到过数十册《永乐大典》。

从此，包括之前被官员偷出去的一大部分，《永乐大典》开始流散到民间和国外，成为藏书家与文物贩子争相收买典藏的物件。大火之后留存宫中的不足140册，最后还是北京图书馆接收之后从社会上百般搜求，才从各地逐步回收了不少。最大的几次回收，还是在中华人民共和国成立以后实现的。

三、世界的珍藏

在国外收藏《永乐大典》的国家当中，日本的收藏曾经是最多的。日本东洋文库的许多藏书都来源于中国，其中有5本是莫利逊在庚子事变中得来的《永乐大典》。东洋文库还委托北京等地书坊代购《永乐大典》。1943年，大连满铁图书馆与东洋文库一起从湖州刘承乾嘉业堂处购得49册《永乐大典》。这些《永乐大典》存放于满铁图书馆，直到1945年被苏联红军当作战利品运往苏联。此外，美国、德国、越南、韩国等国家的部分图书馆也收藏了少量的《永乐大典》，后来在英国仍有零星书册不断被发现。

1931年后的古物南迁时期，北平图书馆的60册《永乐大典》在先期运往上海后，又有部分于太平洋战争爆发之前运抵美国，由美国国会图书馆代为保管。1965年转运台湾，现存"台北故宫博物院"。留在上海的另外25册《永乐大典》后来运回了北京。1951年，当时与中国友好的苏联把列宁格勒大学东方系收藏的11册《永乐大典》赠还中国政府，交由北京图书馆收藏，并举办了一次展览，宣传《永乐大典》的价值及其被劫掠的遭遇。

这次展览极大地激发了各界群众的爱国捐书热情。著名藏书家周叔弢率先将家藏的一册《永乐大典》无偿捐献，随后学者赵元方也将家藏的一册《永乐大典》捐赠出来。商务印书馆则将自己管理下的东方图书馆所藏 21 册《永乐大典》赠送北京图书馆。此后，北京大学等机构与私人收藏家也捐献了 10 余册《永乐大典》。在 1960 年，北京图书馆从香港藏书家陈清华手中购回 4 册《永乐大典》。甚至在 1983 年，还从山东掖县一个普通民众家中找到 1 册只保留下汉字部分的《永乐大典》，这也算是一个奇迹。

当时与中国友好的社会主义国家的藏书机构也纷纷赠还藏书，其中德意志民主共和国就赠还 3 册。不过还是苏联赠还得最多，苏联国立列宁图书馆赠还 52 册，苏联科学院也通过中国科学院图书馆移赠 1 册。这一批 67 册《永乐大典》的收回是从国外一次性收回数量最多的一次。

到目前为止，国家图书馆收藏的《永乐大典》有 222 册，是单独收藏最多的地方。全世界目前可知下落的《永乐大典》有 400 余册。由于影印技术的发展，现存的《永乐大典》都已经实现了互相交流，并开始制作仿原版的书册。配合被辑出部分的还原，总量估计能达到 800 余册，也算是能够回到清末的收藏水准了。

小结：

能与《永乐大典》相媲美的类书只有清代康熙年间编修的《古今图书集成》。相比于《永乐大典》，它的总字数大约为《永乐大典》的三分之一，但是却采用了雕版印刷技术，第一次就流传下了 64 部。之后随着西方科技的引进，印数越来越多，不再有散佚的危险，人们开始追逐版本的精美。由于数量众多，我国许多图书馆中都有保存，此处不再赘述。

《古今图书集成》书影

　　《永乐大典》和《古今图书集成》两部类书之间的规模和数量虽然差了一多半，却都是大部头巨著。它们走上不同的命运之路的原因，不仅是数量的差异，还有背后隐藏的人文差异。如果不是《永乐大典》在明代遇到的嘉靖皇帝还算开明，珍惜文化成果，恐怕现在连残缺的副本也不会存在。而《古今图书集成》遇到的雍正皇帝虽然不喜欢它的实际编纂者陈梦雷，但还是给予了书籍应有的尊重，命人用先进的铜活字印刷技术制造了大量珍藏版本。当权者的态度与技术的保证，成就了后一部类书旺盛的生命力。现今文化界正在进行一部超大型类书《中华大典》的编纂工程，希望能够弥补这两部类书的一些遗憾，传之后世，为文化保存、传承和弘扬提供新的助力与支持。

09　　"三部半"中的"一部半"
——在路上的《四库全书》

◇ ....

　　《四库全书》是中国历史上规模最为宏大的一部丛书，在 1782 年编修完成，被誊抄成 7 部，各自保存在南北七阁中。这样做除了有宣扬文教、显示国威的作用之外，还有避免遭遇不测的考虑，可是最后它还是没有逃过战火的损毁。在清末的战火中，扬州文汇阁和镇江文宗阁收藏的《四库全书》被太平天国焚毁，"南三阁"仅有杭州文澜阁的阁楼残存下来，但内部保存的书也已流散，仅剩半部《四库全书》。北方所存四部之中除去圆明园的文源阁被毁的一部外，北京文渊阁、沈阳文溯阁、河北承德避暑山庄文津阁的《四库全书》保存较为完好。至今为止，七部珍藏仅存三部半。我们这里要讲述的，就是它们中"一部半"的故事。

一、江南仅存的"半部"

相比于其他六部，这半部《四库全书》的收藏故事才真正充满了曲折悲壮。

《四库全书》书影

1861 年，太平军攻陷杭州，城内城外秩序混乱，"天堂"杭州变成了人间地狱。刚刚经历混战，许多富户家中遭劫，损失惨重。文澜阁也被损毁，大批藏书开始被周边的唯利是图的人搬走，专卖书画古籍的店铺收走了一部分，甚至药铺也抢了一部分做包装用纸。战乱之后，有个读书人在多个店铺甚至路边摊发现，用来包装的废纸竟是一页页制作精美、钤有玺印的《四库全书》！谁能料想到店铺里成堆的包装用纸竟然全部来自藏书圣地文澜阁……他得知江南著名藏书楼——八千卷楼的主人，钱塘人丁申、丁丙兄弟正在杭州城西的西溪避祸，慌忙将消息通知了过去，希冀对方能伸出援手，救《四库全书》于水火之中。

杭州文澜阁

得知文澜阁的《四库全书》已经流散，深知其重要性的丁氏兄弟心急如焚，马上组织家人进行抢救。当时社会还不稳定，随时有再次爆发战乱的危险。连续半年多时间里，他们每日雇人沿街从店铺、居民手中收购散失的书本与残籍，直到最后将全城能搜集的地方全搜集过了，这一工作才暂告结束。经过他们的抢救，总共购回了原存的阁书 8689 册，大约占全部文澜阁本总额的四分之一。

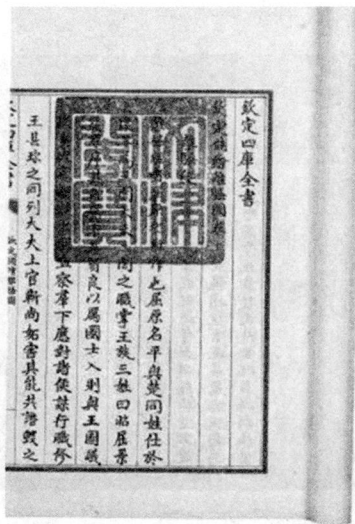

《四库全书》书影

文澜阁《四库全书》差不多只剩半部，残缺不全怎么办？抄补！在浙江巡抚谭钟麟的支持下，一项浩繁的抄书工程开始了。丁氏兄弟从宁波天一阁、孙氏寿松堂等江南著名藏书楼四处借书，招募了 100 多人抄写，总共抄书 26000 余册。当年《四库全书》在编撰过程中因文字狱删字，或不收、漏收的部分书籍，也在丁氏兄弟的授意下，借此机会收录补齐。大部分抄补工程历时 7 年才得以在 1870 年前后完成。1882 年，文澜阁也终于重修完成，丁氏兄弟将补抄后的《四库全书》全部归还文澜阁。

　　到了民国时代，浙江省图书馆兼管了文澜阁。在首任馆长钱恂的组织下，先将存放于文澜阁的《四库全书》迁进了一墙之隔的红楼，防止山脚潮气继续损坏图书。同时，他在1915年发起号召，继续开展补抄工作，世人称之为"乙卯补抄"。这次补抄在徐锡麟二弟徐仲荪与学生堵申甫二人的响应下，自费连续做了七年时间，甚为艰辛。

文澜阁藏书大柜

　　1923年，时任浙江教育厅长的张宗祥为徐仲荪、堵申甫的努力所感动，决定由政府出面继续进行。在他的重视及关注下，浙江省政府承担了补抄工作的组织管理，费用则在全浙江进行募捐，连军阀卢永祥也捐了款。这次补抄由徐仲荪任总校，堵申甫任监理，历时两年，史称"癸亥补抄"，也是最后一次补抄。

　　经过三批文人的共同努力，最后完成的《四库全书》质量要比乾隆时期完成的还要高。旧本"四库全书"曾对部分江南经典书籍有所漏抄，这次也特意增补完整。而且在这次补抄中，众人发起江南大大小小多家藏书楼进行支援，收集了许多珍贵藏书，版本优良，连乾隆时期部分被删改的内容也在这次补抄中恢复原状。就这一点而言，补齐后的文澜阁本是7部藏书中质量最佳的一部，历史文献价值要高于现今主要流通的文渊阁本，是"四库学"研究的重要资源。补抄完成后，就赶上了又一次战乱期，这次说什么也不能再让图书受损了。

1937年，抗日战争爆发，杭州岌岌可危，《四库全书》又面临战火的威胁。时任国立浙江大学校长的竺可桢和时任浙江图书馆馆长的陈训慈组织文澜阁图书西迁。全体职员历时半年，辗转五省，行程2500公里，终于在1938年4月将图书送到了后方的贵阳，而后又转运至重庆。

在杭州沦陷后，日本的"占领地区图书文献接受委员会"曾专门派人从上海到杭州寻找文澜阁本《四库全书》，想把文澜阁的珍藏劫夺到日本去，最后当然是无功而返。这"半部"《四库全书》历经沧桑才得以保存下来，比它在另外三阁中彻底毁掉的兄弟们要幸运得多。抗战胜利后，《四库全书》回到了浙江图书馆。中华人民共和国成立之初，考虑到徐仲荪和堵申甫对修补《四库全书》做出了极大的贡献，人们将他们俩的画像悬挂在文澜阁以作纪念。时至今日，我们依然可以在浙江图书馆的古籍部看到这部《四库全书》，感受它带给我们的文化与历史的沧桑感。

二、流落异地的文溯阁《四库全书》

在清朝末年，俄国人和日本人在东北大肆活动，但沈阳故宫院内的文溯阁《四库全书》在清末依然保存完好，堪称奇迹。辛亥革命后的1914年，它被迫离开故地。没想到，这一去便不复归来。

1914年至1915年初，奉天督军段芝贵将沈阳故宫所藏文溯阁《四库全书》，连同清宫珍宝10余万件文物一同运往北京古物陈列所，暂放在故宫保和殿中，准备进献给袁世凯作为登基贺礼（另一说是防备兵变）。当时他还准备影印《四库全书》来宣扬文教，好一番热闹。可是袁世凯皇帝梦的快速破灭使得相关工作全部匆匆烂尾，这部《四库全书》便被冷落在了故宫之中。留居故宫的清廷逊帝溥仪，成了它名义上的主人，有使用权，但没有所有权。

沈阳文溯阁

1922 年，由于挥霍无度，清皇室终于捉襟见肘，溥仪与一众遗老遗少们商议之后，准备以经济困难为由，将文溯阁《四库全书》以 120 万银元的价格盗售给日本人。北京大学教授沈兼士先生最先获得这一消息，率先致函北洋政府教育部，竭力反对此事，一时间社会舆论哗然，大力抨击溥仪等人。溥仪等人在舆论压力之下，只好从此不再打这套书的主意。

没有流落异邦，却依然远离旧地。到了 1925 年，文溯阁《四库全书》已经离开沈阳 10 年。这时，溥仪早已离开故宫，文溯阁《四库全书》仍留在故宫之中。张学良正准备在沈阳筹办图书馆，与许多东北有识之士积极奔走，准备索回文溯阁《四库全书》。时任东三省巡阅使署总参议的杨宇霆致电当时的教育总长章士钊，恳请秉公斟酌，送还阁本。章士钊知晓后即提请召开内阁会议，最终同意文溯阁《四库全书》回归沈阳。经过清点，共有经、史、子、集共6144函。当年8月5日，所有阁本移交奉天省教育会会长冯子安，查收押运回了沈阳文溯阁。在民国二十年（1931）6月，辽宁省教育会请学者董袖石撰文并镌刻了《文溯阁四库全书运复记》碑刻，镶嵌在了文溯阁东面的宫墙上，以志纪念。在库本回归沈阳后，趁着这股文化热潮，对这部典籍多有关注的张学良曾计划私人出资影印，一时海内外赞赏连连。不过在诸多不利因素之下，这一计划还未实施，沈阳便遭到了日本侵略者的侵占。

就在1931年，九一八事变爆发，东北军屈辱撤离。东三省国土沦陷之后，文溯阁《四库全书》与沈阳城一起落入日本人手中。不过日本人为了利用溥仪，没有将这批物品据为己有、运回日本，而是在1932年扶持溥仪建立伪满洲国以后，将它们移交给伪满洲国的国立图书馆封存，被溥仪用来标榜文化复兴。可以这么说，这时溥仪的存在对它反而起到了良好的保护作用。当然，日本人若是强取，溥仪也不敢说半个"不"字。

1935年，日军派人清点了一次文溯阁《四库全书》，之后以文溯阁建筑年久失修为由，在文溯阁前西南处空地修建了一座钢筋水泥结构的二层书库，内置钢制组合书架。1937年，文溯阁《四库全书》与同存此地的一版《古今图书集成》被全部移到新的书库，文溯阁《四库全书》不再"书阁一体"。在伪满洲国时代，它的管理权由沈阳图书馆交由了奉天省图书馆，此后，省级图书机构拥有了对文溯阁《四库全书》的管理权。

伪满洲国在日本战败后立刻崩溃，整个沈阳由于并非伪满洲国首都所在，反而相对平静。苏军南下后，迅速控制沈阳局势，文溯阁《四库全书》虽略有损失，但并不严重。国民政府接收后，也照旧封存。1948年初，辽沈战役打响，国民党政府打算将文溯阁《四库全书》运往北京，激起了东北学者的强烈反对。当年7月中旬，负责这一事务的"东北行辕政务委员会"决定此事"缓办"，最后被解放军连同东三省一并接收了。

　　中华人民共和国成立后，开始清理整顿文溯阁内保存的《四库全书》。1950年，人民政府安排杨仁恺等四位学者一起到文溯阁开展整理工作。他们花费一年时间才将《四库全书》整理完毕，这段经历为他们留下了互相戏称"文溯阁大学士"的有趣记忆。可是1950年，鸭绿江以南爆发了朝鲜战争。眼看战火临近，人民政府在担忧第三次世界大战的情况下，为了保护好文溯阁《四库全书》等古籍，将它们再一次运出沈阳。它们早先被运到了黑龙江省讷河县，存放在一所已被改造成小学校的关帝庙里。1952年夏，讷河水患威胁藏书安全，又不得不将《四库全书》迁运到北安县城保管。朝鲜停战后，直到1954年1月，《四库全书》才得以运回沈阳，存放在文溯阁院内新建的库房内。可是它的命运依然免不了迁徙之苦，而且这次，它从中国东北直接跑到了中国的西北，到了远在黄河上游的兰州。

　　1966年，中苏关系急剧恶化，乌苏里江中的珍宝岛爆发冲突，战争一触即发。出于战备考虑，政府决定将东北的珍贵古籍撤离这一危险区，把文溯阁《四库全书》从沈阳运抵甘肃兰州。在运出之前，辽宁省图书馆的员工们夜以继日地用了近一个月的时间对全书进行了清点和保养，逐函、逐册、逐页地清理，初步修补了破损处。沈阳铁路局则提供专列，用了一个星期的时间，在当年10月底将书运抵甘肃，藏在兰州市郊的一个战备书库中。这一去就是30多年。

30多年后，文溯阁《四库全书》依然在黄河之侧的兰州安然保存，对于希望它回归故里的沈阳故宫来说，依然是有待商榷的梦想。2000年至2006年，辽宁与甘肃两省持续争夺收藏这批珍贵阁本的权利，至今仍无下文，希望最终有个好的结果，双方能够共赢互惠。

三、《四库全书》那些事

其他幸存的两部则各有故事，但总体而言较为顺利，这里大致介绍一下它们的下落。保存在皇宫中的文渊阁本《四库全书》一直被保护得很好，在故宫文物南迁的时候被逐步迁移到了台北，一路波澜不惊，最后被收藏在"台北故宫博物院"，而且最早实现了电子版的发行普及，极大地惠及了民众。承德避暑山庄文津阁在"北四阁"中最早建成，1785年才拨付最后一本《四库全书》入藏，由于地理位置较偏，反而在清朝末年保存最为完好。1915年，这一阁的《四库全书》被特意运往北京，最后拨付京师图书馆保存，成为今日国家图书馆的镇馆之宝。幸存的"三部半"《四库全书》没有一部"书阁合一"，这也成为一件人间憾事。

文渊阁

小结:

抢救《四库全书》的故事远未结束，与之相关的还有曾经存放于翰林院的《四库全书》进呈本。当年为编纂《四库全书》广征天下书籍，各地通过进献、借抄等方式提供的书本都称为"四库进呈本"或"四库采进本"，使用结束后被存放于翰林院。清末战乱中大部分皆遭到灭顶之灾，留存于世的仅有300余种。

在2013年，北京大学图书馆从日本大仓文库抢救了2万余册的"大仓藏书"，其中就包括数量众多的《四库全书》进呈本。这是现代首次大批量回购散失海外的典籍善本。经过整理，整体保存在北大图书馆地下善本库，供有需要的爱好者申请使用。

在当年编修《四库全书》的时候，由于乾隆皇帝的偏见，加上以文字狱的形式有意控制，导致很多孤本中的内容并未收录，而且将《永乐大典》中的一些涉及佛道、戏曲、小说的内容全部视为糟粕，对于古代技术类书籍则害怕外国人学去，也有意弃而不用。他这样狭隘的编书思想导致《四库全书》无法做到最好，也留下了"修书如毁书"的恶名。不过它的历史贡献不能因为这一问题被抹杀，至今我们在查找重要的历史资料时，还是需要依仗《四库全书》。它的经验与教训，反而提醒我们在以后的文献编纂中要公平公正，不偏不倚。

10 遭到冷遇的珍贵史料
——麻袋里的清宫档案

◇ ⋯⋯⋯⋯⋯

在中国历史上，浩如烟海的文化典籍多数面临的情况，除了收藏保存，便是罹临劫难，大型典籍档案更是如此。《永乐大典》等类书遭受的毁灭，便是其中一个代表。有一堆明清档案史料，按照正常的程序是要销毁的，可是在当代史学进步思想的影响下，它们被幸运地保留了下来。一批珍贵的清宫档案命运的改变，不仅是因为赶上了一个好时代，更是因为它们遇上了一部分抱着各种目的发现它们价值的人。

一、被视为废纸的内阁档案

档案就像流水账一样，每天都在生产新的，存档旧的，普通的让人们不觉得有什么收藏价值。除了为修史修传提供一些一手资料，剩下的命运就是深藏在仓库，这些档案在某一天被认为彻底不

清代诏书

需要的时候便会被一把火销毁。现存明清档案是从原清内阁大库档案、清军机处方略馆大库档案、清国史馆——清史馆大库档案、宫中各处档案以及清代宫外各衙门和一些私人所存的档案等六个方面逐渐集中起来的。总藏量有900多万件（册），史料价值巨大，堪称"浩如烟海"。

直至今日，大部分档案还在整理之中，难以全部公布给大众阅览。除了部分珍贵密档被带至台湾地区，现在收藏内地留存明清档案最多的机构是位于北京的中国第一历史档案馆。而档案损失最大的几次，都发生在清朝末年、民国初期。

清初，大部分明代档案被焚烧，虽然有清朝统治者的私心与故意，但那还不过是改朝换代的清理程序扩大化而已，损失更惨重的时候是在英法联军和八国联军入侵中国时期。两次占领北京的破坏性战争之后，清代各部院署的档案只剩下了不到原先的一半，保存相对较好的只有内阁档案。

事实上，内阁档案损失也非常严重。别看它们身处紫禁城深处，可是这里所存的档案除明朝部分旧档外，还有清朝入关以来200多年的档案，规模实在太大，导致清末时已经无法容纳后来的新档案。虽然档案年复一年地增加，但是统治者却无心过问库房容量的事，最后只好堆放在附近的偏房中。清末，数处库房几近坍塌，也未见有人前去维修，档案管理与存放陷入一片混乱之中。

清宣统元年（1909），内阁大库因年久失修，终于获准修缮。于是库贮的实录、圣训被移至大库南面的银库暂存，其余档案，一部分暂移文华殿两庑存放，大部分仍留库内。因为时任内阁大学士、学部（清末设立的中央教育行政机构，分离于国子监）主管、军机大臣张之洞计划以大库所藏书籍档案设立学部图书馆，所以又挑出一部分另行存储。内阁商议后，批准了张之洞的计划，同时认为大部分档案完全是无用旧档，可以择日焚毁处理。这批档案危在旦夕！

二、被抢救的档案

清宣统元年（1909）六月，大库修缮完毕，实录、圣训仍送回大库保存，而那部分张之洞另有安排的档案和书籍并没有送回。不久，学部参事、著名收藏家罗振玉去大库挑选有用的书籍，偶然翻拣起几份档案资料，抽出来一看，都是编排登记非常有次序的珍贵奏折，是每年年终进行的行政文件收缴存档的正本。对于历史研究来说，这些都是非常可贵的原始史料。罗振玉将这一情况报告给了张之洞。张之洞随即上奏请求废除焚毁令，这才把如此珍贵的材料从危急中抢救下来。那些未送还大库的档案交给学部并分藏两处，科考殿试试卷之类存放在学部大堂后楼，其他卷宗档案置于国子监南学，装了8000 条麻袋（也有说9000 袋，真实数据不可考，"八千麻袋"在之后岁月里已成为一种概括性称呼，并非确指）。

1912 年，清朝结束统治，清朝所有旧有物品移交新政府处理。北洋政府打算以这批档案以及国学旧有的礼器、书版、石刻等为基础成立历史博物馆，就在国子监成立了筹备处。1917 年，原来的存储地不利于档案保存，北洋政府就将它们一部分移至博物馆预选地，即故宫午门外的朝房，另一部分则被堆放在端门的门洞里。1919 年，那些殿试试卷也被北洋政府教育部送到了午门的城楼里，有15000 余件。可是因为时局动荡，筹备处也没有人手和经费，存于端门的历史博物馆的档案数年无人整理。

最开始遭殃的不是档案，而是麻袋。对常在故宫各部打杂的工役们来说，一堆废纸远不如麻袋值钱。一天又一天，麻袋明显少了不少，堆在角落的"废纸"越来越多，上面再用其他麻袋掩饰一下。时任历史博物馆筹备处主任的胡玉缙眼看着这些麻袋一天比一天少，原来装在里面的档案一天比一天多地堆在地上，觉得这样拖下去也不是个办法，更担心存在日后工役们放火毁灭罪证的危险（并非没有先例，曾有武英殿铜活字被太监盗取，待追查时，太监一把火就烧毁了武英殿中所有的罪证。还有溥仪查崇福宫珍宝失窃案时，也是罪证被一把大火烧了个干净），就请示教育部如何处置这批档案。教育部管这事的是社会教育司，司长叫夏曾佑，是位历史学家，奉行民国官场庸官们的拖延哲学，不说办，也不说不办。就这样，不办事就不惹事的官员们让这一堆"麻袋"又躺了几年冷地板。

1918 年，藏书家傅增湘当上了教育总长，开始整理这批麻袋档案。时任教育部金事的鲁迅和另外一人，就奉命做这件事。他们搬了几十麻袋档案运送到教育部，每日从中搜拣。当时有人以为麻袋里有遗漏的宋版书，此时这些书都是海内孤本，市场上已经是贵如黄金了，而麻袋中也确实找到了不少宋版书。傅增湘还亲自找到了不少宋残本，交给了历史博物馆收藏。还有不少流落在古

傅增湘

玩市场的，也找回来数本。鲁迅等人搜拣档案时，附近的教育部官员们也经常来探视，顺便将桌上拣出的东西借走阅读，等到归还的时候，往往比先前少一点。有的则一边帮忙检查，一边直接塞在自己兜里。之后教育部又清理了几次档案，"顺手牵羊"成了见惯不怪的事情。一些工役们也常常过来翻拣一下，拾取些册子上的黄绫之类的东西。

日后鲁迅谈到这段经历时说："中国公共的东西，实在不容易保存。如果当局者是外行，他便将东西糟完，倘是内行，他便将东西偷完。而其实也并不单是对于书籍或古董。"这句话，对档案或

其他珍宝的命运来说，可谓一针见血。整理工作进行了很长时间，北京大学也分担了一部分，傅增湘增派了几十名部员参与整理，最后大致有了个结果，剩下了一堆"无用"的废纸。由于是粗略筛选，傅增湘拒绝了销毁废纸的建议，依旧将它们堆回原处。没几年他就离职了，别人对此更是少有过问。

　　虽然没有被好好整理，但是档案起码还在政府的保管之中。可是接下来，它们的命运就变得非常危险。1921 年前后，北洋政府财政艰窘，下令政府各部门自筹款项维持。拖欠了几年薪水的教育部盯上了这堆如山的"废纸"，称了重，发现大约有 15 万斤，联系了西单同懋增纸店以银洋 4000 元出卖。纸店先搜拣了一部分保存完好的档案做文物出售，大部分准备运到唐山、定兴去做"还魂纸"。这一卖，便卖出了一个"八千麻袋事件"。

三、"八千麻袋事件"

　　因为之前的搜检并未危及这批麻袋档案的安全，所以并未惹人注意，但是一经出售流入市场，立刻便引发了文化界强烈的关注。

　　身在外地多年的罗振玉一回到北京，就发现市肆上有当年内库档案的东西出售，立刻意识到宝物的流失。他打听到这批档案的下落，立刻以两倍的价钱把这八千麻袋档案买了下来，还为它们准备了储存用的书库。他从中淘出一些秘稿史册，

罗振玉

择其珍件汇刊成《清太祖实录稿》三种、《大库史料目录》六编等重要史料集。

　　此时的北洋政府财政状况已经改善，看到档案中油水颇多，又想要购回这批档案。当时新组建的清史馆也想要，海外的收藏家们

也虎视眈眈，罗振玉最后都没答应。1924年，大收藏家李盛铎有心求购，罗振玉便将剩余档案卖给了朋友。不过价格比北洋政府教育部卖给纸店时翻了四倍，成了1.6万元，分量只剩12万斤了。

李盛铎又从里面捞出了不少珍奇东西，并将其中一部分送给了溥仪，但他也没有精力把所有麻袋都检视一遍。1928年，李盛铎又以1.8万元的价格将剩下的10万余斤档案转卖给了由傅斯年领衔组建的中央研究院历史语言研究所。此时的档案被搬来倒去，已经十分杂乱，完整的不足五分之一。还未出任故宫博物院院长的考古学家马衡也意识到它们的价值，劝说傅斯年购买回来作史料。傅斯年与陈寅恪、蔡元培、杨杏佛等人商议之后出手全数买下，之后又组织人手从中选择、编辑出版了《史料丛刊》和40册《明清史料》（甲、乙、丙、丁四编）。抗战期间，该所挑选了部分精品档案随同故宫文物南迁队伍搬运至南京，然后又到重庆，最后在中华人民共和国成立前迁到了台湾。他们所做的工作是找出了这批档案最有价值的部分，确实是功不可没。

抗战胜利后，人们发现不少麻袋仍然存放在午门城楼上，但故宫博物院无力再次开展整理工作。中华人民共和国成立后，清理人员发现剩下的档案大约有5万斤，约1700麻袋。由于处置条件尚不成熟，这批鸡肋一般的"宝物"暂时只能封存起来，不做研究。这期间，故宫博物院文献馆改称中国第一历史档案馆，正式接手这批档案。1958年，国家档案局认为必须认真解决这批档案的处理问题，为此还给国务院写了报告。几天以后，时任国务院秘书长的习仲勋批示，同意开展清理工作。

有了指示，下面的工作就好处理了。大规模的清理工作分两次进行，第一次清理从1958年3月12日开始。首先承担清理任务的是档案局的全体共青团员。大家决定利用业余时间，争取奋战百日完成任务。为了记录工作情况、保存资料，清理过程还被拍成了纪录片。这批麻袋堆在午门楼上快 30 年了，一拉袋子，灰尘扑面，连呼吸都困难。不少档案已经霉烂，散发出一股腐臭味道。麻袋里有不少垃圾，当然也有不少有价值的东西，如明崇祯年间的科抄、行稿，清太祖努尔哈赤实录的修改稿残档等，工作人员从中共翻检出了 100 多麻袋的珍品。在审查翻检出来的这部分档案时，历史学家齐燕铭、吴晗、吕振羽、翦伯赞等专家学者们虽然肯定了他们的工作，但建议还是复查一次，以避免造成损失。

第二次清理是从当年 5 月 10 日开始，参加清理工作的人员更多，有国家档案局的干部、全国档案学习班的学员，还有北京艺术学院的学生，除此之外，还有一批高中生，这在当时算是文化水平较高的一部分主力了。一连弄了三个多月，清理得更加细致，对零片、碎片、残件都仔细辨别，多人共同判断。最后，还是找到了 300 多麻袋有残有整的档案，其余的约 1300 麻袋档案则被彻底确认为废品。

1958 年 9 月，国家档案局向国务院汇报工作，建议将两次清理所得的共 400 多麻袋有价值的档案进行整理出版，其余废品则予以销毁。国务院当天便有了回复，同意照办，并且建议如果学校、研究机构愿意拿走当标本，也可以从要销毁的那部分中挑选一些。至此，这八千麻袋大内档案，历经三代文献工作者的努力，有好运有厄运，总算画上了一个圆满的句号。

小结：

清宫档案秘藏最终有了一个还算不错的结果，经过了不少人的努力保护，避免了火劫危机，还从中找出不少有价值的史料。民国以前留存的档案不多，以"徽州文书"为代表的地方文书档案大发现可以说是凤毛麟角一般罕见的存在。相比之下，现代民间档案有极大数量的留存，比如日军侵华档案，中华人民共和国成立以来民间基层组织运行档案等，有待我们认真地去发现、探索和保护。值得庆幸的是，已经有人这么做了。

11 佛光下的暗影

——零落的敦煌遗书

◇ ⋯⋯⋯⋯⋯

提起敦煌，就会让人们想起莫高窟那片岩壁映照下的夕阳佛光。就在这里，1901 年，敦煌文献的发现震惊世界，使一批掠夺者将目光投射于此。宝藏一经问世，贪婪而伪善的西洋人巧言欺骗，愚昧而腐朽的清政府官吏顺手牵羊。剩下的好不容易在运到京师后得到了应有的保护，却已经是残的残、破的破，令人伤感它们的遭遇。余秋雨先生曾在《文化苦旅》中谈到这一民族与国家的悲剧，也无语凝噎。在千百年的寂寞中，佛光下的洞窟里，晃动的暗影标示着一份地域文化的苦难史的开始。

一、砸开的藏经洞

历经千余年的佛教交流，在这片神圣的土地留下了许多令人惊叹的传说。坐落在丝绸之路的必经之处，在祁连山融化的雪水滋养下的河西走廊里，敦煌见证了西来文化在中华文明圈中由辉煌走向沉默。西来文化辉煌的时候，正是大唐达到盛世巅峰的时代。丝绸之路的繁荣，也让这里的佛唱梵音经久不息。可是随着唐朝的灭亡，丝绸之路渐渐衰落，只留下了那些精美的佛像与壁画静静地述说着自己的故事。最后离开的僧人们匆匆掩盖住藏有宝藏的洞窟，恋恋不舍地离开。

莫高窟又名千佛洞，位于现今敦煌市区东南 25 公里处的宕泉（今名大泉）西侧的鸣沙山崖壁上。前秦建元二年（366），僧人乐僔开凿了敦煌莫高窟的第一个佛洞，写经造像活动就在这个丝绸之路的必经之处开始兴旺起来。随着大量僧人来到敦煌开凿佛像、洞窟，敦煌俨然成为佛教文化东西方互动的中转站。在当时，除了礼佛和僧人居住之外，少数僧人在洞窟里存放经书，开始了敦煌最早的藏经活动。

藏经洞

十六国、南北朝、隋唐五代时期，这数百年间，敦煌成为交通必经之地，僧人、政府、商团、驻军等都在周边活动。直到北宋景祐二年（1035），宋军在河西地区的战斗中败给了西夏人，这一条丝绸之路被阻断，东西方之间往来的人员才渐渐减少，莫高窟的佛光也渐渐黯淡下来。他们走了，可是因西域来客与中原人在这里数百年的活动而留下的大量的官私材料怎么办？在留守僧人的主持下，一批档案资料被从山下废弃的驻城中搬到了藏经洞内，与敦煌累积的藏经放在了一起。这个洞窟原本是唐末吐蕃僧人领袖洪辩的禅室，旁边相连的洞窟也是他的大佛堂。宋军与西夏交战时期，这里还是吐蕃僧人的常驻寺庙。因为宋人退走，吐蕃人也撤离，而西夏人又对留守僧人没有多少善意，所以莫高窟成了一块弃地。

僧人们直接用砖封闭了内室，又在洞外抹上了一层泥壁，在外面绘上了壁画。又过了不知多少岁月，连最后的僧人都离去后，这里渐渐成为不为人知的敦煌秘藏。偶然有僧侣驻扎，信徒朝拜，也已经难以重聚其昔日的荣光。在风沙的掩盖下，这寂寞的佛门圣地静静地等待着更多虔诚信徒的重新归来。

这一等待，便是将近900年时间。

时间到了清朝，河西走廊的商队、大军来来往往，却没有多少人愿意多看看这处在夕阳下佛光普照的圣地。不过历经这数百年的平静，官道附近的敦煌城里聚集了不少迁来的人口繁衍生息，周围的村落也有了不少人世代交替。大家都知道自己身边有这么一处佛教圣地，礼佛的人慢慢多了起来。敦煌佛窟也渐渐恢复了一些生气，一部分藏传佛教的苦行僧与当地的虔诚信徒开始陆续搬来居住，汇聚于此进行礼佛活动。

不久，来了一个道士，叫作王圆箓。

王道士是何人？相信熟知敦煌历史的人都不会陌生。他的籍贯有人说是陕西，有人说是湖北。总之，他小时候家乡遭了灾，日子过得非常苦，便四处流浪。不过他可没养成乞讨的习惯，而是通过四处帮人些小忙来混口饭吃，日子过得心安理得。流浪到甘肃的河西走廊后，正遇上当时旱灾之年大征兵，无处可去的王圆箓便当了驻扎在酒泉的兵勇。几年之后退了伍，无处可去的他决定去当个道士，在当

王圆箓

地找了个师傅就此出家。可是他耐不住好动的性子，又接着流浪四方。直到将近40岁时走进了敦煌莫高窟，他决定在此安身，做个住在佛门圣地的好道士。

沽了敦煌百姓对佛、道二教都非常敬重的光，王圆箓大大咧咧地住了下来。莫高窟的管事僧人多居住在互为隔壁的上寺和中寺的佛寺里，他只能在附近盖了几间茅屋居住。当然，他也不是吃白食的。此时的莫高窟四处荒芜，正缺人来帮助修缮，多他一个助力，对这里也是件好事。因为在信仰问题上，其实王圆箓自己也不是很在乎佛、道的区别，所以他决定好好整理这里的佛迹，为自己的道缘累积些功德。

他很勤快，而且还非常有野心。管事的僧人都是藏传佛教的信徒，有自己打理的佛堂，对这千年的汉传佛教洞窟并不感兴趣。王圆箓发挥自己的积极性，张罗着跑前跑后，积极清理各洞窟内的废弃物与坍塌后产生的流沙，在当地士绅中间积极化缘，很快便成了莫高窟的真正主事者。在得到大家的认同后，他呼吁士绅们出钱改善了几处洞窟的保护设施，修建了阁楼予以保护，还顺便修了一座

堪称豪华的建筑。累积的道缘为他建造了一处不错的落脚地，称三清观，还立了道家的三清像，他还计划修个更加漂亮的三清宫。有了好地方住的王圆箓依然诚心礼佛，勤勤勉勉地带人清理着各处废弃的洞窟。

就在清光绪二十六年（1900），一个意外的发现，改变了他后半生的生活，也让他在历史上留下了毁誉参半的评价。他与雇佣来帮他打理俗事的写经信徒杨果无意中发现了敦煌石窟第16窟一处墙面上的裂缝，也发现了后面的空洞。砸开洞窟之后，眼前的一切让这二位发现者沉默无言，不知所措。

这个砸开的秘密，便是震惊世界的敦煌宝藏。

二、王道士与西方来"客"

虽然识字不多，但道士王圆箓从小很羡慕读书人能捧书而读，光宗耀祖。这么多的书卷，分明就是读书人最为重视的珍宝。怎么办？王圆箓将此事禀告了当地县令，县令则将消息上报给了甘肃学台叶昌炽。叶昌炽精通古文字学和考古学，看到送来的文本后颇感兴趣，也曾计划将这些经书及佛像运往京师。然而甘肃省府推说资金不足，事情一时再无下文。

官府不搭理这笔宝藏，但是感兴趣的人立刻嗅到了宝藏的味道。东来西往的商人与外国考察者纷纷赶来想要一睹为快。最早开始糟蹋文物的并不是外国人，而是前来视察的敦煌县令。他读书那么多年，自然也懂一些古物的不凡之处。他带走了一部分经卷并送给了自己的上司，敦煌遗书的流失从此开始。王圆箓不知所以，在官员的招呼下送出了不少经卷，但损失尚不严重。他也在等待有人能来接手保护，这一等就是七年。然而，等来的却是最让人痛恨又无奈的掠夺者——外国探险家们。

1907年3月，英国探险家斯坦因最先来到敦煌。为了看到神秘的藏经洞，他想了很多办法接近已经对外人产生防备心理的王圆箓，但王圆箓避而不见，弄得斯坦因一时不知如何是好。在三清观，斯坦因看到了唐僧取经的壁画，得知王圆箓敬重唐玄奘之后，他立刻有了主意。好不容易见到了王圆箓，他指着壁画与王圆箓用略显蹩脚的汉语交流，言语中充满了对唐玄奘的敬仰。这样的谈话很快就让王圆箓放下了戒心。当斯坦因讲到自己是沿着往日的取经路前来礼拜真经的时候，王圆箓赞同了他的说法。了解到王圆箓想要修建一座三清宫，斯坦因当即决定为王圆箓的无上功德做出一些小小的贡献。面对外来的和尚取经的需要，又得到经济上的支持，王圆箓决定予以回报，允许斯坦因带走大量遗书。这一次，就被带走了写本 8082 卷、木版印刷卷 20 卷，大约装了 30 个箱子的珍贵文物。

有了先例，后面的人再来求经，王圆箓便彻底放弃了抵抗。1908 年春，精通汉文的法国人伯希和来到敦煌，同样说服了王圆箓，将一批最有价值的古书、佛教变文、民间文学等汉藏文卷写本精华 6000 余本带走。1911 年日本人橘瑞超也来考查，顺便盗走了约 600 卷文书。1910 年，政府抢运之时，王圆箓偷出部分私藏起来，等待出售给"老朋友"斯坦因等人。1914 年，斯坦因再次拿走 5 箱，此次又是 2000 余卷。1914 年至 1915 年间，俄国人奥登堡也获得文物 2000 件以上。他们的行为不能简单地说是盗窃，反而全程都是"光明正大"地掠夺！在王圆箓的配合下，敦煌遗书的精华全被外国人带走了。

敦煌经卷的大量外流，在伯希和拿走文物回国前在北京展出时才引起清政府的注意。1909 年 8 月，清政府学部左丞乔树楠照会陕甘都督毛实君派人封存莫高窟藏经洞。1910 年春，朝廷命新疆巡抚何彦升将敦煌遗书运至北京，送入京师大学堂图书馆保存。一路上，大大小小的清朝文人官员本着"拿来主义"的精神翻阅了车上的敦煌遗书，并贪污或盗走部分珍品。8000余卷敦煌遗书被这些文化水平极高的官员截留贪污了不少上等文物。直到1919年，甘肃省政府教育厅重新将莫高窟劫余经卷查点封存，敦煌遗书被肆意窃取的现象才终止。

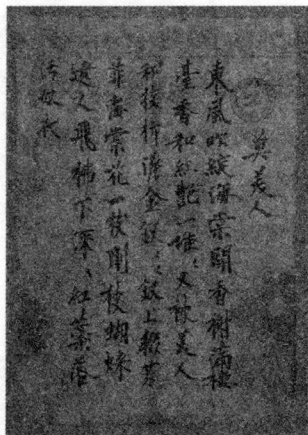

敦煌遗书（残稿）

大量经卷的散失现象曾经使王圆箓感到非常痛心。敦煌遗书在被他发现后，还没有被如此粗劣地对待过。官府搬运文卷时的随意损坏，让王圆箓感受不到那些官员对宝物的尊重，只看到一张张贪婪的面孔。从外国人手中他还可以获得回报，可是在趾高气扬的官员面前，他只得到蔑视的目光。考虑到能从外国人那里获得的尊重与利益，王圆箓在清政府搬运过程中截留下不少文物，等待自己的"老朋友"来带走。

等到更过分的掠夺者华尔纳来到莫高窟时，王圆箓已经什么都没有了，他对敦煌遗书的保护与散佚已经麻木。华尔纳不愿意空手而归，便转移目标，盯上了莫高窟洞窟中的壁画和彩塑，他施舍了一点银钱，就开始用特殊手法粘走壁画、搬走彩塑。王圆箓对这样的举动已经不在乎了，他对敦煌遗书这么多年的保护到头来化作了两手空空，更何况那些他本来就不懂的佛教壁画和彩塑。华尔纳甚至考虑将莫高窟全部搬走，使之成为空洞，只不过工程太大，当地政府也派人阻止，他的计划才未能实现。

王圆箓晚年疯了，或是因为他的罪行而不得不靠装疯卖傻才度过晚年。华尔纳曾给他送了75两的银钱，可是在周边村民的耳中，这个数字被夸大到 10 万银元，村民们因此要求和他分享这笔钱。王圆箓当然拿不出这笔钱来，村民们常常以死来威胁他。在这种重压之下，王圆箓疯了，这才躲过了这场危机。来访的"老朋友"向他打招呼，他则马上躲得远远的，对他们不再像昔日那么热情了。1924 年，穷困潦倒的王圆箓终于离世，虽然被不少人唾弃，但他的信徒还是为他立了一座葬身塔。一个道士用了佛塔送葬，这样跨界的纪念方式，恰恰是王圆箓纠结一生的写照吧！

道士塔

三、现今的敦煌藏书

　　现今所存的敦煌遗书精华仍然在国外，但是由于影印技术的发展，所有文字精华都已经先行回归了。但是敦煌遗书究竟有多少遗存，它原来又有多大规模，人们现在也只能得到一个大概的数字。

　　按照编号来看，收藏并整理敦煌遗书最多的是北京国家图书馆，藏有敦煌遗书 2 万余卷；紧随其后的是英国国家图书馆东方写本部，藏有 1 万余卷；法国巴黎国立图书馆藏有大约 6000 卷；俄罗斯科学院东方学研究所藏有 1 万余卷；日本人橘瑞超收藏 400 余卷。在国外许多大学、研究单位、私人手中都有不少敦煌遗书辗转流传。在中国台湾、甘肃等地，也有不少单位收藏有多至 300 卷，少至十几卷的敦煌文献。

除了王道士发现的那一批，其实还有不少贮藏在其他地方的敦煌遗书也相继被发现。中华人民共和国成立后，敦煌研究院开展的 1964 年莫高窟土地祠清理工作、1965 莫高窟 122 窟修复工程中都有

敦煌残卷

不少文本被发现。另外在敦煌境内烽燧、古墓葬等遗址中也有少量遗书出土，总数超过 5 万件，其中汉文写本在 4 万件以上。

目前国内收藏的敦煌写经卷以国家图书馆最为集中，大约 2 万卷，南京博物院则藏有敦煌写经 30 余件。因为这些写经卷均具有久远的历史及不可替代的唯一性，所以，这些经卷中的每一件都有着不同寻常的收藏经历以及极高的文物和学术价值。

南京博物院所藏的 30 余件敦煌写经卷，以唐代佛教精品居多。它们极有可能是之前清末文人官员顺手带走的一部分流传入世之后的敦煌文献。1936 年，北平历史博物馆曾接受中央博物院收编，送来的一部分珍贵文物中即有敦煌写经 4 件；1942 年，中央博物院组织工作人员赴甘肃敦煌县，从当地士绅手中抢救性收购了敦煌文书 12 件；中华人民共和国成立初期，华东文化部拨付了 11 件不同来历的敦煌写经给南京博物院；此外，晚清收藏家刘鹗的后人刘厚

泽，民族资本家荣毅仁及弟弟荣鸿仁，书法家潘伯鹰，书画家和古物鉴藏家秦古柳等名人都将自己珍藏的敦煌写经捐赠给南京博物院珍藏，这也在很大程度上将流散民间的精品收归在国家的保护之下。

小结：

发现敦煌遗书的藏经洞现在已经被编为莫高窟第 17 号洞，略加修葺后开放给公众参观，可是里面的藏书却永远不会再回到这个曾相守千年的洞窟中了。

敦煌文献的时间跨度大约为 5 到 11 世纪，即从西凉建初二年（406）到北宋咸平五年（1002），约 600 年。其中有纪年者近千件，唐代相关资料最为丰富，绝大部分为佛典和其他宗教文献，剩下的小部分为经、史、子、集、官私档案、医药天文、诗词俗讲等文献。宗教文献以唐代的经、律、论为主，不过它们大多有传世本，历史价值并不大。反而那一小部分原本失传的罕见佛教文献弥补了佛经研究的不少缺憾。汉文典籍有不少佚失千年以上的唐以前古书，如皇侃《论语义疏》、刘向《说苑》第二十卷等。最有价值的还是大量的官私档案文书的地方实践案例，如唐代的《神龙散颁刑部格》《水部式》等法律条文在实际生活中运用的记录材料，就是唐代史料中极为少见的重要材料。多种形式的唐代官府的原始档案为研究中国古代历史、社会生活、风俗习惯、寺院经济等内容提供了大量第一手资料。

敦煌遗书的最后结局，流失的流失，损毁的损毁，损失的书卷已经难以计数。国内外掠夺者的私心为我们所不齿，保护文物古籍的公心也值得我们思考并学习。掠夺的本质是恶劣的，这一点并不需要谅解与粉饰。文物保护需要更适合的方式，这一点也不需要质疑与迟滞。如果这样的结果能让我们更好地认识到古籍保护的重要意义，学会如何保护先人的文化遗产，那它依然是有价值的。

敦煌遗书（酒账）

12 揭示一个王朝的碎骨

——甲骨收藏

◇ ....

　　那次出土的不仅仅是刻画着符文的碎甲残骨，还是一个沉默的远古王朝。

　　说起甲骨，相信大多数人都听说过甲骨文的古老，也知道它是中国迄今为止最为古老的并形成体系的文字，是我们现代汉字的"老祖宗"。在人们学会用树枝、木炭、石块、骨头等各种工具留下痕迹的时候，文字就开启了它的诞生之路。甲骨文，就是在商代占卜、祭祀等充满了对鬼神的崇

龟甲甲骨文

敬之情的种种活动以后，用锋利的器具在那些用作占卜材料的兽骨、龟甲上面留下的记事符号。

当殷商的故都逐渐被埋没在黄河的泥沙与野草中，破碎在民众的铁犁与牛耕下，普通百姓即便看到了这些覆盖着泥土的骨头，也只是拨置到一边，弃之不顾。偶尔有脑子灵活的，看着这些骨头一股子古旧气息，就拿去卖两个小钱。这些骨头要么被当作古物流传，要么被当作中药里面常用的一味叫作"龙骨"的药。我们先一起来看一看这有关"龙骨"的故事吧！

一、第一传说——药渣碎骨藏文字

依着药材"龙骨"的存在，坊间第一个为大家津津乐道的传说的引子就是清末那罐浓浓的药汤。因为作为药材"龙骨"的甲骨多数已经被碾成碎片，一般人也不会注意到药渣里这些骨头上的划痕是多么有价值，所以能注意到它们真正价值的人一定是对此有相关研究的学者。虽然是在附近耕地的那些识字不多的农民最早发现了甲骨的存在，而最早收集它们的人也未必有多么高的文化水准，但也有了"这是种老玩意儿"的朦胧感。想想也是，起个"龙骨"的名字，任谁听了都觉得高深莫测。那可是传说中龙的骨头啊！当然了，成为药材是一回事，只有被当成古董的甲骨才会被人们有意地收藏、转卖、赏玩、研究。专业的古董商与收藏家往往就是那些重大宝藏的发现者。古董商多数唯利是图，并不在乎这些"龙骨"的文化意义，那些有文化又有心思的收藏家才是这些"龙骨"真正的救世主，才能使它们在机缘巧合下从一堆药渣里获得新生。

1899 年，王懿荣任职国子监祭酒，按部就班地为清王朝尽着自己的那份忠心，闲暇之余，就鼓捣自己最为喜爱的金石古玩，享受这些东西遗留下来的远古文化的气息。

这一日，他病了，是疟疾。这种病一旦患上，人往往身子虚，走路都费劲。他托人告了假，躺在卧室里喝了家人熬好的苦涩中药，总算面色好看了些。百无聊赖中，他瞥见用来治病的药方单子就在一旁，莫名其妙地产生了想要研究的兴趣。好奇心往往会使人们在闲暇之余有重大发现，这药方上的数十种药材，颇有让人细细揣摩的地方。当归、青蒿、龙骨……嗯，龙骨？都说这龙从来是神圣无比的存在，那么这"龙骨"应当算是一种稀罕之物吧！王懿荣来了兴致，吩咐下人去取一下药渣，再拆开还未煮的几包药，仔细搜集这种骨头渣子。他知道药店会把这些材料弄成碎片，但只要不是粉末，还是可以拿在手里看看这种东西究竟是个什么样子。

　　药渣拿来了，碎骨头还是能翻出那么几块的。虽然这些碎骨头现在散发着中药特有的味道，可是对于一个对此感兴趣的人来说，这都不是事儿。有些碎骨已经看不出原来是什么样了，可是其中的龟甲对王懿荣来说并不陌生，龟壳的纹路依然可以辨识，甚至有几片还可以拼起来。龟壳上面的一些划痕吸引了王懿荣的注意。他再仔细翻看了一下药渣，发现有这些痕迹的龟壳就那么寥寥数块。可是这些划痕却在王懿荣的脑海中掀起了不小的波澜。

王懿荣

　　为什么呢？王懿荣本身就是金石学家，古文字的功底相当深厚，从小学习《说文解字》《尔雅》之类的专著。家中刻有上古文字的先秦钟鼎彝器、籀文拓片也是收藏了那么几件的。他认出这些划痕分明就是字，与那些钟鼎文中的一些字如出一辙。我们知道，中国汉字中有不少象形文字，简单的有日、月、山、水等字，复杂的首推描写动物的那些篆字。就这样，如果文字能够对上号，那么

其他的秘密就顺理成章地被揭开了。从此，王懿荣开始收藏甲骨，
并最早指出了它们属于商代遗物。世人因此称他为"甲骨文之父"。
因一场病揭开了一个惊天大秘密，这可是普通人很难做到的，所以
机会往往垂青那些各种条件都具备的人。王懿荣就是具备了多种条
件的人。

甲骨文文字释读（部分）

　　若是认真推算谁最早收藏了甲骨，还真是另有其人。日后让王懿
荣获得大量较完整的甲骨的人，不是药房的采购，偏偏是那位最早嗅
到这些甲骨中古旧气息的古董商人范寿轩。范寿轩倒腾古董东奔西
跑，接触的人也不只王懿荣一位。要细细推敲谁是最早的甲骨收藏
家，现代有的学者认为天津的王襄先生对甲骨的收藏也非常早，觉得

王懿荣的病中"龙骨"大发现反而值得商榷。可是这些说法都有各自的支持者与可考证的相关材料，至今也没有人能真正下个定论。

二、天津甲骨收藏家王襄的收藏历程

这一时期，义和团已经开始在各地"扶清灭洋"。古董商范寿轩在河南的农户家中见到这些成规模的、有划痕的骨头片，挑出一部分甲骨买下，小心翼翼地装箱，随车带回了天津，以一字一金的价格出售。王襄当时是个常常光顾古董店的熟客，故而有幸见到了这些甲骨。他对这些甲骨开始重视的时候，据说当时王懿荣还尚未见到数量如此众多的完整的甲骨。

甲骨文拓片

接触到这些甲骨的还有一位，就是同样经常来逛古董店的孟广慧，以书法见长。没错，又是一位文字方面的行家。在共同探讨这些材料的文化价值之后，他们分别买下了一些小片。可是即便爱好收藏，他们在天津也不过是普通的中上等人家，任个俸禄不高的衙门小官。面对那么高的要价，想要购进大量的甲骨，这二位可是有些囊中羞涩了。范寿轩为的是盈利，哪可能在他们这里浪费感情，不久就携带了一部分甲骨上京推销，撞到了王懿荣。王懿荣慧眼识珠的消息震动北京城，这才有了之后以王懿荣为"甲骨文之父"的传说。其中缘由，可能是王懿荣在北京收藏圈中更加有名，与其交流的文化名家、收藏名家也更多（比如刘鹗、罗振玉等人）。在他们机缘巧合、有所选择的记载之下，才会有这样让后人惊叹与争论不休的结局吧！

话说回来，王襄在日后辗转买进了不少甲骨，装了满满一大箱子。此时天津义和团也已经闹得沸沸扬扬，社会环境开始愈发不安全。对王襄来说，躲在家里是最为明智的选择。可是1900年，八国联军入侵。王襄与他收藏的甲骨经历的磨难开始了。

王襄住在天津，是义和团闹得最凶的地方。八国联军一来，普通老百姓就遭了殃。兵荒马乱也不是第一回了，王襄筹划着带着家人匆匆收拾收拾，躲到乡下去避难。一般老百姓，都会在离家躲避战争带来的苦难与保全财产安全之间的选择中纠结，不到万不得已，是不愿意离开家的。此时王襄的妻子怀着身孕，母亲也已老迈，实在是难以承受奔波在外的辛苦。

这可如何是好？局势越来越糟，炮声越来越近，城里是决然待不下去了。终于在一次八国联军即将发动大规模进攻前的短暂平静时期，王襄说服母亲离开家躲到了乡下。匆忙中，大件物品是带不上了。装有甲骨的箱子怎么办？王襄狠狠心，拉过床边多余的被子，厚厚地裹了起来，塞在墙角下。八国联军全面攻城，几发炮弹也打到了王襄住的房子里。他母亲经这一番折腾与惊吓，不久就撒手人寰了。待到局势稳定下来，王襄回到家里，看着废墟一般的房舍，心中一阵紧张。

扔下还在收拾东西下车的家人，王襄直接冲入卧室，看着一片狼藉的墙角与损坏的木床，欲哭无泪，抱着一线希望慢慢扒开一看，呀！箱子居然完好无损！终于放下心来的王襄因为受够了提心吊胆的感觉，趁着为母亲下葬时，他将这个大箱子埋在了母亲的墓旁。直到八国联军撤走，天津城秩序恢复，他才挖出来搬回了家。

日子还得过，收藏还得继续。可是那些年改朝换代、南征北伐，中华大地仿佛没有了平静的日子。王襄也在为生计东奔西走，辗转任职于盐政等政府部门。初期还可以把装有甲骨的箱子妥善安置在家里，可是盗贼猖獗，好几次差点失窃。王襄这时做了决定，将甲骨作为随行物品常伴身边，以求安心。这样的办法倒是不必担心梁上君子了，可是却招来了专偷旅途乘客财物的扒手们的注意，他的一箱子甲骨又陷入了新的危机。

说是随身携带，其实那么大的箱子不可能每次都有机会放在身边，尤其是参加一些活动，或赶上不得不离开住所的情况，箱子的安排就成了一个大难题。1934年，他去河南参观一个展览，就把装甲骨的箱子同其他大件行李一同用火车托运回天津，还特意拜托了行李管理员多加照顾。待到展览结束，回到天津领取的时候，让王襄最揪心的情况发生了，其他行李还在，箱子不见了！

这可怎么办？箱子里的甲骨可是他这么多年的心血啊！这一次，王襄的心就像被剜了肉一样地疼，连着好些天在家无精打采，吃不下饭，出门也神情恍惚，曾几次差点被飞驰的人力车撞倒。工作不忙的时候，他一定是在车站附近转悠，怀着那么一丝希望等待行李房传出个好消息。就这样，王襄过着度日如年的日子，直到那天下午回到家，一位素不相识的客人出现在家里。

王襄有些奇怪，但也非常客气地请人落座，奉茶招待。就在客人开口时，他发现了客人带来的箱子恰恰是自己丢失的那一个！连忙检视里面的甲骨，无一遗失！王襄的心情立刻好了起来。原来箱子失窃后，扒手就在另一节车厢检查自己的收获。因为他对这些碎骨不了解，就把箱子扔在了车厢角落。直到火车到了另外一处，才有人发现这个箱子。这个人是个热心肠，就按着箱子上的地址亲自把它送了回来。事后王襄好好感谢了这位客人。这件事在古玩圈里也成为一件口口相传的奇事。

之后这个装着宝贝的箱子又安然渡过了1939年天津城的大水灾，躲过了日本人占领天津时唯利是图的古董商的垂涎。哪怕抗日战争胜利后国民政府执政时期物价飞涨的时候，家里值钱的物件大多被典卖，王襄也从未想过将这些甲骨卖给那些古董商。直到中华人民共和国成立后，天津文史馆成立，王襄出任馆长，认为这次终于能更好地保护这些古物，才大大方方地全数捐出，为国家做出了杰出贡献。天津的甲骨收藏家当然不止王襄一位，还有之前提到过的孟广慧，以及他的朋友兼学生李鹤年。他们的甲骨收藏在数量上逊色于王襄，但也有不少精品，故事当然也不会少。可是相比之下，王襄老先生的收藏故事更有传奇色彩。

三、痴迷甲骨的"老骨头"明义士

相传世上出土过甲骨 15 万余片，可是被收藏在博物馆的最多也就几千片。那么当时收藏甲骨数量最多的究竟是谁呢？不是收藏有 2 万余片的罗振玉，也不是另一位比罗老先生收藏还稍多的刘体智，而是甲骨收藏数量曾达到 5 万片的私人收藏家明义士。

没错，他对甲骨的收藏热情在当时首屈一指。虽然现在能确定被他收藏过的甲骨只剩 3 万余片，但这个数字也已相当庞大。对许多因被外国人收藏而被带出中国的珍贵文物与艺术品来说，这批甲骨中大部分仍然留在国内简直是个奇迹，那么这其中又有什么样的故事呢？我们再来听一听吧！

明义士是加拿大人，1910 年奉命来中国传教，在安阳扎根多年，从普通传教士升任牧师，并且在 1932 年应邀成为齐鲁大学（现今山东大学趵突泉校区）的讲师。他开始接触甲骨也就是在安阳传教时期，并逐步从被人用仿制甲骨欺骗的门外汉变成了甲骨通，也是公认的最早开始把碎裂的甲骨缀合在一起的甲骨研究者。在齐鲁大学任教期间，他凭借自己的收藏在学校最早开始了甲骨文相关课程的教学，

明义士

并因为对甲骨研究的痴迷，被学校的外国教师恭送了一个外号——"老骨头"。他在1936年因事回到加拿大多伦多市，结果一年之后，日军侵华，山东迅速沦为战场，他已经不方便再次前来中国。留在国内的这批甲骨陷入重重危机之中。

他离开时把这批甲骨托付给了学校的友人。由于当时齐鲁大学的老师和学生多数已经西迁，留守的只有少部分人，其中就包括原先受聘教学的外国教师和牧师，即多数为与明义士相熟的友人。由于受到日本人的骚扰较少，这批甲骨也就在他们的保护下藏匿了起来。可是1941年日本向美国宣战，发动太平洋战争，在美国的日本侨民被送入集中营统一监视。日本为了报复美国，将战争控制区内的美籍、加拿大籍外国人也送入了自己设立的潍县乐道院集中营。

那么这批甲骨命运如何呢？好在有惊无险。在这之前，明义士的朋友们已经将留存的甲骨分为两部分保存。一部分精品保存在齐鲁大学金库内，约2000片；另一部分则在校园内秘密埋藏，约3万片。这些事只有几个关键的参与者知道，并且画了藏宝图以备日后找寻。就这样，这批甲骨在没有对外界透露更多相关信息的情况下，安然躲过了日本人的魔爪。

日本人战败后，明义士的同事回到校园内，把约2万余片的甲骨挖出，剩余的部分继续深埋未动。当时任中华民国教育部南京教育司司长的英千里有意将剩下的甲骨收归国有，多次来信询问甲骨情况。最后在明义士强烈地归来中国继续他的甲骨研究愿望的影响下，学校高层决定拒绝英千里把甲骨"收为国有"这一要求，甲骨才得以留存在齐鲁大学。

明义士虽然想要回来，但是身体有恙，一直没有机会。他本来寄希望于回到中国继续开展自己热爱的事业，也希望甲骨永远留在中国，但是其中5000余片还是在朋友们的帮助下运到了加拿大。除此之外，挖出来的大部分甲骨则在机缘巧合之下流入故宫博物院，却无人能解释这一神奇的流传过程。齐鲁大学留下的那些甲骨也并不是高枕无忧。原存金库的那 2000 余片在解放战争时期被裹挟到南京，最后捐给了南京博物院。只有埋在地下的那另一部分甲骨在中华人民共和国成立后清理外国教会大学时，齐鲁大学校长才将其留给了接管委员会。这剩下的 5000 余片之后入藏了山东省博物馆，也算是成全了明义士对齐鲁大学与山东的心意，可以说是双方结的一份善缘吧。

小结：

留下传说的这三位收藏家与甲骨结缘颇深，与甲骨相伴的经历却各不相同。王懿荣最早确认了甲骨文字属于殷商，之后在 1900 年八国联军进攻北京城时殉职，未能留下伴随甲骨的收藏故事。相比较之下，与甲骨相伴一生的王襄则有更多具体的故事让我们感受这种坎坷的收藏经历。王襄著有中国最早的甲骨文字典籍《簠室殷契征文》，较早地开启了收藏与研究相结合的道路。明义士则是一朝离去，便不再有机会在齐鲁大学的校园内讲述自己的收藏传奇。

收藏名家当然不止这几位。王懿荣虽壮志未酬，与甲骨研究有缘无分，但是他的甲骨多数被子女出售给了友人刘鹗。刘鹗在日后著有《铁云藏龟》，其中的主要内容就是王懿荣收藏的甲骨文字拓片，也算王懿荣收藏精华的积淀。在这一阶段参与甲骨的收藏与研究的，还有罗振玉、董作宾、王国维、郭沫若等国内著名学者。不过后几位偏重于对内容的研究，而对私人收藏并不热衷。在中国研究者当中，属罗振玉家中所藏甲

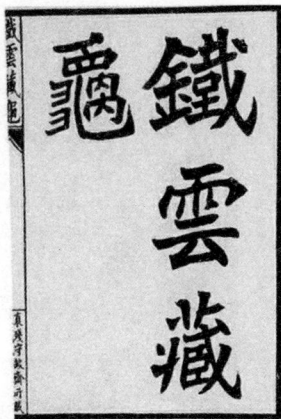

《铁云藏龟》书影

骨最为丰富，是清末金石学家中最有代表性的收藏大家。从数量上来看，罗振玉收藏甲骨上万片；从学术创作来看，他的甲骨研究著作也非常丰富，并且最先推动了甲骨文的影印出版。在确定了殷墟位于现在的河南安阳小屯村之后，他积极奔走于河南乡间，也为甲骨整理做出了不少贡献。总之，在传说重重的甲骨身边，与其相伴的人们都为这段风雨飘摇的历史增添了许多温馨的故事。

13
佛家世界人间劫
——历经磨难的《赵城金藏》

◇ ....

自古以来，在社会动荡之时，收藏的道路就充满了艰辛与坎坷，无论是国家机构收藏或者个人秘藏，都很难实现对藏品的永恒保存。在上述两种收藏主体之外，从事收藏活动的还有一些社会组织。在中国，以寺院、道观为代表的社会组织凭借着它们特殊的传承方式，保存了许多年代久远的珍贵文化资料与藏品。

贮藏在山西的一部金代佛教经卷，便是这类佛教收藏的代表。它的名字叫作《赵城金藏》。它在古代流传下来的佛家藏经中虽然不是唯一的一部，却是历经风雨、留下故事最多的一部。

一、被《宋藏》引出的《赵城金藏》

近代以来，虽然传统文化受到打击，宗教界也不是非常活跃，但是依然有不少佛家弟子四处奔波，为抢救佛教文化不遗余力地奔走。要想讲清楚《赵城金藏》的故事，就得先从一版《宋藏》开始讲起。

1928年至1930年，陕西发生了仅次于光绪年间"丁戊奇荒"的大旱灾，全省人口锐减三分之一。山东著名居士、慈善家朱庆澜来到陕西放赈。他是佛教信徒，因多年诚心礼佛，获得了佛家大护法的虚衔。相对于参加佛事活动，他更关注佛教文化的保护和传承。在陕西他感受到浓厚的佛教文化，于是礼佛之心油然而生，在赈灾之余沿途拜扫陕西各地古刹。1930年秋，朱庆澜参观了西安城内的卧龙寺和开元寺之后，打算为这两座寺庙的修缮做一些贡献。在清理坍塌的佛堂的过程中，他惊奇地发现它们居然分别保存着两部宋版藏经。经过认真鉴定，这两部宋版藏经是南宋末年雕版印刷的《宋藏》，极为罕见。《宋藏》因刻版所在地地名的缘故，又称《碛砂藏》。

这次发现让朱庆澜异常兴奋，他立刻回到上海，集合一干人等成立了一个名叫"上海影印宋碛砂藏经会"的民间组织，计划将这部大藏经用现代科技影印成一部完整的《宋藏》，以流传后世。因醉心于文物搜集与保护而出名的范成法师则被推举为这个民间组织的常务委员，对经书进行先期考察与整理。当时，在与西安文管局协商后，开元寺和卧龙寺两处的藏经被转运至陕西省立中山图书馆（现陕西省图书馆），辟专室保管。

1931年春，清点工作由开元寺和卧龙寺派人共同进行。清理经书的结果是：开元寺有2889卷，卧龙寺有4548卷。两寺经卷排除重复部分共得5226卷，与历史上的相关记载相比尚缺576卷。虽然后来利用北平松坡图书馆的《宋藏目录》弥补了西安《宋藏》的部分不足，可仍缺173卷，草率影印仍会留有巨大遗憾。范成法师决定继续到晋、陕等地古刹搜寻藏经旧本，以补缺憾。也正是在这次寻找中，《赵城金藏》悄然出世。

　　1933 年春，范成法师偶遇一位法号性空的老僧，被告知山西赵城县广胜寺有四大橱卷轴装订版的古版藏经。听闻此消息，范成法师立即率人前往山西。他到达广胜寺后，发现居然有满满四大木橱，约5000 卷的古版藏经，顿时兴奋不已。根据随身携带的《大藏经教法宝标目》，范成法师用了 5 个月的时间对广胜寺古版藏经逐一进行了校核整理。

　　清末，广胜寺的管理十分松懈，经书就藏在下寺佛殿中。每年农历三月十八日集会，附近的香客们拜庙后也能进入藏经的佛殿随意休息，结果不少人就顺手带走了一些经卷，拿回家糊墙或是做其他之用。民国早期，该寺的僧人明澈、法炎二人曾经整顿了一次佛经，将它们转移到广胜寺上寺大佛殿保管。范成法师了解到这一情况，走街串巷，寻访附近村庄，收回散落在民间的 300 余轴散卷，使广胜寺古版藏经达到 5700 余卷。在整理出可以弥补《宋藏》缺失部分的经书后，他通过全县士绅的担保，将经书借到西安，翻印后立刻归还，还附送了一部影印好的《宋藏》。

修复后的《赵城金藏》

　　经古籍专家徐森玉、蒋唯心考证，断定广胜寺古版藏经为金代民间刻印的刻版藏经。由于经卷是在赵城县广胜寺发现的，每卷卷首又加刻了广胜寺刊刻的《释迦说法图》，范成法师等人就将这部经卷定名为《赵城金藏》。回到西安，范成法师公布了这一重大发现，极大地震撼了整个佛教文化界。蒋唯心还写成了一部《金藏雕印始末考》，发表在南京《国风》杂志上，在全国引发了一场探索佛教文化的热潮。

　　据蒋唯心考证，《赵城金藏》与宋代我国第一部木刻版汉文大藏经《开宝藏》的版式相同。在金熙宗皇统元年（1141），潞州（现山西长治）民女崔法珍在山西、陕西部分地区断臂化缘，为《赵城金藏》的刻印集金数千。《赵城金藏》于金皇统九年（1149）前后开雕，金大定十三年（1173）前后完工，历经约30年。开板地点在解州（今山西运城）天宁寺。稍后刻板运京，继续增补修订。期间，广胜寺请印一部，保存至今。广胜寺位于山西省洪洞县霍山南麓，是一座有着1800多年历史的古刹，始建于东汉建和元年（147），原名为俱卢舍寺，于唐代重建。从那以后，它安然躲过了宋代以来的各种天灾人祸，才为后人留下了这么一批庞大的宝藏。

　　《赵城金藏》在古寺中埋没将近千年，因为《宋藏》的面世才被发现，可谓佛教的因缘际会。随着这部佛经的面世，也让我们看到了晋陕土地上浓厚的佛教文化余韵。

二、抗日战争中的转移劫难

　　藏之深山不为人知，受的是蠹虫之灾；管理不善，受的是散佚之祸。可是一经面世就恰逢乱世，战火在各地肆虐之时，《赵城金藏》也深陷危机之中。

　　最先觊觎《赵城金藏》的是所谓的"日本东方文化研究所"。

《赵城金藏》刚刚被公之于众，该所便派文物间谍来到广胜寺，表示愿出 22 万银元购买，寺院住持力空法师及众僧人断然拒绝了这一无耻要求。紧接而来的是一些日本僧人。他们借礼佛的名义先后几次窜入广胜寺，想用高价买断藏经不成，还意图盗取，但最终没有得逞。这两件事情的发生，使广胜寺僧人提高了警觉。为防止藏经遭遇不测，他们把这批经卷从藏经殿转移到了寺中的十三级琉璃飞虹塔中，并用砖石将塔门固封，派人驻守，进行集中保管，并且暂时废止了以往庙会信徒可以登临飞虹塔的惯例，宣布战乱期间众人一概禁止登塔。

蒋介石听闻《赵城金藏》的时候，日军已经开始全面侵华。1937 年 9 月，为了防止藏经落入日本人手中，他电令驻防晋南的国民党十四军军长李默庵前往广胜寺，通知寺庙住持力空法师将《赵城金藏》运往西安。力空法师见识过国民党军队的纪律，担心搬运时士兵无法保证藏经的安全，故召集赵城县各寺庙僧众及士绅与李默庵商谈。当时力空法师问李默庵："藏经运往西安，贵军能否确保经卷在西安不失？"李默庵回答道："如果西安紧急，可以再转运重庆。"力空法师又问道："转运重庆，能否保经卷在重庆不失？"李默庵一时不好回答。力空法师劝说道："既然远路漫漫，依然不能保证藏经安全，路上更加无法保证不遗失，还是留在这里，有我们僧人与众位士绅护持，也能随机应变，保护藏经。"李默庵最终被力空法师说服，没有强行搬运。

1938 年 2 月，"山西王"阎锡山也决定保护一下境内的珍贵文物。他特意派手下一名师长来到广胜寺通知力空法师，要求他将《赵城金藏》转移到山西吉县山区，置于阎锡山克难坡行营的保护之下。力空法师同样予以拒绝，说："藏经已封存于塔顶，留此万无一失。吉县虽在西南山中，但是路途遥远，军队搬运辛劳不说，终归不太安全。"这位师长本来就没有准备真的办这趟辛苦差事，也就放弃了与力空法师多费口舌，转身离去。就这样，《赵城金藏》再次被原地保留下来。

这时候日军已经占领了山西交通干线上的主要城市，洪洞县也在其中。日军自从占领了山西，就开始肆无忌惮、明目张胆地搜刮可移动文物。1942 年初春，一队日军突然驻扎在了广胜寺的附近。某日，日军的一个军曹突然闯入寺庙，正式通知力空法师，说军队联队长将要在农历三月十八庙会时登临琉璃飞虹塔，鸟瞰庙会盛景，请力空法师开塔迎接。力空法师一听，马上明白《赵城金藏》的危机来临了。

力空法师深知日军想趁机抢劫藏经，就去找附近活动的八路军帮忙。趁着还有一个多星期的时间，他冒着被日军发现的危险，深夜下山跑到数十里外的赵城县抗日政府驻地兴旺峪，找到时任县长的杨泽生，请求八路军的帮助。杨县长虽然知道《赵城金藏》是国宝，但一时不知如何处理。此时的广胜寺周围已经被日军设置了不少据点，转运 5000 多卷的藏经并不容易。

在打电报请示上级领导后，延安很快复电，命令太岳军区全力保护《赵城金藏》，绝不可让国宝落入日军之手。陈赓与薄一波接令后紧急动员，特派太岳军分区基干营、赵城县游击大队和洪洞县游击大队百余人借助夜色，秘密进入广胜寺，登上琉璃飞虹塔，与僧人们经过四个多小时的抢运，赶在庙会开始的前几天将 5000 多卷藏经全部转移出寺庙，由民工驮运队运抵安全地带。

赵城县广胜寺飞虹塔

由于转移行动悄无声息，周边八路军兄弟部队也配合袭扰，吸引敌人注意，驻扎在广胜寺周边的几个日军据点并未察觉异样情况。当日军联队长如期进入广胜寺，登临飞虹塔时，发现藏经早已搬空。恼羞成怒的日军没有抓到力空法师，就随意抓了20多个僧人带走。当时的力空法师已经躲进上寺后殿东侧阴暗潮湿的吕祖洞，一直隐藏了三个多月。后来日伪省长苏象乾为经卷之事还亲自到赵城调查，责问力空法师。力空法师据理力争，义正词严地抗议日军暴行。由于找不到经卷，日军最后只好放还了僧人，暂时不做处置。

由于暂时没有合适的地方存放经卷，在接下来的反"扫荡"中，太岳区二地委的全体机关干部奉命身背经卷在崇山峻岭中与侵华日军周旋。由于行军战斗频繁，携带不便，最后只好将这些经卷分别藏在山洞、废煤窑内，派人看管。尽管藏经运抵安全地带，但因日寇扫荡频繁，之后藏经又经过几次辗转迁移，先是存放在太岳区二地委机关驻地安泽县亢驿村，后又转移至太岳区党委驻地沁源县（棉上县）的煤窑中。

三、送到北京迎新生

《赵城金藏》就这样在煤窑里存放了3年之久。抗日战争胜利后，晋冀鲁豫边区政府决定将经卷交由新成立的北方大学保存研究。但是因为北方大学被国民党军队逼迫西迁，晋冀鲁豫边区政府将经卷运到太行山区涉县温村后，就地存放在该村的天主教堂内，北方大学则派出历史学教师张文教负责看管。他接手时，经卷已经不到5000卷，分装在42个大木箱里。最为可惜的是，许多经卷因在潮湿的煤窑里存放时间过长，已经受潮发霉。他深感责任重大，决心想办法先行抢救。

受潮的经卷必须在通风背阴处慢慢阴干，暴晒则容易使纸张脆化，直接存储又无法遏制霉变。张文教虽然懂这个道理，但是当时已是深秋季节，天气转冷，单靠自然阴干，速度太慢。他唯恐经卷的霉化继续恶化，毅然决定用火炕来烤干。他收集附近的干柴烧炕，但木柴火焰太大，经卷在火炕上失水太快，又容易过分干燥。待改用锯末之后，火焰燃烧速度减慢，烤干经卷的质量大大提高。

经卷烤干以后，张文教在长乐村一户地主家里找到了一个通风、干燥的小阁楼，把经卷由温村的天主教堂搬到了长乐村的小阁楼里。为了保护经卷，他操劳过度导致肺病复发，被组织送到后方医院治疗，经卷再次由太行行署派专人保管。

1949年北平解放后，《赵城金藏》奉命被转运北平，张文教再次担负起护送经卷的任务，于时年4月初返回长乐村，将42箱经卷用毛驴驮运至涉县县城，然后用小火车运往邯郸。当时，平汉铁路不通车，只好用汽车从邯郸运到北平。张文教白天黑夜都守在卡车上，直到把《赵城金藏》全部安全运抵北平，移交给当时的北平图书馆（今国家图书馆）收藏。

1949年4月底，当《赵城金藏》运抵北平时，人们难过地发现，多数经卷由于之前受潮已经腐烂断缺，粘连成块，形似碳卷，十之五六无法自然打开。国家图书馆为此特意从琉璃厂借调来5位富有经验的装裱老师傅（其中一位在工程刚开始就不幸去世了）帮助修复，历时近17年，终于在1965年修复完毕。正因为如此，《赵城金藏》成了中华人民共和国成立后第一个由国家拨款的大型古籍整修项目。

在1982年，人们还从赵城县一户老乡家中找到了当年转移中意外失落的两卷藏经。事情还要说回到1942年，农户冯俊在家附近的山间小路上拾到了两本写满文字、绘有佛像的书卷，潜意识里觉得这肯定是佛经，是佛家的宝物。于是他便揣回家，供奉在自家的佛龛中，还嘱咐家人好好敬奉这经卷，祈求佛祖保佑平安渡过战乱。而这两卷谁也看不懂的书卷正是《赵城金藏》。

《赵城金藏》修复前后对比

在日本人不断扫荡的日子里，冯俊带着家人住在山洞里避险，除了带着必要的生活用品，其他的就是这两份经卷。就这样渡过了抗日战争、解放战争，经卷一直完好无损，冯俊直到去世的时候，还嘱咐后代好生保管。改革开放后，他的儿子冯玉玺在一次去北京图书馆的路上遇到了专家，有意提起这件事，失散多年的两卷藏经才得以与"大部队"汇合了。

《赵城金藏》按照记录原本应有6980卷，6000多万字，现今只能整理成4000余卷。不过全世界能达到此等规模、保存如此完整的藏经只此一部，因而《赵城金藏》被视为稀世瑰宝。这部金代原本，与残存的敦煌遗书、文津阁《四库全书》原本、《永乐大典》残卷共同构成了国家图书馆的四大镇馆之宝。其中，《赵城金藏》经卷的完整度仅次于《四库全书》，是我国现存完整度最高的佛教经典大藏。在《赵城金藏》的故乡山西，山西博物院馆藏并常设陈展一卷经书，此经卷位于博物馆三层的《佛风遗韵》展厅。

2008年，北京图书馆出版社出版发行了一套仿原本《赵城金藏》。整体原样复制，再现了盛世经典。其中特选出陈天竺三藏真谛译本，也就是《陈金刚》，高仿后存放在国家图书馆。此卷字体隽秀、印制精美、可诵可藏。不仅如此，国学大师饶宗颐先生还对其用"下真迹一等"的仿品最高美誉称赞。

北平和平解放之初，薄一波批示，将这部书调拨国家图书馆永久保存。2011年，薄一波之女薄小莹将《赵城金藏》调拨档案捐赠给国家图书馆。该档案为两份，共6页，记录了调拨《赵城金藏》的过程，包括国家图书馆的前身——北平图书馆申请收藏《赵城金藏》等内容。香港钟健国基金会还向国家图书馆捐款200万元人民币，专门用于《赵城金藏》保护研究专项工程。他们的支持，丰富了人们对《赵城金藏》保护与研究的认

现代本《赵城金藏》封面

识，也为《赵城金藏》在新时代获得新生增添了新的助力。

小结：

寺庙的收藏有一个特点，就是与俗世若即若离。它们往往随着寺庙的所在被贮藏，受到俗世香火的保护。平时除了信徒到访，一般很少有人在寺庙有大不敬的举动，包括梁上君子。除了封建统治者有意的毁佛之举，即便遇到战火纷飞的年代，也总有一部分寺庙能够幸免于难，保存了不少珍贵的佛家文化典籍。《赵城金藏》在因缘际会中保存下来，也是它的造化吧！

14

国耻的情殇

——圆明园十二生肖兽首

◇ ⋯⋯⋯⋯⋯⋯

　　圆明园是中国近代史上著名的战争遗迹，它的许多收藏品、建筑残件都散落在世界各处，相关消息常常牵动着海内外中国人的心。我们关注它的主要原因究竟是什么？是为被侵略战争毁掉了的世界上独一无二的皇家花园感到遗憾？还是因为这一废墟暗示着"落后就要挨打"的鞭策？它就在那，不可能再恢复原来的美丽，也不可能抹去战争留给人们的记忆。那始终在触动人们内心的，是我们对国耻的情殇。

　　这份情殇表现在对圆明园漂流海外的遗物的密切关注上，其中最受关注的就是十二生肖兽首。就成本来说，它们并非价值连城。即便当年宫廷造办处对这 12 个兽首虚报造价从中牟利，也不会高得太过离谱吧！可是这些年，一旦有兽首出现在国际拍卖市场时，拍卖价格就如坐了火箭一般飞蹿，最后的成交价高得让人惊诧。谈起这样的变化，还要从这 12 个兽首在它们原来的位置上被人掠走时说起。

一、数十年破坏中的神秘流失

十二生肖坐像由宫廷画师、欧洲传教士郎世宁主持设计，他依照乾隆皇帝的意见，以十二生肖的人形坐像取代了原定的西式人体雕塑。而这项工程是由清朝宫廷匠师共同铸造完成的。以红铜为材料的十二生肖兽首原本只是圆明园里西洋式建筑海晏堂外的"水力钟"喷泉的一部分，为最后的喷水头装饰。每个兽首负责一个时辰的喷水报时，只有到正午十二点时，12 个兽首才会同时喷水，景象蔚为壮观。不过几年后它们就坏掉了，也没有被安排修复。可是没想到，接下来的劫难，使它们想要被修复都不可能了。

十二生肖兽首复原模型

在 1860 年英法联军第一次破坏圆明园时，圆明园就遭受了一场浩劫。可能有许多人以为圆明园十二生肖兽首是在这一次被掠夺殆尽的，可是事实并非如此。这些兽首是随着圆明园的毁坏才逐渐被人带走的，它们经历的劫难，可不止这么一次。

海晏堂遗址

英法联军闯入圆明园时，这座东西方结合的园林美得让闯入的士兵与军官们惊叹不已。在苏格兰贵族额尔金伯爵詹姆斯·布鲁斯的指挥下，士兵们将这座园林中能抢走的珍品抢掠得一塌糊涂，但并没有抢掠一空。这座园林太大了，以至于许多在湖泊深处、小岛上的建筑奇迹般地躲过了这次士兵们的"狂欢"。十二兽首所在的圆明园西洋楼海晏堂前的扇形水池虽然没这么好运，但是与其他珍宝相比，显然无法吸引抢掠者已经疯狂的目光。也是，对于见惯了西式喷泉的外国人来说，这些怪异的坐像喷泉也就是个普通的喷泉吧！

这次掠夺过后，圆明园的一场大火映红了北京城西北角的天空。大片木结构建筑被焚烧成了灰烬，但是不包括这座喷泉。整个西洋楼是大理石建筑，内部虽然被洗劫焚烧，可火灾对它的破坏并不是太大，局部的损坏也并未影响整体美观。在英法联军退走后，清政府继续安排人员保卫并修复这座园林，只是资金一时不宽裕，所以才进展缓慢。十二生肖兽首虽然丢失了几个，但是并没有得到重新铸造，原因已经不得而知。

　　大家读到这儿也许有些疑惑，为什么不明确指出到底是哪几个兽首被英法联军掠走呢？可是这问题还真无法回答。因为这 12 个兽首至今还有蛇首、羊首、鸡首、狗首 4 件铸像下落不明，线索全无，让人们难以断定它们究竟何时失踪。其他 8 件兽首中，也只有几件留下了比较明确的丢失过程。我们只能说，在英法联军破坏圆明园之后，这座喷泉确实已经受到损坏，至于是否是士兵在 1860 年就已经带走了兽首，也并没有证据可以明确说明。可以肯定的是，其中一部分兽首的命运，在 1900 年八国联军的抢劫下真正走向了流失。

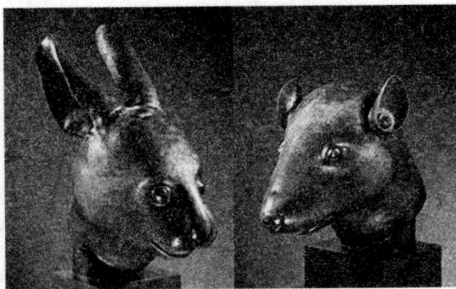

兔首　　　　　鼠首

　　流失的兽首中，鼠首与兔首可以确定是在 1900 年被参与洗劫圆明园的八国联军士兵带走，逐步被转卖流落国外。想想也是，这一次参与抢劫的人数众多，连西洋楼不少精美的大理石建筑构件都被拆下倒卖了。相比之下，十二生肖坐像的头部可以轻易取下，被疯狂的掠夺者带走更是易如反掌。直到现在，部分兽首上面还有被枪托砸过的痕迹。其他几件流失的兽首是如何不知所踪的，已成为历史之谜。那时候的清政府已经饱受重创，圆明园的修缮也不了了之。官员、守卫们腐败不堪，开始向周边富户倒卖园内的残留物品。如果遇上战乱，疯狂的民众与败退的军队士兵在无人约束的情况下竟变成了土匪，在圆明园的废墟上又进行了一次洗劫。在辛亥革命之后，圆明园更是无人把守，这座皇家园林又迎来了新的掠夺者。这一次，掠夺者不是金发碧眼的洋人，而是眼神里满是贪婪的地方富绅。

在一般人的印象中，圆明园是外国人烧的，英法联军和八国联军他们都放过火，但是放第一把火的还是英法两国的军队。两次"火劫"之后，圆明园遭受的新掠夺又被称为"木劫""石劫"。说得好听一些，就是园内损毁建筑的木料与石料的再利用。在一处管理不善的废墟上，一部分在北京城内外有些好宅院的富户们奉行了"拿来主义"，想要装饰一下自家的门面。他们要么雇人进入园中挑选运出，要么贿赂园中留守的管理人员直接搬走能用的石材。这一过程持续了很多年，即便到了"破四旧"的年代里，也有不少石材是用这样的方式被搬到外地"废物利用"的。劫难不止这些，还有"土劫"。这座皇家园林占地广大，被不少有名头的单位（比如燕京大学）占用了不少土地，大片的荒芜土地更是吸引了周边村落的农户前来开垦，让原有的花草园林变成了充满生活气息的粮田菜地。

对于圆明园兽首来说，称它们的经历为"铜劫"也不为过。无人留下过关于这些兽首流传历程的只言片语，这是我们现在还无法找到全部兽首的关键原因。当然，流失的不止这些个头不大的铜铸兽首，就是它们的身子也不知所踪。对，就是那 12 个没了头的身体坐像，也没有人知道它们被拆掉后究竟流落到了哪里。在"破四旧"的年代里，这些铜器是不是早就被当作破铜烂铁扔进了冶炼厂回炉重铸了呢？毕竟在没人了解自己手里的铜铸兽首的真正文物价值的情况下，它们就只是几个铜水龙头而已，再怎么重视，也就是些装饰品。据说其中好几个兽首在美国就是被当作装饰物对待的。不可否认，这12个兽首只是建筑配件，即使有有心人注意到它们，也只是惊异于它们在建筑装饰中隐含的古旧气息。

第一个真正收藏兽首的人是个古董商人，他曾讲过这样一个故事："那时我们在社区里漫步，社区里的别墅错落有致，各自的庭院风格各异，沿着缓坡一字散开，将各自主人的生活品味分享给邻里朋友。就在走到一处带有喷泉的庭院时，那边上闪亮的喷水头吸引了我与妻子的目光。奇异的兽首焕发出不曾生锈的红润光泽，仿佛有生命在其中摇晃。"走到近处，看到的是两个并不常见的铜质动物兽首，分别是虎首和马首，它们明显有着古旧的痕迹。在与户主交涉后，他们夫妇以每尊1500美元的低价将这两件兽首买了下来。他们同时还买下了当时正被挂在浴室里当作挂浴巾的墙壁装饰的牛首。这一年是1985年，兽首第一次以文物收藏品的身份进入了收藏界人士的视野。

二、兽首的回国之路

古董商毕竟是古董商，对收藏的热爱远远比不过对利益的追逐。4年后，牛、虎、马3件兽首同时现身于伦敦苏富比拍卖会。台湾著名私人收藏博物馆"寒舍"的创办人蔡辰洋在这场拍卖会上，以约25万美元的价格拍到了马首，其他两件兽首也与别人合资买下。由于"寒舍"收藏能力有限，包括马首在内的几件兽首，又被转卖给了其他几位台湾收藏家。从这一次拍卖开始，海内外华人终于注意到了圆明园十二生肖兽首的存在。在国际拍卖会上，越来越多的人开始追逐这些饱含着民族情结的兽首铜像，它们的身价也在追逐中被抬到了天价。

据说龙首被一名台湾收藏家秘密保存，也算是有下落。除它之外，现在已经历经拍卖风波、回归大陆的兽首有鼠、牛、虎、兔、马、猪、猴7件。它们从不同渠道逐步被国家博物馆和保利博物馆收藏。这其中的过程，充满了收藏家们博弈的艰辛与爱国者的无私热忱。

最早被中国大陆收藏界拍回来的是牛、虎、猴3件兽首。2000年春，佳士得和苏富比中国香港拍卖会上，圆明园海晏堂的牛首、猴首和虎首铜像现身。国有外贸企业保利集团刚刚创办了保利博物馆，也以抢救流失文物为己任参拍，最终以774.5万港币拍得牛首，818.5万港币竞得猴首，而虎首则以1544.475万港币成交。这是中国人参与的拍卖会上第一次出现了恶意竞价导致拍品价位虚高的情况，引发了社会对兽首价值的讨论。

猴首　　　　　　　　　　　　牛首

当年5月26日，10多位文物研究界权威专家对回归的3件圆明园文物进行了鉴定。专家一致认定它们确实是真品。3件文物所用铜料与现存于故宫、颐和园的铜龟、铜鹤等用料相同，并非后人仿制，确有资格成为国家一级文物。保利集团决定从当年 5 月 29 日开始，以 3 件兽首原先安放地点圆明园海晏堂的大幅照片为背景在北京保利大厦免费展出一个月。当时，北京市民对这次展览表现出了极大的热情，开展第一天的参观人数就突破了 5000 人。3 件兽首在这一年里，先后在国内 20 多个中心城市进行展出，吸引了很多对兽首回归感兴趣的民众前来参观。

虎首

猪首

　　兽首的另一种回归方式是捐赠。迄今为止，已经回归祖国的兽首中最早以公益捐赠方式回归的是猪首。

　　1987 年，猴首和猪首就已经出现在世人面前，比马、虎、牛 3 件兽首登上拍卖会的时间还早。蔡辰洋参与了竞拍，只买下了猴首。几年后猴首与牛首、虎首一同被转卖给了其他收藏家，这才出现了前面牛、虎、猴 3 件兽首被大陆购回的情况，而猪首在当年则是被美国一家私人博物馆买走了。

　　2003 年初，中华抢救流失海外文物专项基金会在美国寻访到猪首的下落。经过努力争取，私人博物馆的馆主同意将猪首转让给该基金会。2003 年 9 月，全国政协常委、港澳知名爱国人士、澳门赌王何鸿燊向该基金会捐款 600 多万港币用于支付猪首的购回款，并将其捐献给国家，存放于保利博物馆。2003 年 10 月 18 日，也就是圆明园被毁 143 周年纪念日，保利博物馆将猪首和原先收藏的虎首、牛首、猴首一起在圆明园对社会免费公开展出，反响热烈。

马首在离开蔡辰洋之后，再次进入拍卖市场是在 2007 年，拍卖之前已经被定位为天价。据说因为乾隆属马，所以马首在十二生肖中得到了格外的"关照"。它不仅做工精美，对细节的刻画也非常生动传神，无论是马的眼睛、嘴巴、耳朵，还是马毛的铺叠，都显得错落有致，自然逼真。它的回归，充满了

马首

恶意拍卖者与爱国收藏家们在道义与利益上的较量。

2007 年 9 月，苏富比发布消息称，将以"圆明园遗物"专拍之名拍卖马首。消息传出，引发华人圈一阵激愤。中华抢救流失海外文物专项基金会率先发表声明"坚决反对公开拍卖马首"，并提出应以公益方式实现马首回归。经过多方促成，最后，由何鸿燊先生出面，在拍卖会举行之前以 6910 万港币底价购得马首，并宣布将其捐赠给保利博物馆。这次交易中，马首的价格是牛首、猴首、虎首总价的两倍多，人们虽然庆幸它的回归，但也对如此高昂的代价唏嘘不已。

2009 年，鼠首与兔首现身佳士得拍卖市场。它们最初是法国收藏家伊夫·圣·罗兰（Yves Saint Laurent）的收藏品，在他去世后，他的合作伙伴皮埃尔·贝尔热（Pierre Bergé）决定将兽首拍卖。贝尔热了解中国人对这些兽首的情感，在拍卖时曾有意将兽首与中国的人权问题挂钩，想要借机狠狠敲中国人一笔竹杠。

这次拍卖激怒了中国的爱国收藏家，追索战争文物的专业团体

也提出，鼠首与兔首应该归还给合法所有者。中国国家文物局和圆明园管理处向法国发出照会，表明了反对拍卖的立场。由中国国家机构和民间收藏家协会派出的"追索圆明园流失文物律师团"也在第一时间向巴黎的一家地方法院提交了禁止圆明园流失文物鼠首和兔首铜像拍卖的请求，但最终被驳回。

在当天的拍卖会上，兽首的拍卖价格屡创新高，让人咋舌。最后是由一名匿名买家通过电话以总价3149万欧元，折合3亿多元人民币的高价拍下，最后证实是中国收藏家蔡铭超赢得两件兽首的竞拍。人们纷纷观望，想要看到这次拍卖事件最终的结局。

但是戏剧性的一幕出现了，身为中华抢救流失海外文物专项基金会收藏顾问的蔡铭超召开了新闻发布会，宣布拒绝付款，使得这次拍卖流拍。他给出的理由是非常客观的行政法规："来源非法的文物禁止入境"，直接否定了佳士得拍卖行所认为的蔡先生拒绝付款属于恶意竞拍。这一举动，使拍卖者恶意敲诈中国人一笔赎金的企图破灭，也使得鼠首与兔首没有落到新的外国收藏家手里。虽然有很多人给蔡先生的行为贴上失信的标签，但是真正懂得收藏界博弈暗潮的人明白，让兽首流拍，是中国收藏界在当时所能争取的最好结果。但是蔡先生也为此付出了高昂的代价，他最终退出拍卖行业，用自己的国际信用为兽首的回归做了垫脚石。

经历这次风波的鼠首与兔首还在原来的法国收藏家手中，也让他感受到了中国收藏家不愿意被敲诈的决心。最后，佳士得拍卖公司的幕后老板皮诺家族出面，将这两件兽首以协议价买了下来。

最后的结局仍旧是利益双方博弈的结果。2013年4月26日，皮诺家族代理人弗朗索瓦·亨利·皮诺在国家博物馆正式将鼠首与兔首两尊铜像交还给中国，践行了其曾经在中法两国元首会面时做出的帮助改善中法关系的承诺。作为佳士得拍卖行的老板，他的捐赠帮助佳士得被获准进入中国市场，可谓名利双收。对中国来说，也开创了文物归国的新方式，避免了爱国收藏家不合理的巨额赎金的支付。

小结：

至此，已有7尊兽首铜像全部回归祖国，鼠首和兔首存放在了国家博物馆，其余的由保利博物馆保存。虽然保存地点不同，但是民众终于不必再为外国人动辄高价拍卖圆明园兽首的恶意行为而感到愤怒，现在我们可以静静地等待另外5尊兽首铜像与其他圆明园流失文物的回归了。

15　道士与佛教圣宝
——血染的象牙佛

◇ ··················

敦煌莫高窟的遗书带给我们的伤痛是永久的。而在那个时代，这样的劫难在中国各地多有发生，人们对道士王圆箓一类人的无知与可耻也只能批判反思。可就在离莫高窟不远的一处峡谷里，有一群代代相继的道士，却上演了一幕与王圆箓不同的护宝传奇。

一、玄奘赠宝，千年重现

距离莫高窟 70 公里外，深藏着一座鲜为人知的佛教石窟，其规模不大，距今已有 1500 多年的历史。它就是榆林窟，俗称万佛峡，位于酒泉市安西（2006 年更名为瓜州）县境内，具体地点叫蘑菇台子。这一佛窟开创于隋、唐之际，略晚于莫高窟，后在唐、五代、宋、西夏、元、清又不断有新的开凿和塑绘，比莫高窟的生命力更加持久，是我国首批重点文物保护单位。

榆林窟残存的壁画约有 1000 平方米，与莫高窟壁画相比，这里的部分壁画更加精美，内容更加丰富。壁画除了佛祖和菩萨画像之外，还有大量的供养人及百姓人物画，描绘了许多世俗生活的场面，西夏和元代的壁画则出现了不少有关外国人的生活画，极大地丰富了壁画的内容。其中最让人惊奇的是，在西夏壁画洞窟里有 3 幅唐玄奘取经图，是我国迄今为止发现的创作年代最早的唐僧取经壁画，比《西游记》的诞生还早 300 多年。这 3 幅画里，有着唐僧和一位毛发旺盛的僧人从瓜州出发前往西天的故事，那个僧人不就是孙行者的原型吗？但是他们并不是接下来这个故事的主角。提到唐玄奘，恰恰是因为他与我们今天要讲述的圣物密不可分。

唐朝高僧玄奘前往西天取经，但并没有唐王御弟这样的身份待遇。与之相反，当他私自行走到唐代安西都护府地界的瓜州城时，他的通缉令也已经从长安追到了这一边境孤城。玄奘眼看着衙役将自己擒获，不言不语地跟到了瓜州县衙，等候处置。

瓜州刺史独孤达与州使李昌见到玄奘大师，一番询问，方知其西行求经的宏愿，甚为感动。他们本来就是虔诚的佛教徒，见朝廷如此苛待高僧，便主动毁去了通缉玄奘的牒文，将其待为上宾，还请大师到瓜州开元寺讲经，最后还派青年胡人做向导，领着玄奘夜渡葫芦河，偷过玉门关，一路护持，终至西域。榆林窟的唐僧取经图，便讲述了他在瓜州的经历。

玄奘在西方学佛 10 余年后，即将东归大唐。为了向东方弘扬佛法，印度国王特意将自己收藏的两尊源出一脉的象牙佛的其中一尊赠予玄奘，为他送行。

这尊象牙佛，形制上有明显的印度笈多王朝犍陀罗艺术风格，不过巴掌大小。由于史料缺失，具体造像时代已经难以考证。象牙佛分两片，貌似双手合十，而且中间有合页相连，可以像书一样打开。它高 15.9 厘米，上部最宽处 11.4 厘米，下部最宽处 14.3 厘米，整体厚 3.5 厘米。打开后，象牙内侧刻有 54 个不同情节的佛传图，两边总共刻了 279 人、12 辆车马，不由令人惊奇这小小方圆之中内容的庞大、刻艺的高超。图中人物形态各异，栩栩如生。将象牙佛两片合在一起，外形则合成了一尊骑象普贤菩萨。菩萨手捧宝塔，袒胸赤足，神情自若；大象庄严肃穆，神态端庄。周围还有 10 余弟子状如听经，各自表情生动。玄奘不敢怠慢，接过宝物之后，细心供奉。待

象牙佛大象部分

到踏上归途，他携带经卷、象牙佛等宝物，一路风尘仆仆，再一次来到了河西走廊的瓜州。

象牙佛内侧（局部）

　　从印度西行归来，为了报答瓜州对他的厚遇，玄奘特意将象牙佛赠送给了瓜州佛门下属寺庙，永久供奉。至于象牙佛如何流传到榆林窟，具体细节不得而知，也有可能是玄奘直接送给了榆林窟。明朝嘉靖年间，安西敦煌一带在信奉伊斯兰教的吐鲁番人的扩张下，成了佛教徒的禁地，原有的佛教徒也全部离开了榆林窟。从此以后，在史书上与瓜州信徒们的记忆中，象牙佛渐渐成了失传的隐秘，千年间销声匿迹，无影无踪，榆林窟也成了杂草丛生的被遗忘之地。

　　时间一逝便是千年。清朝，吐鲁番人逐步退出了河西走廊。清康熙年间，康熙帝在此打败噶尔丹，改瓜州县名为"安西"。安西汉族民众渐多，逐渐恢复了往日生机。清嘉庆年间，一位叫吴根栋的内地喇嘛云游至此，看到榆林窟各处佛家气韵庄严，便决定重修佛窟，护弘佛旨。一天，他带人清理一个佛窟（即现在第 4 号窟）的流沙时，发现了一个紫檀木匣子装着的黄绸包袱，打开 8 层哈达包布，里面原来是一尊精美的象牙佛雕珍宝。吴根栋高兴至极，觉得这是佛祖显灵、弘兴榆林窟的吉兆，便举行了法会，将象牙佛小心供奉起来。从此，榆林窟远近信众纷至沓来，香火不断，安西一地风调雨顺。在广大民众的努力下，榆林窟僧人借助榆林河水，开垦荒地，放牧牛羊，产物除自用之外，在灾年还常常接济灾民，广散慈悲。

　　一座名不见经传的石窟，供奉着来自佛国的传世珍宝。由于此时佛教徒后继无人，同在榆林窟居住的道士逐步成了榆林窟的实际负责人。吴根栋便将象牙佛传给了住持道士，令他悉心呵护。从此以后，象牙佛开始转由道士精心守护，代代相传。

二、晚清三代住持道长的舍命守护

　　清朝末年，象牙佛传到了住持杨元道长的手中。此时的清王朝西北边疆叛乱不断，民不聊生。清同治四年（1865）五月，青海青山头土匪横行，匪首马文禄等人聚众攻陷安西城。因土匪听说过当地的佛门圣宝，很快便来到了榆林窟，逼迫杨元道长交出象牙佛。道长只是推诿不知下落，拒绝了土匪的要挟。土匪气急，严刑拷打仍无结果的情况下杀害了杨元道长。杨元道长惨死后，他避难归来的弟子严教荣继任住持，但象牙佛却下落不明。

　　直到1904年，严教荣终于打听到，土匪到来之前，他的师兄李教宽早已奉师命带着象牙佛逃出榆林窟，回百里外的老家金塔县避难。后来李教宽在返回安西途中因病去世，这个象牙佛就被金塔县塔院寺收藏。

榆林窟

　　严教荣前往金塔县请佛，起先被塔院寺拒绝。后来严教荣向州府递交了诉状，又请人从中说和，并且带头拿出榆林窟10多年积攒的30两银子，号召安西民众集资施舍了塔院寺共计50两白银之后，终于在1905年，让流落他乡40年的象牙佛再次回到了榆林窟。这件事被写成牌匾挂在榆林窟佛堂中，用以感谢全县人民的恩德。80多年后，敦煌学者胡开儒在榆林窟的废木料堆里找到了记载集资赎宝的残匾，将它重新复原，依然挂在原来的位置上，提醒着人们回忆那段历经磨难的故事。

经历了这样一场人间劫难，严教荣再也不敢在大殿明面供奉象牙佛。他把象牙佛悄悄藏在了大殿梁柱上的龙口中。这个隐秘之处，严道长一直守口如瓶。

在这期间，掠夺完敦煌文书的斯坦因探险至安西县，听闻榆林窟藏有宝物，便想用欺骗王圆箓的办法占有这里的古物。但严教荣与安西县令派来的衙役察觉他不怀好意，完全是想搞破坏，便断然拒绝，全程以防贼的方式对待他，使他最终没有在榆林窟占到一丝便宜。

几年后榆林窟再遭劫难。为保护象牙佛，严教荣和另外一个小道士被残忍杀害，严教荣居室内的经书也被焚毁。另一说法是那个小道士其实是寺中的雇工小高子，是他杀害了严教荣道长。当时，寺中正准备修缮榆林窟，雇佣了一些民工。严教荣见其中的小高子面黄肌瘦，心生怜悯，留下他在寺中帮工。但是这个小高子游手好闲，心生歹意，想要获取象牙佛与修缮用的金砂，就在一个无人察觉的夜里，谋害了恩人，抢走了金砂。只是夜里逃跑时慌不择路，跑到榆林窟外的荒野中，被狼撕成了碎片。对榆林窟信徒来说，他的下场真可谓"恶有恶报"。

严教荣道长被杀，象牙佛的下落又成了无人知晓的秘密。留下的道士们推举严教荣道长的弟子马荣贵道长出任主持。

1927年，时年30多岁的甘肃省高台县人郭元亨为了躲避马家军抓壮丁，一路西逃，来到了当时的蘑菇台子榆林窟北落脚。在那里修行的马荣贵道长收留了他，并让其出家当了道士。为了报答马荣贵道长的恩情，郭元亨不再外出，而是每日早起晚睡，洒扫庭院，服侍道长。勤勤恳恳的他，深得马荣贵道长赏识。

有一天，心事重重的马荣贵把郭元亨叫到佛堂中，告诉他一个秘密：榆林窟有尊象牙佛，是历代住持传下来的佛教圣物，是榆林窟道士百年的守护重任。原来，严教荣道长在被杀之前，已将象牙佛的秘密告诉了被认定为继任住持的马荣贵。他们之间还特意传下了一句话"除非到了太平盛世，否则象牙佛决不能轻易出世！"为了象牙佛的传承，马荣贵特意选中了郭元亨，令他准备接任下一任住持。

1930 年，马荣贵道长外出化缘时不幸遭遇土匪。土匪不仅逼他交出化缘得来的金砂，还特别追问他象牙佛的下落。马荣贵走投无路之下，索性横下心来，纵身一跃，跳崖自尽。又一位榆林窟住持道长为象牙佛殉命，让人伤感万分！从那以后，郭元亨继任了榆林窟最后一任住持道长，为保护象牙佛继续奉献自己的力量。

三、末代住持郭元亨的红色捐宝缘

郭元亨成了住持，更是行事谨慎，不轻易外出化缘，平时仔细打理寺内外的田地，除了换取一些生活必需品，坚决不与外人接触。可是在 1937 年，他伸出援手，结下了一份红军缘。这份缘分让他差点殉命，却为象牙佛在"太平盛世"的出世奠定了一份机缘。

1937 年 4 月 20 日，榆林窟来了一支衣衫褴褛的军队。他们就是奉中央军委命令西进失败，刚刚突破马家军重重围堵的中国工农红军西路军的左支队。对兵患心有余悸的郭元亨发现，这些兵虽然落魄，但军纪严明，待人和气，完全没有马家军那股子匪气，而且他们自始至终没有过问寺中象牙佛的事，让郭元亨不安的心稍稍平稳下来。尤其让郭元亨道长感动的是，这天晚上，红军指战员给他解释了红军的政策，坚持不进道观休息。800 多人就直接露宿在榆林窟所在的蘑菇台环形山中。

当得知这支队伍已经转战祁连山 40 多天，没能吃上一顿饱饭，面临着没有盐和粮食的严重困境时，郭元亨道长决定帮助他们。不多久，他就和徒弟一起送来道观多年积蓄的粮食、牛羊、盐巴，解了西路军战士们的一时困顿。率领这支部队的程世才特意让身边的参谋将赠送的物资列了清单，署名后交给郭元亨道长，许诺革命胜利后一定如数归还。郭元亨道长本着行善为本的原则，推辞许久，最后还是在程世才的劝说下，才暂且留下了收条作为纪念。告别郭元亨道长，获得补给的西路军左支队又历经多次战斗，最终在时年5月1日抵达星星峡，结束了在马家军控制范围内的艰苦战斗。

马家军不久便追踪而至，得知郭元亨捐助红军粮食，便以"私通共军"为由，对他严刑拷打，逼他交出象牙佛，还从他身上搜出了红军留下的那张收条，当场撕得粉碎。不论马家军怎么拷打逼问，道长始终都是一句话："听说过，从没见过。"马家军的头子当然不甘心，命人推倒佛塔，破坏壁画，砸碎佛塑，四处寻找，终没得逞。恼羞成怒之下，便杀了郭元亨的一个徒弟，以死威胁郭元亨交出象牙佛，但郭元亨依旧一口咬定"没见过"。他们动用火刑，将郭元亨烧得遍体鳞伤，气若游丝。马家军始终没有得逞，但又不敢在佛门大开杀戒，最后只好抢走了榆林窟剩余的一些财物积蓄，扔下已经被折磨得奄奄一息的郭元亨离开了。

徒弟们将师傅抬到安西城寻人抢救。当时所有的乡亲、友人都觉得郭道长必死无疑，只有好友乡土医生梁克仁坚持救治，用民间土方洗伤杀蛆，最终保住了郭元亨的生命。但从此他后背的肌肉大都僵死，左臂肌肉萎缩导致残疾。伤好不久，郭元亨回到榆林窟，继续做住持道长。为了保护象牙佛，防备再有闪失，郭元亨干脆将它装入铁匣，秘密转移出榆林窟，藏到一处人迹罕至的悬崖上废弃的老鹰洞里。他自己也不再轻易离开洞窟，而是潜心修行。

1941年5月，著名国画大师张大千到达敦煌莫高窟，花了两年多时间进行壁画临摹。在敦煌期间，他先后三次来到榆林窟，也临摹了不少榆林窟壁画，在听说象牙佛的传说后，他也心动了。张大千向郭元亨询问象牙佛，但是郭元亨摇着头，依然还是那句话："听说过，没见过。"张大千愿以2000银元购买，郭元亨苦笑着拒绝了。国民党元老于右任巡视敦煌期间，也曾来榆林窟打听象牙佛下落，郭元亨依然一问三不知，让于右任无功而返。

1947年冬，国民党安西县新任参议员刘永宽，自恃为一方大员，准备抓捕郭元亨，逼抢象牙佛，因参与者中一位榆林窟的信徒故意走漏消息，这一计划才没有得逞。刘永宽的恩师得知后，也特意为郭元亨求情，对刘永宽晓以大义，最终平息此事，避免了又一场灾难。从郭元亨接任保护象牙佛开始，20余年间，他冒着生命危险，终于护得象牙佛这一稀世珍宝周全。

1949年9月，西北野战军派兵围剿马家军残匪，解放安西，并接管了榆林窟的防卫与管理权。得知郭元亨曾经接济过红军，人民政府对其更是礼遇有加。郭元亨参加了新安西的建设，充分体会到了新社会的美好，师祖们许下的"太平盛世，象牙佛出世"的愿望终于可以实现了。他从鹰巢找到象牙佛，亲自送到了新成立的安西文物管理委员会同志手中。甘肃省政府为了回报郭元亨的两次大义之举，特意安排给郭元亨按月发工资和口粮，并由敦煌研究所聘任

郭元亨道长

他为榆林窟文物管理员。象牙佛也在大家的关注下，被送入了国家博物馆珍藏。

小结：

为了保护这尊佛教圣宝，郭元亨和他的诸位先师付出了鲜血乃至生命的代价。郭元亨为自己结下的红色缘分，终于在新中国结成硕果。他没有辱没自己的使命，可以告慰先师的在天之灵了。

象牙佛现在作为国家一级文物保存在国家博物馆内，静静地向人们讲述着那些年血染的护宝故事，向人们传递着护宝佛心的虔诚与中华佛、道二载教的相濡以沫。1985 年，国家博物馆特意为安西县制作了一件象牙佛仿品，送由安西县博物馆保存，以慰藉安西人民思念佛宝之心。2006 年，安西又复名瓜州，随着新丝绸之路的崛起，将再次迎来新的辉煌。

16 深锁江南烟雨中
——天一阁的私家藏书

◇ ⋯⋯⋯⋯⋯

　　私家藏书是中国古代书籍收藏的重要组成部分，与皇家、官府、书院等机构的藏书系统完全不同。在文化重心所在的江南，就有这样一处私人藏书的圣地。

　　宁波为江浙重镇，在江南重镇中属于文化气息颇为浓郁的存在。它不仅培养了大量勇于开拓进取的宁波籍商人，也养育了一批追求高雅风致的江南文人。他们最热衷的一件事，便是建设私人藏书楼。历经400余年风雨的天一阁，便是这些藏书楼中最为传奇的那一座。

一、不轻易打开的门

　　江南暑热，藏书却最惧天干物燥，容易引火烧书。宁波范家家长请教名士，为自己建立的藏书楼起一个寓意好的名字。最终将藏书楼命名为"天一"，永为阁名。为何会取用这样一个名字呢？原来，我国独创的建筑风水学深受五行文化与周易文化影响，这两个字取自《周易》，蕴含着"天一生水"之意。在这样的寓意祝愿下，天一阁400余年虽然历经风雨，但是躲过了最为恐怖的火灾，为中华民族保留下了一座充满书香的宝藏。它与范氏家族的相伴相生，在400年里也留下了丰富的传说。

天一阁

　　明代嘉靖四十年至四十五年（1561—1566），兵部右侍郎范钦辞官回到宁波老家后，开始在大宅东侧建造藏书楼，命名为"天一阁"。在建阁的过程中，他还得到了鄞县李氏万卷楼的残存藏书，这使得天一阁初期藏书就达到了7万余卷，远超当时私人藏书的最高纪录。其中明代各地地方志和登科录成为馆藏珍品，占据了较大份额。

　　为了保护好自己的藏书，范钦及其子建立了严格的藏书管理制度，训令子孙遵守：天一阁严禁将烟酒带入楼内，防止污损图书、引发火灾；无论以后范家如何发展，天一阁永为家族共有财产；代际财产继承时不得分割里面的图书，只能由正房子孙主掌，其余旁支子孙监督；阁中的书一律只进不出，不得外携，只能在阁内阅览，被称为"代不分书，书不出阁"；藏书柜门钥匙由子孙多房掌管，非各房齐集，则一锁不得开；外姓人不得入阁，范家人也不得私自领亲友入阁；非为读书必需，不得无故入阁；"不得借书与外房他姓"，只能请范家的人抄录另本借阅；他姓女性不能入阁（这针对的就是嫁入范家的女眷）。违反以上规定者将受到严厉的处罚。范钦还制定了有关防火、防水、防虫、防鼠、防盗等各项措施，管理制序非常严密。正因为规定严密到这种程度，天一阁的藏书才得以大部分保存到今日。

天一阁的建筑布局也大有讲究，反映了中国古代图书馆藏的布局标准。由于古代私人或皇家藏书楼多半毁弃，因此它也是中国现存的传统标准化图书馆的代表之一。阁楼的前后有走廊，二层除楼梯间外为一大通间，以书橱间隔。此外，范氏家族还特意在楼前凿了别名"天一池"的通月湖，不仅可以美化环境，还可以蓄水防火。这种建筑布局后来被清代皇家藏书楼效仿。

二、入得与入不得

"外姓人不得入阁"一条，使得范家人根本不对外介绍自己家拥有这样庞大的书籍收藏。天一阁的藏书也有百余年不为外人所知，直到清康熙十二年（1673），明末清初思想家黄宗羲偶然与范家家主交好，才有幸成为外姓人登阁第一人。

允许黄宗羲登阁的是范钦四世孙范光燮。自此以后，天一阁才重新修改了规矩，允许社会名贤入阁读书。也正因如此，天一阁才进入相对开放的时代，但是只有一些真正的大学者才会被允许入天一阁阅览。黄宗羲获准进入后，在天一阁翻阅了全部藏书，把其中在市面上不常见的书单独编了书目，撰写了《天一阁藏书记》以传后世，为我们留下了一份与天一阁独有藏书有关的最早的文献资料。

清乾隆三十七年（1772），乾隆皇帝下诏修撰《四库全书》，广征天下官私藏书。这圣旨自然也传到了天一阁。范钦的八世孙范懋柱亲自进京进献所藏孤本图书638种，受到乾隆皇帝表彰。为此，乾隆帝南巡时，还特意命人前去测绘天一阁的房屋、书橱的款式以作蓝本，在北京、沈阳、承德、扬州、镇江、杭州兴建了文渊阁等7座皇家藏书楼，为收藏《四库全书》做准备。天一阁与皇家藏书楼的渊源从此世人皆知，名扬天下。

虽然已经打破了天一阁"书不出阁"的规矩，也允许外人登楼，可是范钦当年制定的许多规矩，还是把许多想要入阁一睹为快的人拒之门外。这些人其中之一，就是嫁入范家的当地才女钱绣芸。清嘉庆年间，在宁波浓厚的读书氛围的影响下，钱绣芸虽为柔弱女子，但在父母的宽容下成日沉溺于读书，尤好读罕见藏书，在宁波也成一时奇闻。

她本是宁波知府丘铁卿的内侄女，曾多次听姑父提起天一阁的事。得知阁内藏书丰富，其中不少书世所罕见，这让她十分心动。最早，她想托姑父向天一阁借书，却被告知天一阁有诸多禁约，根本借不出来。绣芸姑娘很是失望，开始郁郁寡欢起来。有一天，绣芸委婉地向父母表达了嫁入范家来读书的想法。一番话让父母心疼不已，慌忙请丘铁卿做媒，与范家结了姻亲。

范家宗亲们虽然对才女钱绣芸嫁入自己家非常高兴，但是在面对她提出入阁读书的愿望时，还是断然拒绝了。这一时期，别说是范家媳妇，就是范家的女儿也不许入阁。虽然整个家族给予女眷基本的读书识字的待遇，但是天一阁藏书却始终拒绝对女眷开放。绣芸听到后黯然神伤，虽然几次请丈夫帮忙，但还是没能入阁。

即便丈夫能买回新书来哄她开心，但是进不去天一阁，还是成了钱秀芸的一块心病。很快，绣芸病倒了，这一病便让她失去了所有的体力和精神，没几日便抑郁而终。受限于腐旧成规，钱绣芸英年早逝，终究没能看到天一阁里任何一本书，让人惋惜。

三、近代以来劫难重重

范钦为了保护藏书所立的族规遗训，拦住了想要进门借阅图书的文化学者，也拦住了有志读书的自家媳妇。这些条条框框，将自己家人和读书人硬生生地阻挡在了天一阁的门外，但是有一类人完全不吃这一套，那就是飞贼。

自从天一阁被社会所知，还受到皇家的表彰与模仿之后，它就名声在外，给自己惹来的除了羡慕就是垂涎。小偷也慕名而来，开始频频光顾这座宝库，最早引来的就是当地的一名梁上君子，他持续数月从楼中偷书在外倒卖，给天一阁造成了不小的损失。直到有范家人从书市上发现了印有自家天一阁印记的书，才慌忙通知家族的人检查天一阁的防盗措施。果然，在阁楼后面二楼窗户的角落里，人们发现门窗有被撬开却又放回原处掩饰的痕迹，阁内的书则被零零散散地偷走了不少，这让范家人十分心痛。在派人以平价收回市场上的图书后，范家人对天一阁又加强了防护，终于减少了被盗的损失。直到清嘉庆十三年（1808），阁内的藏书实有4094部，共53000多卷。

可是自从被贼盯上，藏书的厄运便接二连三地来临。其中损失最严重的时候就是在第一次鸦片战争期间，英军攻占宁波，大肆抢夺，放置在显眼处的《一统志》等数十种古籍皆被抢走。待宁波被迫成为通商口岸以后，西方殖民者除了开拓新的商品市场和原料产地外，对中国民间遍布的文物珍宝也开始产生兴趣，天一阁又遭受了不少损失。

时至民国初年，社会治安愈加恶化。世风日下，一些商人唯利是图，不择手段。有外地书商盯上了天一阁的藏书，开始雇佣盗贼潜入阁内，偷去了大量的藏书，运往上海倒卖。偏偏当时范家的光景远不如从前，对藏书的看护不似以往严密，而且即使发现市场上有自家的书也无力赎回。数十年的变故，让天一阁的藏书蒙受了极大的损失。到 1940 年，阁内的藏书仅存 1591 部，共 13038 卷。

事情的转机出现在 1947 年，由社会各界共同组成的天一阁管理委员会成立，对天一阁做了基础修复。中华人民共和国成立后，在解放军成立的宁波军事管制委员会领导下，为了保护天一阁，文教部在天一阁的尊经阁内设古物陈列所，请范家后裔范鹿其出任主任并负责兼管天一阁。另外还派出专人探访，找回了流失在外的3000 多卷原藏书，又增添了当地收藏家捐赠的古籍，将大量流散在民间的珍版善本保存得十分完好。

进入新时代后，天一阁先后兼并了鄞县通志馆和文献委员会，撤销了之前设立的市古物陈列所，编制在市文管会和市图书馆下。1978 年 2 月，省文化局批准成立宁波市天一阁文物保管所，天一阁成为独立机构。1994 年宁波市博物馆并入天一阁，附近的私人藏书楼同时划归天一阁管理。2004 年，天封塔、白云庄、鼓楼等外设文物保护点划归天一阁管理，周边的一些家族宗祠也纳入天一阁保护园区，作为附属设施一并受到保护。

在这不断的改革中，天一阁博物馆接收了大量当地民众捐赠的宗谱、家谱，极大地丰富了天一阁的地方文献收藏。除登科录和地方志之外，大量捐赠得来的家谱也成为天一阁地方文献收藏的又一亮点。随着天一阁博物馆的不断建设，它将工作重心放在了大力发展中国特色文献收藏方面，积极从社会上征集私修图书，不断丰富馆藏资源。截至目前,天一阁新老家谱的数量已接近550部,成了浙东首屈一指的家谱收藏中心。

四、其他传奇私家藏书楼

私家藏书楼在江南一带非常普遍,如果一个家族传承百年以上仍然人才辈出,那家中一定有自己的藏书传世。即便是经商起家的富户,也会在当地浓郁的读书文化的熏陶下,为子孙们修建藏书室,从而实现思想上的进步,希冀后人能够光宗耀祖。在南宋全国经济重心南移之后,文化重心也随之南移,江南丰富的私人藏书想必贡献颇多。

清初朝廷对古籍收藏与整理十分重视,也因此容纳了大批私人藏书楼的存在。除了前面提到的天一阁,还有曾经获得私家藏书楼桂冠的"绛云楼"。

明末清初,大学者钱谦益爱好藏书,他在两朝皆为高官,有能力收集到各种图书古籍,晚年将藏书放置在绛云楼。他在绛云楼所藏之书有73个书柜,达10万余卷,使得绛云楼在清初的私人藏书楼中大名鼎鼎,当时的天一阁也难以望其项背。他的藏书中有许多是宋刻孤本秘册,世人难得一见。相传绛云楼是钱谦益为爱姜柳如是设立的书房,两个人常常共同在此赏书修心。不幸的是,在他晚年时,小孙女玩耍时误将烛台撞倒,烛台的火引燃了屋内陈设,整座绛云楼连同数万卷古籍都被烧毁,这令钱谦益痛心疾首。之后他虽再倾力征集,但终究无法恢复昔日藏书之辉煌,成为书史上一大憾事。他在去世时将剩余藏书都赠予了族孙钱曾。钱曾也因此成为清代著名藏书家。

虽然一座文化宝库毁于一个孩子之手,但是江南及全国各地的私人藏书楼还有很多,并不是每一个都会遭此不幸。到了晚清,被人们称道的四大私人藏书楼既没有天一阁,也没有绛云楼,而是另外四座。它们分别是：常熟瞿氏铁琴铜剑楼、聊城杨氏海源阁、湖州陆氏皕（音 bì）宋楼、杭州丁氏八千卷楼，它们的主人也因此被称为"清末私人藏书四大家"。

海源阁

这四座名楼中，铁琴铜剑楼建于清乾隆时期，今天依然矗立在常熟古里镇，保留了大部分建筑。藏书除部分遭劫外，大部分被瞿氏后人捐给了国家图书馆等国家藏书机构。海源阁建于清道光二十年（1840），杨氏藏书在山东独树一帜。由于在当时的私人藏书楼里，瞿、杨两家所收藏的宋元刻本和抄本书最多，因此又有"南瞿北杨"的美称。可惜的是海源阁大部分藏书在战乱中被损毁流失，令人心痛，只有残存的小部分捐给了国家图书馆和山东图书馆。

皕宋楼的藏书则分为三部分：皕宋楼（藏宋元刊本及名人手抄手校秘典）、十万卷楼（藏书以明刊本为主）、守先阁（藏明后及明刊的重校本和传抄本）。藏书最多时曾经达到 20 余万卷，远超绛云

铁琴铜剑楼

楼。它也是四大楼中最让人遗恨的一个。因为在清光绪三十三年
（1907），它的创建者陆心源之子陆树藩将家藏珍本古籍尽数卖给了
日本人！即便之后他将守先阁剩余之书 10000 多卷捐给当地的海岛
图书馆，用卖书的钱办了孤儿院，可是皕宋楼藏书东渡的损失已经
无法挽回了。这件事在当年被演绎成"皕宋楼事件"，可知民众的
愤恨多么强烈。各界舆论矛头亦有直指朝廷的，指责清政府无能。
此事对张之洞等大臣触动极大，就在皕宋楼藏书被卖掉的第二年，
张之洞、端方、缪荃孙联合丁氏后人，由官方出面购下了八千卷楼
的图书所有权，建江南图书馆（地址在南京）收藏，之后交由南京

图书馆收藏，这20余万卷藏书总算躲过了流散的危险。流失之后的皕宋楼藏书，至今仍在日本三菱财团的岩崎氏静嘉堂文库，等待着人们从中发现它的前世今生。

　　在这四座名楼之外，还有一座著名的私家藏书楼，就是在苏州有"江南第一家"之称的顾氏过云楼。它比以上诸楼建楼时间晚，但精华一点不少。"江南收藏甲天下，过云楼收藏甲江南。"这两句民谚足以彰显过云楼收藏的重要性。该楼内藏有上千幅历代名家书画及800余种宋元旧刻的古籍珍本及碑帖印谱，是藏画楼与藏书楼的精华集合。藏品数量虽然无法与之前诸楼相比，但因为质量上乘者颇多，在收藏界也是闻名遐迩。过云楼自清道光年间兴建，数代主人都因收藏绝世珍品名扬海内外，吸引了一批书画名家常常来楼中做客，交流学习。

过云楼

　　然而，过云楼收藏的名声愈显赫，随之而来的便是愈发猖獗的窥视与掠夺。清末，日本专门研究中国古籍版本的岛田翰已经瞄准了过云楼，多次表示想要收买过云楼藏本，均被过云楼当时的主人顾麟士严词拒绝。

抗战期间，日军进驻苏州，过云楼藏书的命运愈加凶险。新主人顾则扬秉承父亲遗训，坚决护卫家藏。1937 年 8 月 16 日，顾家偶遭日军空袭，差点危及藏宝之处。为了避免再遭不测，顾则扬决定将宝藏转移到住在上海租界的姑母家中。运输途中遇到一队日本兵盘查，多亏顾则扬的一位主动前来护送的日本朋友急中生智，将士兵引开，方才躲过一劫，车队顺利到达上海租界。

在上海居住期间，哪怕是经济上再拮据，顾家始终未曾出卖一件过云楼藏品，中华人民共和国成立后，还捐赠给上海博物馆一大批精品书画。然而在顾家分家后，这批藏书精华的四分之三逐步流入南京图书馆。另外四分之一还经历了一段流散民间的历史，最终在 2012 年得以被江苏凤凰集团联合南京图书馆以 2.16 亿人民币的天价拍下，国家文物局确认并送交南京图书馆收藏，与其他珍藏最终团聚，没有造成遗憾。

小结：

追溯私家藏书楼的历史，可以得知自东周以后，周王室衰微、诸侯并起，官府对书籍流通放松了管制，这才有了大批私人藏书的出现。成语"学富五车"讲的就是著名学者惠施的故事，以藏书多比喻博学多才。思想家、教育家孔子也是著名的私人藏书家，这奠定了他整理"六经"的基础，还为后世留下了孔府夹壁中的大量藏书，躲过了秦朝的焚书浩劫。从此以后，想要著书立说的各代学者，除了利用官府藏书做研究外，普遍都依仗自己的私家藏书作为研究学问的根本。到了明清两代，古代典籍历经战乱、火焚、散佚、虫蛀，流传下来的仅仅是其中一小部分。清代对思想控制严格，但是对私人藏书与著书立说尚留有余地，这也是江南私家藏书楼颇为丰富的原因。

私人藏书楼的故事并未结束，江南等地几乎家家都有私人藏书，以上介绍的不过是以天一阁为代表，故事比较丰富的一小部分藏书楼。从中我们不难发现，江南藏书楼与藏书家的数量远超北方，文化底蕴也非常深厚。那为什么北方的藏书圣地没有南方如此众多？这个问题我们应从历史中寻找答案。自南宋经济重心、文化重心南移后，便扭转了北重南轻的私人藏书布局，原本的文化执牛耳者中原私人藏书的发展便处于一种相对滞后的状态，而南方私人藏书逐渐勃兴。明朝末期以后，江南私人藏书继续发展，清朝前期更达到封建社会的最高水平。

17　皇家的雍容
——银行家保护下的纯金编钟

◇ ....

　　编钟是古代上层社会的专享乐器，有着等级和权力的特殊象征意义。在出土的青铜文物中，我们也常常发现它们的身影，比如上海博物馆收藏的晋侯苏编钟、曾侯乙墓出土的超大型成套编钟，等等。在近代，一套为乾隆皇帝贺寿铸成的黄金编钟不但造型精美，气派非凡，还是世间罕有的宫廷乐器。它曾流落宫外 29 年，为我们奏响了一曲属于银行家的护宝传奇的乐章。

一、典卖出宫入盐行

　　这组黄金编钟以瑞兽装饰悬挂用的顶钮，钟面上两条蟠龙随祥云舞动，雍容华贵。这组编钟总共有 16 只外形大小完全相同的金钟，每只都是高 28 厘米，口径 16.5 厘米，总重约为 585 千克。与青铜编钟以大小定音质不同，黄金编钟通过钟壁薄厚改变音调的高

黄金编钟

低，最重的无射钟重 46.2 千克，最轻的倍应钟也有 26.7 千克，可演奏中国传统曲目。

　　黄金编钟铸造于清乾隆五十五年（1790），正值乾隆八十大寿。垂暮之年的乾隆皇帝自诩为"十全老人""古稀天子"，决定用纯金打造一套编钟。铸造时的图样、制模、粗样、半成品都要令他满意后，才由工匠精心雕刻。最后黄金编钟完满收工，一亮相，着实让乾隆爷在前来贺寿的各国使节前倍儿有面子。在这之后，这套黄金编钟被装箱放置在太庙的一角，每逢重大庆典才被启用。在故宫博物院保留的《光绪大婚图》中，这组黄金编钟便在太和殿东檐下为光绪帝大婚增光添彩。而它最后一次在故宫盛典中奏响，则是在溥仪的大婚典礼上，之后便不知所踪了。

黄金编钟到哪里去了？这还要从以溥仪为首的清朝皇族的腐败讲起。当时，这个住在紫禁城里的小朝廷依然供养着皇帝一家与太监、宫女数百号人，连部分宗室王公和清朝遗老也照例给予优待。人吃马喂，一年就要360万两银子。中华民国政府初期允诺每年支付溥仪生活费400万元，但后来局势混乱之后就无人认账。很快，小朝廷就发现自己不得不举债度日。

单个黄金编钟

要想还债，唯有变卖抵押祖宗遗产，也就是故宫的那些文物了。可是按照民国时的规定，小朝廷只能使用故宫旧物，所有权已经被剥夺，买卖均是违法行为，可是为了糊口，清朝遗族已经顾不得那么多了。

从1922年开始，皇室人员开始授意内务府在小范围内秘密招商，为故宫中古物寻求买主，典卖故宫文物。一时间国内外豪富权贵涌来不少，竞相购宝。1924年5月，内务府与北京盐业银行进行了一次最大规模的抵押借债。为了偿还各种债务，并换取日后一段时间的生活费，小朝廷这次抵押借款达80万银元。抵押品中除了各种玉器、瓷器、古籍，部分册封皇太后、皇后的金册、金宝箱、金宝塔外，就连最重要的黄金编钟都名列其上。其中，仅16个黄金编钟就作价40万银元，其余物品总共才占另外一半。

黄金编钟的价值与金宝金册自然不可同等看待，但是对于缺钱的小朝廷来说，这些东西只要能变成够一阵子花销的现金，就算把价值连城的黄金制品卖个白菜价，那也没什么可心疼的。当年签订的借款合同规定得非常明确："借款80万元，利息每百元按月给息

1元，借期一年，如到期不能偿还，则以抵押品变售作价抵还本利。"明眼人都明白，黄金编钟小朝廷这辈子甭想赎回来了。

那为什么会是盐业银行接到了这笔大买卖呢？这还要从盐业银行与清廷渊源颇深的关系说起。

首先，盐业银行的创始人是曾任清朝天津长芦盐运使的张镇芳，也就是我们熟知的收藏家张伯驹的养父，袁世凯的表弟。清末至民国初年，张镇芳出任的长芦盐运使总揽半个北方盐政，收入颇丰。发了财的张镇芳借助资金与权势，一手创办了盐业银行。在20世纪20年代，它毫无疑问成为了"北四行"之首（另三家为金城银行、中南银行、大陆银行）。后来虽然张镇芳由于支持张勋复辟被捕入狱，让出了盐业银行总经理的位子，但依然是挂名的董事长，与清朝旧族来往密切。

其次，溥仪当年迎娶了婉容皇后，旧贵族荣源变成了他的老丈人。荣源则与当时北京盐业银行的经理岳乾斋早有往来，还合伙开了一家公司。岳乾斋本在天津庆善金店当二掌柜，凭借着金银首饰的生意结识了许多靠变卖家产过活的八旗子弟。他比较同情清朝旧族，对他们典卖的东西，开价常常比别家店铺高一些。长此以往，厚道的岳乾斋当然成了收购这批宝藏的不二人选。

天津盐业银行旧址

1924 年 5 月，双方签订了秘密买卖协议。没过几天，参与这次交易的跑腿人刘庆山趁着夜色，押着几辆装载着黄金编钟等国宝的汽车，从紫禁城神武门出发，直奔位于东交民巷的盐业银行外汇仓库，交予银行保管员邢沛农。就此开始，黄金编钟离开故宫，在外流浪。

二、秘密运往天津

消息很快便被走漏了。当时国会议员李燮阳、王乃昌等 22 人在《京报》上撰文《清室擅卖古物引起质问》，质问北洋政府内务部为何坐视清室盗卖国宝而不管不问，并提出应把故宫中的古物悉数保存，并追究倒卖者责任。虽然交易是秘密洽谈的，报纸上也没登出过确凿证据，但北京城各界议论纷纷，矛头直指小朝廷和盐业银行。

几天后，清室内务府登报辟谣，宣布他们正筹备设立"皇室博览馆"，以供研究使用。盐业银行相关人员则更是"贼喊捉贼"，为了转移目标，他们大力通过秘密渠道散布半真半假的消息，暗示交易方是日本正舍银行和山中洋行，一时使得京城的日本商会压力重重。直到 1925 年，《京报》才以疑似的证据正式揭发了此事，可是这时的溥仪和他的小朝廷早已被冯玉祥赶出了紫禁城。

溥仪连住的地方都丢了，那些原本就赎回无望的国宝更是只能成为盐业银行的囊中之物。在补偿了溥仪一些钱后，黄金编钟和众多金册、瓷器等正式成为盐业银行的私产。由于当年购买时并未将黄金编钟记入账簿，所以买进黄金编钟的钱在账上依然是个窟窿，盐业银行便通过出售一些清朝遗老们抵押的文物，将购进黄金编钟的钱补全。因为账面做得天衣无缝，黄金编钟便成了盐业银行的隐秘私产。

这一时期军阀连年混战，盐业银行私购国宝的消息依旧真真假假地在社会上流传。北洋政府的主政者走马灯般换了一拨又一拨，可是都忘不了四下打探黄金编钟的去向。几位知情者则严守着这一秘密，对外绝口不提此事，一时并未惹来太大麻烦。

1931年，"九一八"事变发生，日军占领了东三省，华北岌岌可危，当时的北京城有唇亡齿寒的危机感。当时的故宫博物院已经开始酝酿着国宝南迁的计划，将近2万箱的故宫古物踏上了南迁之路。文津街的国家图书馆也将馆藏古籍善本、敦煌遗书以及金石拓片封存装箱，秘密运往天津租界的银行金库保存。在北京并无有利庇护所的情况下，盐业银行新任总经理吴鼎昌与北京盐业银行经理岳乾斋决定将东交民巷地下金库中的几千件文物送往天津。

天津盐业银行地处法租界，受法国人保护，日本人不会轻易派兵进入。在确认日军尚未控制北京至天津的交通线之后，他们通知天津盐业银行经理陈亦侯负责路上的转运任务。连续一个多月，陈亦侯每天都开着汽车，打着洽谈业务的旗号，不分白天黑夜地从北京把装好箱的文物运往天津，每天次数不定，连他本人都记不清楚跑了多少趟。

黄金编钟等一干文物运到天津后，直接被送入位于今日天津赤峰道12号的天津盐业银行的地下金库，得到妥善安置。

三、煤堆下面的金钟

1937年7月7日，卢沟桥事变，日本侵华战争全面爆发，北京、天津相继被攻占。当年7月30日，日本人已经占领了除英、法、意三国租界外的全部天津市区。

作为情报机关的日本天津领事馆不知从哪儿嗅到了黄金编钟的气息。由于盐业银行数位知情人都已经转移到其他地方，日本人很快便找上了留守天津的陈亦侯。

黄金编钟的事儿一直都是传闻，日本人也没有真凭实据，不好来硬的。日本在天津租界的一个副领事不仅送来日本的漆宝烧瓶和盆景，还带着女儿拜访陈亦侯，非要让女儿认陈亦侯为干爹。陈亦侯明言自己一向不收礼，也不攀亲，让日本人碰了一鼻子灰。过了几天，他们又把陈亦侯请到日本领事馆吃饭，拉来不少日本女人陪坐。当日本人问起黄金编钟的事，陈亦侯半真半假故意把话题往日本的银行上引。眼看谈话效果不理想，日本领事借口有事离开，暗示那群日本女人出手。陈亦侯见势不对，二话不说拿着帽子扬长而去。

日本人对他盯得太紧，陈亦侯做事处处受限，只得向盐业银行的新任总经理吴鼎昌求援。

吴鼎昌此人非常能干，当上盐业银行总经理后，在经济、政治方面都搞得风生水起，不仅让盐业银行成为北方第一大银行，他本人还得到蒋介石的赏识，出任南京政府的实业部长；抗日战争全面爆发以后，则被任命为贵州省主席，长期住在重庆。他虽然踏入政坛，但在盐业银行依然是一言九鼎。陈亦侯想听取他的意见，好做最后决定。陈亦侯派了一名心腹下属先前往西安，然后从西安给吴鼎昌发报请示处理黄金编钟的问题。保险起见，电报先后以密码的方式交由上海、香港等处做了电讯处理，最后才发往重庆。历时一个多月，这名银行职员才拿到回复电报并返回天津，结果电报上面只有一个字："毁"。

陈亦侯不禁勃然大怒："好你个吴鼎昌，'崽卖爷田不心疼'！全国就这么一套金编钟了，把它化成金水，做成金条，那还有什么意义？"眼看吴鼎昌和民国政府都不靠谱，陈亦侯决定自己想办法，准备把黄金编钟转移出去。但转移到哪里好呢？此时，他瞄上了一位老朋友——马路对面的四行储蓄会天津分会的经理胡仲文。

四行储蓄会本来就有一部分盐业银行的股份，人员往来都相当频繁。盐业银行大楼高大气派，但是目标太大，马路对面的四行储蓄会大楼却略显寒酸，不会引人注目。经理胡仲文不但是四行储蓄会天津分会的一把手，还是北京盐业银行副经理朱虞生的女婿。公私两头，都与盐业银行往来密切。在1940年以后，陈亦侯与胡仲文还是天津老街区里抬头不见低头见的邻居。胡仲文办事扎实稳健，人也特别可靠，而且还是周恩来的同学兼老乡。陈亦侯思来想去，决定相信这位靠谱的朋友。

一天晚上，陈亦侯找到胡仲文，把黄金编钟的秘密和盘托出，并提出想把黄金编钟从盐业银行大楼的地库转移到四行储蓄会大楼里，胡仲文二话没说就同意了。不久，等盐业银行全部职员下班，陈亦侯带着他的司机杨兰波，打开地下金库的大门，把装有黄金编钟的木箱装到了自己车上，悄悄地驶进夜色中，分批潜运。

盐业银行大楼与四行储蓄会大楼在同一条马路的斜对面两侧，不过那个距离也有300米远。为了掩人耳目，陈亦侯没有直接到四行储蓄会大楼，而是向别处开去。开车出了盐业银行大楼，沿赤峰道先向西南开，走营口道，向东南拐入西康路，到马场道路口，向东北拐入马场道，一直走到佟楼附近，再拐回解放北路，一路向西北，最终到达解放北路与大同道交叉处的四行储蓄会大楼。原本只有300米的路，硬是被他们绕了20多公里。

当陈亦侯的车停在四行储蓄会侧门的时候，胡仲文与他的亲信徐祥早已等候多时。四个人轻手轻脚地把装着国宝的大木箱搬到四行储蓄会后院的一个小库房里。沿着这个路线跑了数趟，直到黄金编钟和其他珍宝全都被转移到四行储蓄会的小库房里。办完这些事儿，四个直接参与者共同下定决心，绝不对外泄密。

安顿好黄金编钟后，胡仲文又想到一个办法。他借口时局不好，要存一些煤，便从开滦矿务局买来一批足够10年使用的煤炭，

天津四行储蓄会旧址

由徐祥一手堆放在小库房里。谁也不知道，这批直到中华人民共和国成立之后都没有用完的煤堆下面竟埋着大批的国宝。

日本人始终没有找到这组编钟，结果也不了了之。抗战胜利不久，南京政府也盯上了这件国宝。孔祥熙来到天津，派了一个曾与陈亦侯是京师译学馆同学的下属拜访陈亦侯，询问黄金编钟的事。陈亦侯顿时大发雷霆，拍桌子说："你们都跑了，把这些要杀头的东西留在我这儿。我问你们怎么办的时候，吴鼎昌叫我毁。现在，你们先问了他再来问我。"陈亦侯发了怒，把那个老同学吓了一跳。孔祥熙见状，也不能硬来，只好不再过问。没想到，以残酷无情出名的军统头子戴笠竟然也找上门来。

一天，军统的下属机构天津警察局局长李汉元，拿着一封信找到陈亦侯，说："五爷，你看这封信值多少钱？"陈亦侯打开信一看，是戴笠责令李汉元追查黄金编钟下落的密令。陈亦侯直截了当地说:"这事儿你都知道,你说怎么办?"李汉元嘿嘿一笑,接过信来,说:"我看这东西就值一根儿洋火儿,大哥放心,戴老板那儿我想办法对付。"说完就划根火柴把它烧了。

李汉元虽然是军统的警察局局长,但早年受过陈亦侯的恩惠,也是个讲义气的汉子,两人交情非同一般。此时,虽然陈亦侯不小心惹来了戴笠的关注,但戴笠手中却没有真凭实据,李汉元自然是以朋友为先。幸亏不久之后,戴笠因为飞机失事死了,黄金编钟的事儿也就再没人提起了。

抗战胜利以后,民国政府曾在社会上大张旗鼓地宣传,凡检举藏匿金银者,奖给金银价值的70%,知情不举者重罚。这样高额的奖励,对谁都是个诱惑。而曾参与转移黄金编钟的两名工友杨兰波和徐祥却始终守口如瓶,对外没有泄漏半个字,他们也是真正的好汉。

四、重回故宫

1949年1月,天津经过29个小时的激战,终于迎来了解放。胡仲文与陈亦侯商议之后,便拿着登记着国宝的银行清册,早早来到天津军事管制委员会金融处,把黄金编钟和2000多件玉器、瓷器、古籍,悉数交给了国家。1951年10月,中国人民银行北京分行会同天津分行及盐业京津两行负责人,对这批珍宝进行了检查。陈亦侯同张伯驹领着工作人员仔细检了全部古董,然后将其暂时封存,以待妥善安置。1953年9月,一批包括故宫博物院工作人员在内的调查组再次来到天津,仔细清点交接了这批古物。在1953年9月25日下午至28日上午,点验工作全部完毕,当日它们被运赴北京,入藏北京故宫博物院。至此,在外流浪29年的黄金编钟终于重回故地,重新出现在世人面前。

当时国内正在开展"三反""五反"运动,旧工商界人士和资本家基本上都被调查。北京市增产节约委员会在检查中发现了黄金编钟的线索,得知当年还有一批国宝被运到了天津盐业银行保存,

黄金编钟完整形制（模拟图）

径直开赴天津把陈亦侯扣留了。最后经过 20 多天的调查，才发现陈亦侯早已将宝物交还给了国家，这才将他无罪释放。日后有人在政协文史资料里追述过此事，文中有一句话："幸亏有陈亦侯保存。"陈亦侯得知后感慨道："我这一辈子，最满意的一个评价，就在这'幸亏'二字。"

小结：

当年的部分金册则没有那么好运，留在北京的一部分早已被岳乾斋在吴鼎昌的毁宝密令下化成了金水，铸成了金块，永远都不能复原了。其他宝物也有不少被他以分家的名义分给了自己儿女，最后在增产节约运动中被查获。结果到了最后，保护得最好的还是被转移到天津的黄金编钟等同一批珍宝。时至今日，黄金编钟依然在故宫的展台上绽放着雍容华贵的光泽，引发人们的惊叹与赞美。虽然现代音乐盛典中不再使用编钟，但是它的钟声依然回响在每一个参观者的耳中，包括当年响彻宇宙的"东方红"曲调，也是它少有的一次倾情演奏呢！

下编:收藏冷暖宝自知

18

国之重器

——鼎之中华

◇ ················

　　青铜时代已经离我们非常遥远，我们现在能见到的青铜器绝大多数都是出土文物或是后世仿制品。青铜重器中的大鼎常常给我们这样的感觉：它们仿佛在用硕大的体型证明着自己的价值，引起人们的珍视。我们知道，鼎在古代是食器，也是礼器，常常被当作国之重器。考古发现的中国第一个王朝——夏代的青铜器，只有二里头出土的少量小件器物。下面介绍的数件大鼎，不仅有传说中的九鼎，其他的也都是实实在在的国之重器。

一、与传国玉玺媲美的政治收藏品——九鼎

　　在史书记载中，夏代铸造的一件国之重器成为了至高无上、国家统一昌盛的象征。可是如此有地位的大鼎偏偏湮没在了历史的传说里，令人吃惊。没错，它就是九鼎。

　　以九州为代表的天下统一是中国历代王朝统治者梦寐以求的美景，相传大禹当年铸造了九个鼎，一个鼎象征一州，所以九鼎又有个名字叫"九州鼎"。可是这样一来，有的人就怀疑九鼎没有九个，而是"九州鼎"简称"九鼎"。在我们看不到实物的情况下当然无法证明这些说法，但在它身上发生的故事还真不少。其中最著名的，就是"问鼎中原"了。

　　相传，九鼎传承到周代，随着周王室的衰败也开始蒙上了厚厚的灰尘。可是这时依然只有天子才能在祭祀天地祖先时行九鼎大礼，其他诸侯王并无这样的特权。"鼎"作为国家政权的象征与传国宝器，对于实力不断增强的诸侯王来说，诱惑是极大的。周定王时，楚庄王首次"问鼎之轻重"，被周大夫王孙满驳回。后来楚灵王也一度动心问鼎，因国内发生叛乱，最后不了了之。他们留下的故事，最后演变成了成语"问鼎中原"，具有了企图夺取天下的意味。

　　九鼎属于周王室是合乎天下道义的，那么其他诸侯想要拥有就是觊觎。在《战国策》里，记载了一个诸侯王最接近合法占有九鼎的一件事。当年秦国想要攻入周地夺取九鼎。周人颜率有谋略，先鼓动齐国帮助驱秦，答应把九鼎给齐国。齐国一向有野心，便出手帮了这个忙，事后颜率去齐国处理后续事宜，便问齐王走哪条路拉九鼎回去。齐国与东周都城洛阳之间隔着其他国家，齐王先说梁，后说楚，结果都被颜率否决了。颜率还说，九鼎九个，一个要用九万人搬运，九九八十一万人方能全拉走，就算齐王有这么多人，可是怎么回去呢？真是替齐王发愁。齐王算是明白了，这根本就是不想给。颜率一本正经回答："不敢欺大国，疾定所从出，弊邑迁鼎以待命。"意思是说我们肯定不骗人，就等大王定好路线来拉鼎了。这些话说得那是诚意满满啊！齐王不傻，明白自己办不到，也就不再提九鼎的事了。九鼎有那么重吗？这个重量一定有夸张的成分，但在这里，九鼎是九个鼎，这是毫无异议的。

秦灭周后的第二年，周王室的九鼎就被西迁至咸阳。但到秦始皇灭六国、统一天下时，九鼎已不知下落。有人说九鼎沉没在泗水彭城，因此秦始皇出巡泗水彭城，曾派人潜水打捞，结果徒劳无功。从此九鼎成为传说，留下的只有后世帝王们的模仿，其中最为有名的是武则天万岁通天元年（696）和宋徽宗崇宁三年（1104）的两次重铸九鼎，九鼎成为了向国家强盛致敬的礼物。

无论我们如何推测，九鼎的下落已经成为千载之谜是不争的事实。如果它们依然沉睡在中原的某处黄土中，希望有朝一日它们能够重见天日，使我们能够重新领略那"天下九州"的古老风采。

二、历经买卖的毛公鼎

在本篇介绍的众多青铜大鼎中，最先出土的是毛公鼎。它是西周晚期青铜器，清道光末年出土于陕西岐山（今宝鸡市岐山县）。鼎高 53.8 厘米，口径47.9 厘米，重34.5千克。圆形，二立耳，深腹外鼓，三蹄足，口沿饰环带状的重环纹。鼎内铭文长达 497 字，记载了毛公衷心向周宣王为国献策之事，被称赞有"抵得一篇《尚书》"的价值。

毛公鼎

清咸丰元年（1851），毛公鼎在陕西岐山县董家村的村西地里出土，村民董春生是直接挖掘人和最早的占有人。古董商人闻讯而来，商定以白银 300 两成交。但在装车的时候，另一村民董治官认为鼎是祖先旧物，不能买卖，让这笔交易泡了汤。古董商便以重金行贿当地知县，以私藏国宝的罪名将董治官治罪。鼎先是落入官府，随后被古董商悄悄从县衙运回了北京，后来毛公鼎又被倒手给了大古董商苏亿年。清咸丰二年（1852），北京金石学家、收藏家陈介祺从苏亿年手中以1000两白银的高价买下大鼎，苏亿年承诺保密，使得此鼎深藏陈家密室，50年间鲜为人知。陈介祺病故后，其后人于1902年卖出此鼎，被两江总督端方买下，存在端家老宅中。

1911年，端方被随行的新军部下所杀。民国期间，端方后人家道中落，便将毛公鼎典押给天津俄国人开办的华俄道盛银行。曾有英国记者辛浦森出5万美金向端家购买，幸亏端家嫌钱太少，才没上了英国人的当。当时不少知情的爱国人士极力呼吁保护这一国宝。时任北洋政府交通总长的大收藏家、后来的国学馆馆长叶恭绰出手运作，将鼎买下，存入大陆银行。

1937年抗日战争全面爆发，叶恭绰避走香港，毛公鼎被藏在上海的寓所里。由于当年叶恭绰用假名购买，得到毛公鼎的过程非常隐蔽，因此日本人无法查知它的下落，但对叶恭绰有所怀疑。叶恭绰嘱咐其侄子叶公超对鼎留守看护，有朝一日将鼎献给国家。毛公鼎几经转移，甚至差点被日本军方搜查发现，全凭叶公超巧妙周旋，没有让日本人找到鼎的所在，但自己却不幸被捕入狱。叶恭绰为救出侄子，制造了一只假鼎交日军赎人。叶公超被释放后，在1941年夏密携毛公鼎逃往香港。不久，香港也被日军攻占，叶家托德国友人将毛公鼎重新转移回上海，期间曾因生活困顿，将毛公鼎典押给银行，最后由友人陈永仁出资赎出，避免了鼎被银行处置的危险。

1946年，陈永仁将毛公鼎捐献给民国政府，次年毛公鼎由上海运至南京，收藏于南京国立中央博物院。1948年，国民党退守台湾，大量南京国立中央博物院的珍贵文物也随之南迁。在"台北故宫博物院"正式建成后，毛公鼎成为"台北故宫博物院"的镇馆之宝之一，是"台北故宫博物院"永不更换的青铜重宝展品。

三、潘家埋下的大盂鼎与大克鼎

大盂鼎与大克鼎在不同时期出土于陕西不同地界，却在光绪二十六年（1900）之前全部流入收藏家潘祖荫手中。

大盂鼎又称廿三祀盂鼎，西周炊器。器厚立耳，折沿，敛口，腹部横向宽大，壁斜外张、下垂，近足外底处曲率较小，下承三蹄足。器以云雷纹为底，颈部饰带状饕餮纹，足上部饰浮雕式饕餮纹，

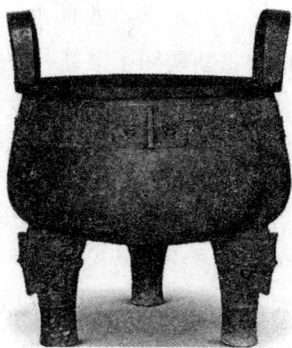

大盂鼎

下部饰两周凸弦纹，是西周早期大中型鼎的典型式样。鼎高101.9厘米，口径77.8厘米，重153.5千克。铭文两段共291字，记载了周康王对贵族盂进行训诰和赏赐之事。它于清道光二十九年（1849）出土于陕西郿县礼村（今宝鸡市眉县），同时出土的小盂鼎已经遗失。

大克鼎，鼎口之上竖立双耳，底部三足已开始向西周晚期的兽蹄形演化，显得沉稳坚实。纹饰是三组对称的变体夔纹和宽阔的窃曲纹。鼎高93.1厘米，口径75.6厘米，重201.5千克。鼎腹内壁亦铸有铭文两段，共28行，290字，主要记录克依凭先祖功绩，受到周王的

大克鼎

策命和赏赐的故事。在清光绪十六年（1890）出土于陕西扶风县法门镇任村的一处青铜窖藏中，与包括 7 个小克鼎在内的另外 1200 多件青铜器一同出土。

　　大盂鼎流传经历较早，最先被当地岐山首富宋金鉴收藏，因为器形巨大，消息很快走漏，岐山县令周庚盛强行占有了大鼎，并转卖给了北京的古董商人。宋金鉴则发愤考中翰林，又出价 3000 两白银重新购回了宝鼎。在他去世后，他的后代以 700 两白银卖给陕甘总督左宗棠的幕僚袁保恒。后者又转送给了左宗棠。清咸丰九年（1859），左宗棠为永州总兵樊燮谗言所伤，被朝廷议罪处置。大收藏家、侍读学士潘祖荫在参议时认为事情可疑，上奏咸丰皇帝力保左宗棠方才使其免罪。这次之后，左宗棠视潘祖荫为再造恩人，得大盂鼎后遂以之相赠，以谢当年搭救之恩。大克鼎则在 1890 年出土后被天津金石收藏家柯劭忞购得，后转送给了潘祖荫。此后，二鼎一直为潘家珍藏。

　　虽然也时有人觊觎，但潘氏毕竟位高权重，所以大鼎一时无虞。潘祖荫去世后，其弟潘祖年将二鼎连同其他收藏一起，由水路离京，运回了苏州老家。两座大鼎作为传家之宝藏于密室，不轻易向外人展示。清光绪末年，同为收藏家的端方出任两江总督，他早已垂涎大鼎，多次与潘祖年商议购买，均被潘祖年委婉回绝。虽然端方并未表现出强求的意思，不过潘家自知得罪了人，数年内不得不提心吊胆。直到辛亥革命爆发后，端方在四川因新军哗变遇难，潘家才恢复宁静。

　　民国初年，曾有美国大亨专程来华想要用重金说服潘氏转让大鼎，但最终被潘家人拒绝。但是不只国外有觊觎者，国民党的腐败高官更是对其垂涎已久。20 世纪 30 年代中期，国民党当局在苏州新落成一幢大楼，想要在大楼落成后举行一场纪念展览会，广造声势，为此力邀潘家以大鼎出借参展，其实图谋在公众面前宣布潘家献宝的假消息，逼迫潘家真的献出大鼎。这样的诡计很快就被潘家人识破，最终被婉言谢绝。

1937年，日军全面侵华，苏州沦陷。此时的潘祖年已经去世。潘家由于三代短寿，暂时失去了壮年劳力，只剩唯一的直系亲属继承人潘达于和其他亲属聚居门下。当此危难之时，潘达于与众人商定将大鼎及全部珍玩入土以求保全。经反复遴选，决定将宝物藏于二进院落的堂屋。那里本身就是杂物堆积的地方，不易惹人注意。整个过程除潘家人以外另有两个木匠师傅参与其中，均被反复叮嘱要严守秘密，潘家许诺养其终身。在木匠师傅做了几个大柜埋入地下之后，两个大鼎与其他珍宝被连夜埋入掩藏，然后重新收拾成原先的模样。此后不久，日军先后来潘宅搜查七次，皆无功而返。据说日军司令松井曾亲自查问潘家的收藏，但最终也没有结果。潘家大部分人也都避居上海，只留下部分亲属时常照拂庭院。1944年，埋在地下的木箱腐烂，二鼎被移出土坑，安置在偏房角落，以杂物掩盖，房门锁死，一直到日军撤走也安然无恙。

抗战胜利后，潘家并未打算捐赠，也未公开自己的收藏。直到中华人民共和国成立后，潘家后人觉得是时候为大鼎们找个更好的归宿了。潘达于便在1951年写信给华东文化部，希望将大盂鼎和大克鼎等青铜器全部捐献给国家，同时也希望将两件大鼎放在上海博物馆展出。时年7月，文管会派专员在潘家后人的陪同下赴苏州，发现潘家青铜器收藏数量仅次于故宫，清理了所藏文物后，大盂鼎、大克鼎终于重新面世。为表彰潘达于等潘家后人的献宝壮举，华东文化部为他们举行了隆重的颁奖感谢仪式。

1952年上海博物馆落成，二鼎入藏此馆。1959年，位于北京的中国历史博物馆（现中国国家博物馆）开馆，上海博物馆以大盂鼎等 125 件馆藏珍品支援。从此大盂鼎入藏国家博物馆，大克鼎依然留在上海博物馆作为镇馆之宝。

四、打游击的后母戊鼎

这件重器，是众所周知的大个头青铜器。原先一直被人熟知的名字是"司母戊鼎"，现在将"司"改为"后"，也是人们对它的认识进一步深入的体现。它体高 133 厘米，口长 112 厘米，口宽 79.2 厘米，重达832.84千克，是已发现的我国古代最重的单体青铜礼器，鼎腹内壁上铸有"后母戊"三个字，早期解读"后"为"司"，所以有了一段更名的历史，现今正式得名"后母戊鼎"。它出土的时候，正赶上日军发动大规模侵华战争。

"后母"铭文

当时的河南安阳县县城已经被日军占领，不过这与安阳人挖掘自己脚下的历史文物并不冲突。安阳人自从知道自己脚下有文物宝藏之后，自发的挖掘行动就愈发活跃。1939 年 3 月，河南安阳武官村的吴希增等人在野地里探宝，探杆碰上了坚硬的东西，拔出来一看，洛阳铲头上带着铜锈。当晚，他们从村里凑了 20 多人，借着夜色掩护动工挖掘，连挖了三个晚上，抬上来一个铜锈斑斑的庞然大物，这正是让文物收藏界惊叹的青铜重器后母戊鼎。

后母戊鼎出土后，被秘密运回村中，暂时浅埋在吴希增的亲戚吴培文的院中，用柴草伪装好。可很快就有人走漏了消息，大鼎被当时的侵华日军盯上了。不久就有当地驻守的日本军官前来查看，连称"宝物"，抢夺之心昭然若揭。

大鼎被日本人盯上了，吴培文知道，一着不慎就会落得人鼎两失，性命难保。参与挖鼎的人一番商量之后，决定将鼎卖掉。北平古董商肖寅卿来"看货"，同意购买，出价20万大洋，但是要求将大鼎分割装箱，便于搬运带走。在巨额金钱的诱惑下，村民们还真用大铁锤，趁着夜深人静在地窖里分割大鼎。刚开始两个鼎耳被砸了下来，但村民们越砸越觉得自己在作孽，大家纷纷弃手，不愿再砸下去，决心把大鼎好好保护起来。

之后，日本人连续派兵进村搜宝。第一次，日军100多人将吴家大院翻了个底朝天，无功而返，这一次多亏村里人共同帮忙，将大鼎埋在了院内菜地，瞒了过去。第二次，日军来了三辆大卡车的搜寻人员，一进村就封锁了吴家大院。吴培文扫了一眼马棚的伪装，发现埋鼎之地在马匹的踩踏下还算自然，就趁乱离开了日军的包围圈。直到天色擦黑，日本人终于撤离了，吴培文跑回家发现一切依旧，大鼎仍在，不由地放下心来。

从这之后，吴培文决定换个方式保护大鼎。他托人联系了个外地的古董商，花20大洋买了一个青铜器赝品，深夜拉回来藏在自己家炕洞里。待日本兵和伪军某次进村的时候，悄悄放出风声，使得一众日本兵顺利地在炕洞里找到了那个赝品青铜器，暂时兴高采烈地回去交差了。但日本人仍旧没有放过吴培文，命人继续搜捕。吴培文只好将大鼎秘密托付给自家兄弟，远离家乡避难，一直躲到抗战胜利才回来。剩下的乡亲们为了保护国宝，多次转移埋藏地，最终将其埋藏在吴家大院东侧的杂物屋里，直至抗战胜利，大鼎依然安然无恙。

1946年6月，民国安阳县政府得知大鼎的情况，派人劝说吴培文等人把大鼎上交政府。为此，民国政府安阳县县长姚法圃带着古物管理处的人与一班警察赶到吴家大院东屋，将大鼎挖了出来，送往郑州保存。1948年，大鼎首次在南京展出，引发轰动，蒋介石也抽出时间亲临参观。1949年国民党撤往台湾时有意将大鼎运走，但由于选错了运输方式，大鼎流落在南京飞机场，被解放军转移到南京博物馆。直到1959年，中国国家博物馆建成，后母戊鼎被调往北京，成为镇馆之宝。

2005年，大鼎回归安阳"省亲"，已经85岁的吴培文在殷墟重新与大鼎见面，作为大鼎的发现人和保护人，他被特许可以抚摸大鼎。后母戊鼎被制作了数个复制品，作为殷墟博物馆和郑州博物馆的展览品。当年被砸下的鼎耳在中

后母戊鼎

华人民共和国成立后也只找回了一只，最后依据这只残存的鼎耳重铸了一个假耳，才终于让大鼎在外貌上实现了复原。

五、回归的子龙鼎

虽然流落海外的青铜器不计其数，但是能够成功回归中国的，就有这座商代子龙鼎。

子龙鼎，是商代圆鼎中体型最大的一个，因内壁近边缘处铸有铭文"子龙"而得名，也是我国最早带有"龙"字铭文的青铜器。双立耳较厚，微外撇，外侧饰两周凹弦纹，折沿宽缘，鼎腹横向宽大肥圆，微下垂，下承三蹄足。器颈部以云雷纹为地，周饰2类6组浮雕式饕餮纹，足上端饰高浮雕式饕餮纹，下衬三周凸弦纹。鼎高1.03米，重达

子龙鼎

230公斤，与后母戊鼎合称"商代青铜器双璧"，一圆一方，恰恰

暗合中国的方圆理念，也是名副其实的国之重器。

20世纪20年代前后，子龙鼎出土于河南，有人考证为河南辉县，目前尚无定论。不过出土不久，其就被当时进入中国的日本公司山中株式会社买走。当时这家公司在中国大肆收购文物，造成河南、陕西一带的许多文物外流。不过，外流之后很长时间内，子龙鼎并无任何消息。直到2004年，日本大阪一位企业家举办私人藏品展，子龙鼎才重新问世，引发关注。2005年，我国曾派出专家前往日本，希望能够以合适的价格收回子龙鼎，结果对方报价数亿日元，折合人民币也达到上千万元，价格过高导致政府不得不暂时放弃买回子龙鼎的意愿。不过天无绝人之路，几个月后，子龙鼎被香港一名收藏家买下。2006年，子龙鼎入藏国家博物馆。

小结：

九鼎是传说中的中国疆域的象征，可惜仅仅是个传说。后母戊鼎是现实中的中华第一大鼎，而毛公鼎、大克鼎和大盂鼎则被称作"海内三宝"，子龙鼎则是中国龙文化最早的记录者。它们在大鼎家族中，先后在青铜文明活跃的河南、陕西一带出土，向我们展示了上古文明的雄浑气象。但是它们在出土后，立刻成为古董商、收藏家或侵略者争夺的对象，可知时代变迁对它们命运的影响。

其他在中华人民共和国成立后出土的青铜大鼎也有不少，极大地充实了青铜器家族。在这一时期，考古挖掘多由国家主持，文物一经出土即由博物馆保存，再不曾出现经历波折的故事。

19　　　　　　　　　　　　　　　命运各异
　　　　　　　　　　　　　　　——青铜盘收藏

◇ ……………

　　讲了那么多青铜器中有代表性的大鼎、方罍、尊器，它们中间
还差一个精品辈出、工艺水平颇高的大类，那就是青铜盘类器皿。

　　盘类器皿是青铜器中的一个大类，数量不是很多，但质量上乘
者不少，而且它的内壁与底面平整阔大，非常适合镌刻铭文。我国
现今具有代表性的青铜盘类器皿首推五件，分别是虢季子白盘、散
氏盘、春秋子仲姜盘、曾侯乙尊盘、史墙盘，都是先秦时期用于祭
祀或生活的青铜重器，明清时期才纷纷出土，震惊世人，成为收藏
界追逐的热宠。不过，在众多铜盘中也有并非用于祭祀，而是为皇
帝求仙问道而造的精品盘器，比如金铜仙人承露盘，便是用来承接
天露的高级器皿。鉴于金铜仙人承露盘在汉代已失传，便先从它开
始讲起。

一、有追求的金铜仙人承露盘

金铜仙人承露盘所在的时代相对来讲并不十分久远，却是最早被毁坏并消失的。相传汉武帝好长生之道，特意在建章宫设置了一系列迎接仙人、仙迹的建筑设施，其中一件便是金铜仙人承露盘。其实当时有两件承露盘，一件为柏梁台上的承露盘，另一件为建章宫神明台上的承露盘。两尊建筑都是高二十丈，大七围，顶端为仙人承露盘，史书称之为"仙人掌"或"仙人舒掌，捧金盘玉杯"。不过处于高台之上，还比周围建筑略高，仙人承露盘就好像一个大号的避雷针。果不其然，第一尊在汉武帝太初元年（前104）引来了雷击，连柏梁台一块毁于一旦了。

神明台的承露盘则是在柏梁台毁灭后修建的，汉武帝执迷不悟，依然渴望承露盘能够承接到仙露，好让自己长生不老。可是汉武帝折腾了不到20年，还是在公元前87年一命呜呼了。本来只要不遭受战火与地震，承露盘便能永久伫立在建章宫中，可是自王莽之乱，长安的宫殿被损毁废弃后，承露盘被废弃在长安200余年。直到东汉灭亡以后，曹操的孙子魏明帝曹叡才想起有这么一件宝贝，下令将仙人承露盘从长安搬迁到洛阳收藏。结果此盘在拆卸过程中被彻底损坏，搬迁工程只好不了了之，连破损的部件也被直接丢弃了。

北海公园仙人承露盘

正史中对此有专门的记载，就连小说《三国演义》的第一百零五回"武侯预伏锦囊计，魏主拆取承露盘"也特意提到了这一历史情节。唐代诗人李贺还因为这个典故写了一首《金铜仙人辞汉歌》，借金铜仙人辞汉的史事，来抒发兴亡之感、家国之痛和身世之悲。其中的一句"天若有情天亦老"更是成为传诵千古的名句。

现在北京也有两尊仙人承露盘，完全是清代设计师凭想象制造而成的。其中一座铜质的在北海公园的一处隐秘角落的石柱上，虽然够高，但是由于被前方建筑遮挡，一般人很难注意到它的存在。圆明园也有一尊，最早是清嘉庆年间修建的，结果在日后的战乱中遗失了，现在原址上是用墨玉石复建的石雕，供游人们欣赏。

圆明园的仙人承露盘（正面）　　圆明园的仙人承露盘（背面）

二、被当作马槽的虢季子白盘

虢季子白盘铸造于西周周宣王时期，是目前中国发现的最大的储水器或储冰器，也有可能是用来洗澡的器皿。它长 137.2 厘米，宽 86.5 厘米，高 39.5 厘米，重 215.3 千克。外形确实酷似大浴缸，盘口呈圆角长方形，侧壁上直下弧，斜下内收，微鼓，四壁外侧各置一对兽首衔环耳，四足为小矩形，器的口缘下部饰穷曲纹，腹部饰波曲纹。在清道光年间出土，发现于陕西宝鸡的虢川司一地。

虢季子白盘

此盘最早被时任眉县县令的徐燮获得，作为镇宅之宝。徐燮卸任返籍时将它带回了常州，交由家人珍藏。太平天国时期，护王陈坤书镇守常州，虢季子白盘也被他掠去，安置在护王府内。清同治三年（1864）的初夏，时任直隶提督的淮军将领刘铭传随李鸿章镇压太平军。这日，官军拿下了常州城，刘铭传就住进了护王府内。时至午夜，刘铭传听到马棚中传来金属叩击声，不由地大为诧异。

刘铭传找到马厩，才发现是马笼头上的铁环碰了马槽所发出的声响，但这声响分明为金属相击的声音，非同一般。刘铭传蹲下细看，见此马槽硕大，槽壁在烛光中发着深沉的幽光；抬指轻叩，金属之声清远玄妙。刘铭传心中有数，此马槽绝对非比寻常。次日一早，刘铭传命人将马槽刷洗干净。待看到它内底的长篇铭文后，他确信自己捡到了宝物，便将它作为随行物品装箱携带。过了数年，刘铭传被调任台湾巡抚，只好命人将宝物押送回合肥老家，筑藏盘亭以保护大盘。刘铭传从台湾归来后，赋闲在家，时常与大盘相伴，安然度过了余生。

虽然刘铭传得到了虢季子白盘，但这却给他一家四代人带来极大的麻烦。军阀、日寇、国民党官吏纷纷前来索取。1933 年 5 月，时任安徽省政府主席的刘镇华曾经上门求观宝盘，结果被刘家推脱说并无此物。刘镇华一时气愤，命人搜查，结果并没有找到。之后他并不死心，时时派人监视着刘家的一举一动，但最终也没能发现任何蛛丝马迹。

日军在1938年占领了刘家所在的安徽省肥西县，曾经传信刘家，愿意用一个相同大小的金盆换取虢季子白盘。刘家当然推脱说没有，为了避祸，举家离开肥西县，到外地居住了。日军得知消息，将刘家占领，到处翻找，就地挖掘，但是没有任何发现。

原来，当时刘家为了保护虢季子白盘，在庭院内挖了一个又大又深的坑，将盘放入底部，上头栽种了一棵槐树，由于埋得早，槐树与庭院的布局融为一体，根本看不出任何异样。日本人也好，国民党也好，都对槐树视若无睹，也想不到树下居然会有宝物。

就这样，直至1949年中华人民共和国成立，保护大盘多年的刘铭传曾孙刘肃曾决定将虢季子白盘挖出，献给国家。从此，这一国宝入藏中国国家博物馆，成为镇馆之宝其中之一。

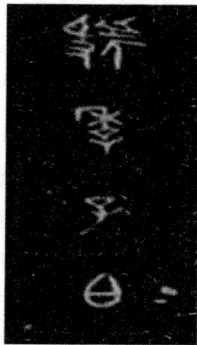

"虢季子白"铭文

三、冷落中下落成谜的散氏盘

散氏盘，又称夨（zè）人盘，西周晚期青铜器。圆形，浅腹，双附耳，高圈足。盘高20.6厘米，口径54.6厘米，盘底直径41.4厘米，重21.31公斤。腹部饰夔纹，圈足饰兽面纹。内底盘面铸有铭文19行，共计357字。因铭文中有"散氏"字样而得名。记述的是夨人付给散氏田地之事，对研究西周

散氏盘

土地制度有重要史料价值。清乾隆中叶出土于陕西凤翔县（今宝鸡市凤翔县）。

直到清嘉庆十五年（1810），散氏盘一直在民间流转收藏。传说曾被清中晚期思想家阮元收藏并命名，还重新模仿铸造出两件复制盘。自此，人们对这两件复制盘的关注比真盘还要多。真的散氏盘出现在古董市场上时，被官场失意的闽浙总督阿林保发现，买回家准备当作礼品疏通关系。

1810 年冬，正值清嘉庆皇帝爱新觉罗·颙琰 50 岁生日，阿林保将散氏盘敬献给嘉庆皇帝作为寿礼。皇帝收了重礼，当然要有所回报。阿林保因此获得升迁，成了两江总督。嘉庆皇帝不像他爹那样喜好风雅，他只是收礼，并不细细研究。散氏盘入藏内府后，拓了几页铭文拓片之后就被扔在了皇宫的角落里。嘉庆以后，道光、咸丰、同治、光绪、宣统五任皇帝都未必听说过这一宝物。早些年，还有人从宫内流传下了散氏盘铭文的拓片，可是自从英法联军火烧圆明园后，大量珍宝散佚，人们在议论中添油加醋，结果居然传出散氏盘在圆明园被毁的消息。

当时琉璃厂古董商与宫内人员多有勾结，互通消息时也没有验证传言的真伪。大家都相信散氏盘真的消失了，目前在古董界流传的那几件都是阮元所制的仿品。可是之后很多年里连复制盘也不见踪影，有人揣测它们到了国外。久而久之，连与清宫关系密切的大古董商都认为再也不会出现散氏盘和它的复制品了。

1924 年，溥仪被驱逐出宫，新成立的故宫博物院接收了紫禁城中所有遗留下来的珍宝。院长马衡清查故宫物品时在养心殿后面的储物房里发现了一个尘封已久的木箱，箱中装的便是散氏盘。虽然躲过了晚清以来的战火，但是为了躲避日军的侵扰，它也加入了文物南迁的大潮中，从此再未回到故地，现在被保存在"台北故宫博物院"。

可是有些人依然认为马衡发现的这件散氏盘是一件复制品，理由是它太光滑了，一点都没有青铜器应有的历史陈旧感。这一理由也并非不可信，传言中在圆明园被毁掉的那一件连残器都没有踪迹，这对当时闯入圆明园废墟搜寻宝物的各地的古董商来说简直不可思议。正因为连怀疑的理由都来自推测，所以下结论时就欠缺那么几分底气。我们只能希望将来真的能够找到更加充分的证据解开这一历史之谜。

镌刻在散氏盘上的金文大篆与毛公鼎篆文、大盂鼎篆文并称三大金文瑰宝。西周三大青铜器中，它和虢季子白盘、毛公鼎齐名。它也被当作"台北故宫博物院"十大镇馆之宝之一。

四、动与静的馈赠——春秋子仲姜盘

还有一件大盘造型别致，设计理念独特，但是出土与收藏历史缺失，只有其捐赠过程流传了下来，成为上海博物馆的重要收藏，它就是春秋子仲姜盘。它的口径45厘米，高18厘米，重12.4千克。整个盘最特别的地方在于盘的内底，仿佛并不是盥水器，而是用来欣赏的盆景。

春秋子仲姜盘

此盘整体造型比较奇特，浅腹，圈足。圈足下有 3 只立体爬行猛虎，老虎身体作为圈足的装饰。盘壁两侧有高耸的云纹副耳。盘的前后各攀一条曲角形的龙，龙首耸出盘沿，貌似探视；龙身躬背曲体向外，与两只副耳在盘外呈十字分布突出。盘内底面铸有浮雕的鱼、龟、蛙等水生动物，7 条鱼围成一圈，龟、蛙则相间排列。但是比浮雕更突出的则是盘中的 9 个造型生动的青铜小动物，中间是一只带有头冠的雄性水鸟，边上为 4 条鱼，外圈为 4 只头上无冠的雌性水鸟。最神奇之处是所有的动物均可以在原地 360 度转动，是极为罕见的可动式青铜装饰。

盘内能够在平面旋转的小动物青铜像平均长度只有 6.5 厘米，可谓小巧玲珑，为春秋早期青铜器铸造技术的发展水平提供了重要实物例证。盘底镌刻的铭文也为我们提供了一些重要史料。它本身所拥有的这些突起的青铜像，对于盥洗来说是比较不方便的，但是作为装饰恰恰是一个不错的设计。若不是找不到古代有养殖观赏鱼的史料证据，这样的青铜盘做个鱼缸也许是个不错的选择。

它何时流失到国外不得而知，经历了多少次倒手也没人知道，直到它流落到香港，漂泊的生活终于结束，安定在了香港太阳集团总裁叶肇夫手中。1996 年，上海博物馆新馆刚刚落成，向世界各地收藏家发起了募捐重要文物的号召。就在这期间，叶肇夫邀请上海博物馆时任馆长马承源前来欣赏自己的私藏，并点评几件刚从国际市场上买回的文物。在那里，马承源第一次见到了春秋子仲姜盘。二人在会谈中，叶肇夫随口讲了一句"以后可能会把这件宝物捐献给博物馆"。马承源心中对叶先生的义举十分赞同，但也没有放在心上，只是暗自对有幸能够接收到这件珍宝的同行心生羡慕。

机缘来临了。1997 年，香港即将回归祖国，各地举办了不少庆祝活动，马承源写信邀请叶肇夫先生出借春秋子仲姜盘，参加一场沪港两地文物庆回归的活动。可是不曾想叶先生早有捐宝之意，直接回信表示愿意捐出珍宝。不久，叶肇夫先生亲自送宝前来，于上海博物馆正式举行了赠宝仪式，春秋子仲姜盘从此落户上海博物馆。

五、其他著名青铜盘器

青铜盘器中还有不少精品，史墙盘就是其中一件。它的器型与散氏盘类似，但是略大一些，都是圆形高足，整体口径47.3厘米，高16.2厘米，深8.6厘米，盘腹外附双耳，腹部饰垂冠分尾凤鸟纹，凤鸟有长而华丽的鸟冠，鸟尾透迤的长度为鸟体的二至三倍，延长部分与鸟体分离。凤鸟纹在当时象征着吉祥，是西周时期最为流行的样式。

史墙盘是在1976年12月被发现的。当时宝鸡市扶风县公社生产队成员们正在进行冬季平整土地工作，其

史墙盘

中一人在距地表30厘米处发现了一个西周时期的青铜器窖藏，后来陕西省文物专家将其定名为庄白一号窖藏，其中便有史墙盘。据盘上的111字铭文显示，此盘铸于西周共王时期，是西周微氏家族中一位名叫墙的人为纪念其先祖而做，歌颂了先祖的丰功伟绩，现在则被宝鸡青铜器博物院作为镇馆之宝收藏。

还有一座收藏于湖北省博物馆的曾侯乙尊盘，是在1978年发掘湖北随州市擂鼓墩曾侯乙墓时出土的春秋时代精品铜器。尊高33.1厘米，口宽62厘米，重约10千克；盘高24厘米，宽57.6厘米，深12厘米，重约19.2千克。合体后器物通高42厘米，口径58厘米，重约29千克。其复杂与精美程度在春秋战国时期的青铜器中可谓经典。

曾侯乙盘

曾侯乙尊盘装饰纷繁复杂，铜尊上是用 34 个部件，经过 56 处铸接、焊接而连成一体，尊体上装饰着 28 条蟠龙和 32 条蟠螭，颈部刻有"曾侯乙作持用终"7 字铭文。铜盘盘体上共装饰了 56 条蟠龙和 48 条蟠螭，盘内底同样刻有"曾侯乙作持用终"7 字铭文。尊盘通体用陶范浑铸而成，出土时尊置于盘上，后来发现它可以拆下来，让人们惊诧设计者对这一人间少见的组合青铜器的绝妙构思。

曾侯乙尊盘组合

其他盘类器皿中的佳作还有 1963 年山东省肥城县出土的春秋

鱼龙纹盘。鱼龙纹在盘底浅雕而出，栩栩如生，也是难得一见的青铜器佳品。但是能够与本文中前面六件精美青铜器相媲美的，在包括中国在内的世界各地博物馆中，却也不多见了。在2014年11月，又从海外回归了一件重要的青铜盘——属于西周重臣尹吉甫的"兮甲盘"。它自民国时期失传以后，仅存真迹拓片流传，世上偶有赝品出现。真迹在2010年首次面世，在4年之后得以荣归故土，又留下了一段国宝回归的佳话。

小结：

盘类器皿，在青铜时代之后还常常可以见到漆盘的出土，在瓷器发达的明清时期出现了大型龙纹圆瓷盘，与家庭用的小型盘子不同，它们都是大型礼仪活动使用的祭祀、献礼类的专用盘器。在中国礼仪器用文化发展中，盘类器皿的实用性更强，生命力更长久，这也是它们的优势所在吧！

20 古代英雄的装饰品
——古兵器收藏

◇ ....

出于英雄情结，不少的爱好者、收藏者痴迷于能够实现英雄梦的兵器。在古代，它们当然是合法的收藏品。李白虽然写出了侠客送恶人归西的快意，可他并不需要真的杀人。他与自己佩戴的宝剑之间，更多的是一种灵魂的交流，而不是低级状态的利用、宣泄。兵器有魂，人与之共。虽然在史上留名的兵器多半沾满了冰冷的血迹，但是也留下了不少热血的精神。决定正邪的是人，决定兵器命运的也是人。正因如此，人与兵器的情感才形成了它们被收藏的价值。

一、越王勾践剑

剑被世人尊为"百兵之祖"，已经在世上流传数千年，无人知晓这一形制的首创者是谁，也没有人知道第一把剑长什么样。中国剑独有的双刃形制，简洁流畅的体态，使得剑本身携带轻便，人佩戴起来神采飞扬，使用起来迅速敏捷，因此剑成为历朝历代有一定社会地位的人所追捧的对象。有人说蚩尤利用天然金属最先炼制成剑，将剑的出现时间追溯到了神话中的轩辕黄帝时代。也有人认为剑出现于殷末周初，牧野之战取得胜利后，武王用"轻吕"击刺纣王的尸体，"轻吕"二字在古书中被释为"剑名"。到了春秋战国时期，各诸侯国铸剑技术皆有进步，青铜剑剑质颇佳。此时剑已经成为战场上最主要的短兵器，并随着社会阶层分化形成了贵族佩剑制度，成为身份的象征。春秋时的孔子、秦汉之际的韩信，都是坚持拥有一柄佩剑以表明自己身份与众不同的典型人物。

春秋时期的剑仍用青铜铸造，在不同的部位加入了一定量的锡、铅、铁、硫等成分，以保证剑身的韧性和刃部的锋利，使其刚柔并济。越王勾践剑便是铸造于这一时期的一把出土的名剑，剑本身不出名，但是它的主人却是春秋末年的勾践，中国历史上的风云人物，同时也是一位爱好铸剑藏剑的收藏家。

越王勾践嗜好铸剑并收藏。他曾经铸成八柄绝世好剑，一名掩日，二名断水，三名转魄，四名悬翦，五名惊鲵，六名灭魄，七名却邪，八名真刚。他搜集和珍藏的名剑，连当时的宝剑鉴定大家薛烛都十分惊叹，认为皆属上乘之作。不过勾践死后，他珍藏的宝剑却无人寻获，也让后人百思不得其解。

1965年12月，湖北江陵一座楚国的墓葬中出土了600多件器物，其中有一柄越王勾践青铜宝剑，是勾践的自用剑，并非勾践收藏的宝剑。它在湖北江陵楚国贵族墓出土，有可能是当时的楚越之间发生了联姻或者战争，最后导致了这柄勾践自用剑成了陪葬品。

越王勾践剑

这柄越王勾践剑现在已经成为湖北省博物馆的收藏品。剑身刻
有鸟虫书铭文"钺王鸠浅，自乍用鐱"，翻译成白话文为"越王勾
践，自作用剑"。剑身长55.7厘米，柄长8.4厘米，剑宽4.6厘米，
剑首外翻卷成两道凸形圆箍，内铸有间隔只有0.2毫米的11道同心
圆纹，剑身上布满了规则的黑色菱形暗格花纹，剑格正面镶蓝色玻
璃块，背面镶有一颗绿松石。剑身修长，有中脊，两边剑刃锋利，
前锋曲弧内凹。作为勾践曾使用过的青铜剑，它历经2600余年地
下埋藏仍然保持了锋利光洁，想必勾践收藏的其他宝剑应当不会比
这柄自用剑逊色吧！

二、龙泉剑

龙泉剑，在历史上曾经有一个更加"炫酷"的名字，叫作七星
龙渊剑，之所以改名是为了避唐高祖李渊的名讳。现在的龙泉剑是
后代铸剑师为了恢复它往日荣光而不断努力的结果，也因此重新恢
复了龙泉剑在名剑收藏中的重要地位。

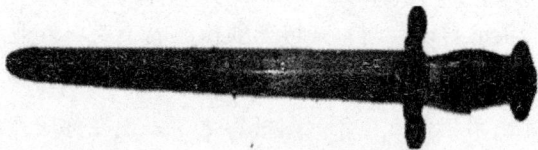

清代龙泉剑

最早的那把七星龙渊剑下落不明，但人们推崇的往往是它的制造过程。传说欧冶子和干将两大剑师联手铸造了这一名剑。他们凿开茨山，引山中溪水在铸剑炉旁形成北斗七星形状的冷却池。剑成之后，剑身上的纹理如同缥缈深渊，仿佛有一条巨龙盘卧其中，因此定名"七星龙渊"。此剑铸造的过程固然令人推崇，但它之所以成为世人追逐的收藏品，却最早源于一个老渔翁为忠义诚信自我牺牲的故事。本来他是有可能成为传说中的七星龙渊剑的第一个民间收藏者的，但是他放弃了。

传说七星龙渊剑在楚国伍家流传了三代，伍子胥便是这柄宝剑在春秋时期的最后一任持有者。当年全家因奸臣所害，仅剩他一人亡命天涯。在楚国兵马追赶之下，伍子胥向东逃到了长江之滨，发现浩荡江水阻断去路，后方追兵即将赶来。正在焦急万分的时候，长江

龙泉剑柄花纹

上游有一条小船急速驶来，船上渔翁连声招呼伍子胥上船。待他上船后，小船迅速隐入江中的芦花荡，岸上追兵遍寻不得，才使伍子胥脱离险境。渔翁将他载到对岸，还招待了他一顿酒食。

被人施救，伍子胥自然千恩万谢，询问渔翁姓名，以图日后报答。渔翁笑言自己浪迹江中自由自在，姓名无用，只称"渔丈人"做个代号即可。伍子胥拜谢辞行，却又考虑再三，从腰间解下七星龙渊剑，赠给渔翁以致谢，并再三嘱托渔翁不要对外泄露自己的行踪。渔翁接过宝剑，仰天苦笑，对伍子胥说道："我只因为你是国家忠良方才出手相救，并非贪图报答之辈。现在你居然怀疑我，那我只好以此剑证明自己的为人了。"说完，渔翁便横剑自刎了。伍子胥悲悔难言，一番祭奠之后，便将七星龙渊剑与老人一同下葬于

江畔山崖上，将此事留记于心，流传后世。

这样的传说，是否伍子胥亲口讲述已经无从考证。不过，七星龙渊剑以鲜血证明忠义的如此结局，为后世的龙泉剑奠定了"天下第一名剑"的名声。

三、吴王剑

现今许多博物馆收藏的剑中数量最多的，偏偏是标注有越王勾践的敌人、吴王父子阖闾与夫差名字的青铜剑。它们数量众多，出土地点也不一致。从剑的分布上来看，从春秋中期开始，吴国铸剑的水平在当时一定是首屈一指，剑在当时吴国的外交与军事活动中也频繁出现。

吴国青铜剑在古代兵器史上占有重要地位，极大地影响了南方各国乃至中原地区兵器的发展演变。它种类丰富，主要有短剑、扁耳剑、窄格无箍剑、宽格有箍剑、扁茎剑等，在春秋时期，逐步演变为剑身加长，柱脊变棱脊，截面凹弧、有血槽，前锷收狭、刃部由直刃变为弧线内收的形制。

在出土青铜剑的收藏中，吴王阖闾的青铜剑虽为数不多，但也有留存。阖闾名光，有关他的宝剑便称为"吴王光剑"。其中一柄，就发现于安徽省南陵县三里乡吕山村。

1972年初夏，吕山村村民在村后平整坡地、打理晒谷场时，从取土的坑中挖出一把铜剑，当时这柄剑剑刃锋利，光泽如新。在场农民尚且没有"地下文物属国家"的良好的文物保护意识，见利起意，在哄抢中导致剑身被掰成数段，散落于不同的人手中。1978年，吕山村的一位农民将自己抢到的3段残剑卖给了入村扫货的浙江文物贩子。县文化馆得知后，依托警方的力量将这3段铜剑追回保存。文化馆的工作人员看到残剑上隐约可见的几个金字篆书，知道此剑并非寻常之物，为它成为残片感到可惜。

　　1984 年，南陵县文物干部开展全县文物普查，期间来到了与吕山村邻近的金坑村，一位村民主动上交了 3 段残剑。文物干部回到文化馆，将前后 6 段残剑一一拼接，居然完全契合！在青铜器专家的修复下，断成 6 块、分离 12 年的青铜古剑终于恢复了本来面目，剑上的阴刻镶嵌篆书金字铭文也完整地展现在人们面前。从铭文得知，此剑是春秋末期吴国君主阖闾在位时期所造，故称"吴王光剑"。虽然出土后在民间保存不周，但是它被修复之后依然青光熠熠，锋利无比。

　　吴王夫差是阖闾的儿子，父子两代都积极对外征战，各有建树，但从青铜剑的出土情况来看，夫差剑不仅数量多，而且出土较早，清代收藏家阮元就见过一柄。

　　清代学者阮元在他所著的《积古斋钟鼎彝器款识》中最早著录了一柄吴王夫差剑，留下了一份拓本。此剑剑身长约 44 厘米，圆筒状茎，窄格纹，剑身中部为圆弧剑脊。剑身与剑柄相交处铸有铭文"攻吴王元差自作其夫用"10 字，分为 2 行。其中"夫"字与"元"字误倒。据称浙江钱塘收藏家黄小松最早收藏此剑，之后传给山东日照收藏家许印林，最后归潍县收藏家陈介祺所有，阮元也是从陈介祺那里看到的这柄剑。郭沫若和罗振玉也对这柄剑有过著录研究，但是近代以来此剑下落不明。

　　因考古发现而被各地博物馆收藏的吴王夫差剑非常多，下面简略介绍：

　　1935 年曾在安徽寿县西门内出土一柄吴王夫差剑，现藏中国历史博物馆。1965 年，在山东平度县废品收购站发现一把吴王夫差剑，现藏于山东省博物馆。1974 年，安徽庐江农民在开挖水渠时，发现一柄吴王夫差剑。1976 年河南省辉县收购站的废铜器中发现一柄吴王夫差剑，现藏中国历史博物馆。湖北襄阳也在同一年出土吴王夫差剑，由郭沫若鉴定为吴王夫差佩剑，现藏于湖北省博物馆。
1991年6月，山东邹城市钢山街道朱山村的一位农民在自己家地里
取土，发现一柄吴王夫差剑。同年，河南洛阳中州中路战国墓出土
一把吴王夫差剑。

吴王夫差剑

　　它们的发现地是可以确证的，但是台湾古越阁所藏的一柄吴王
夫差剑的出土地却存在争议，有专家认为它可能是在山西出土。据
推测，当时吴国深入北方与晋国交战以失败告终，此剑便成为了战
利品流落他乡。至于其出土的具体情况现在不得而知，可能是通过
盗墓非法流入古董店与国际拍卖市场。1991年，此剑曾在香港的古
董店香江古肆中现身，同年被拍卖。当时被台湾古越阁主人王振
华、王淑华拍下，专门收藏。这柄古越阁所藏吴王夫差剑还是同系
列夫差剑中最为"活跃"的一柄。为了促进收藏文化交流互动，在
2014年12月18日到2015年3月22日，该剑还在苏州博物馆公开
展示了三个月。

四、九龙宝剑

　　近代收藏界最有名的一把宝剑，莫过于孙殿英从清乾隆皇帝的
裕陵随葬品中盗出的九龙宝剑。乾隆皇帝在位60年，又当了4年太
上皇，一生过手的珍宝数不胜数，死后一部分奇珍异宝与之同埋裕
陵的地下宫殿中，九龙宝剑便在其中。

　　据称九龙宝剑并非龙泉剑的标准样式，而是结合了蒙古弯刀的
特点，长约167厘米，剑身略弯，剑柄比一般样式稍长，而且在剑

柄上面刻了9条小龙，取九九归一之意。这柄剑本意在于供乾隆皇帝在阴间使用，是一柄特制的陪葬剑。

1928年7月2日，爆发了震惊世界的清东陵盗宝案。军阀孙殿英以演习为名进入河北省遵化县清东陵，一夜之间连掘慈禧和乾隆两座陵墓，将陪葬的金银珠宝等洗劫一空。对孙殿英来说，他自认为自己的所作所为也是革命，便在社会上大肆吹嘘他在陵墓中的见闻。在他看来，乾隆裕陵所藏珍宝中最珍贵的莫过于两件器物，其一是乾隆身上的一串朝珠，其二便是身边的一柄九龙宝剑。不说剑身如何，只看剑鞘都是用名贵的鲨鱼皮制成，嵌满红蓝宝石及金刚钻，称得上是世间绝无仅有的一柄高级宝剑。

可是他掘盗清东陵毕竟不是什么光彩的事，再有理也不属于正义的所作所为。在众多报纸披露这一恶劣行径之后，全国各界人士深以为耻，强烈要求政府将孙殿英法办。孙殿英这时才醒悟过来，害怕南京政府追究，立刻用盗陵得来的赃物四处打点，据传他把慈禧口中含的那颗夜明珠送给了宋美龄，翡翠玉西瓜送给了宋子文，其他大大小小的各级要员皆收获不少他送的珍宝。一番打点后，这法办之事也就落了个警告的处分，不了了之。1939年，孙殿英在抗日作战中表现不佳，生怕被蒋介石借机清洗，便将九龙宝剑交由戴笠转送蒋介石。戴笠当时不便回到蒋介石身边，便把宝剑暂时交由下属军统北平站站长马汉三保管。

谁知戴笠长期不过问，马汉三便起了贪宝之心，私藏宝剑，并且故意躲避戴笠，这一躲就躲到日本人那里去了。1940年初，马汉三被日本人俘虏，不仅积极投降，还献出宝剑以求保命。宝剑这次落到了臭名昭著的女间谍川岛芳子之手。直到抗战胜利后，川岛芳子被军统捕获，戴笠亲自到北平第一监狱提审时才得知马汉三曾经叛变，九龙宝剑在川岛芳子这里倒了一次手之后又回到了马汉三手中。戴笠得知这个消息以后马上调查马汉三，令其主动把宝剑交出，这才饶了他一命。

可是戴笠依然没有把宝剑送给蒋介石，反而将其当成自己的私藏之物。不久，这柄剑便随着戴笠的死入了墓，再次从人间消失了。1946 年 3 月 17 日，在一场大雨中戴笠的飞机于江宁岱山失事，机毁人亡，飞机着起的大火烧了数个小时。军统派沈醉去收殓。他从江宁农民手中寻回了剑鞘和剑柄早已烧得一干二净的九龙宝剑。沈醉将它和戴笠的遗骸一起放入棺材，运回灵谷寺志公殿暂放。数月后，戴笠下葬，沈醉亲自督造建墓，还特地用水泥固封。

中华人民共和国成立后，人们对刽子手戴笠的批判使得戴笠墓的拆除也提上了日程。1951 年春天，在南京各界的强烈要求下，戴笠墓被夷为平地。墓中除了戴笠遗骸外，只有一把被烧得变形的左轮手枪，一个皮鞋后跟，还有就是已经不复往日风采的九龙宝剑。它当时已经变成了一个近 40 厘米长的狭长铁片，严重锈蚀，外廓看起来仍是宝剑的样子，但是已经毫无价值。推平墓地的人们将这些东西一股脑扔进墓前的池塘中填埋，只留下棺材板被拿去箍桶了。

当有人再想起九龙宝剑的传奇的时候，一切早已无迹可寻。在收藏者手中没能得到一个好的归宿，可能就是这件珍宝本身作为陪葬品的遗憾吧！

小结：

古代兵器中的名品并不单单只有剑。最早的比较出名的一把名刀，名为大夏龙雀，相传为晋文公持有。我国的实用刀具花样繁多，但并不用于收藏。后世引发人们收藏热潮的名刀，首推武圣关羽的青龙偃月刀。当然，这柄刀只是传说，而且它的形制始于唐朝，以当时可以有效对抗骑兵的长柄刀为原型，是对《三国演义》

为代表的小说中的相关描写进行艺术加工所得，豪华大气，配得上关羽豪气冲云天的非凡气质。如果依照关羽在战场上实际使用的长矛为素材写小说，那估计效果就与隋唐的罗家枪、宋代的杨家枪没什么两样了。现今山海关或一些关帝庙里收藏的青龙偃月刀多数分量很重，其实它们是宋代以来武举考生训练及考核专用器材，性质与我们今天的杠铃是一样的。不过，英雄的故事令人崇拜，虽然大江东去，三国风流人物已逝，但青龙偃月刀和关羽的神话还在世代流传。

　　在当今社会，这些冷兵器都属于管制刀具，受到严格控制。在枪械兴起之后，又形成了枪械类的热兵器收藏。但是收藏容易，难的是不被兵器本身的凶性诱惑而迷失了人性。兵器收藏的最大问题往往便源自于此。可谓人人心中认同和谐，天下自然销兵入藏，难起干戈。

21 西洋的冲击
——明清皇宫里的舶来品

◇ ·················

　　明清时期，大量的外国商人、传教士从陆路、海路相继到达封闭的东方，希冀在这里开启新世界的大门。而最早叩开这座门的东西，并不是先进的西方技术，而是玩具。没错，就是玩具，进贡给东方最高统治者的礼物，能够引起中国皇帝兴趣的小玩意。

　　近代以来，卫道士们常常斥责这些东西为西方的"奇技淫巧"但不可否认的是，在中国收藏领域，它们也占有一席之地。在西方传教士极力想要顺利进入中国的时候，合适的"舶来品"便成了他们的护身符。因为他们发现，只有讨好了中国皇帝才可以自由地传教。西方传教士给皇帝进献的神奇的西洋玩具，排名头一号的就是钟表。

一、敲开中国大门的钟表

最早向皇帝进贡钟表的传教士是利玛窦。1598 年，他跟随一个已经认同基督教的明朝官员到达北京，想通过对方的介绍进入宫廷，但是没有成功。两年以后，利玛窦又北上进京，在天津遇到了宦官马堂。马堂得知利玛窦想向皇帝进贡，于是给万历皇帝上了两次奏折，说明了利玛窦的情况，提到了利玛窦想要进贡的自鸣钟。因为当时明朝有规定，外国人进贡后要限期离境，所以利玛窦只好一边往回走，一边等待消息。过了一段时间，万历皇帝想起奏折上提到的自鸣钟，特意命人取来观赏，这才给了利玛窦一个进宫的机会。

原来，这两件自鸣钟因为是从海路到达中国，进贡之后便没有被调试过，所以运行不是那么精准，只有利玛窦入宫调试才能解决问题。利玛窦借着这次机会，终于接近了皇帝。万历皇帝派了几个太监跟随利玛窦学习调试钟表。在学习的过程中，利玛窦与太监一起把西方钟表的术语依照相关形状、功能，翻译成了便于中国人理解的用语。齿轮、摆等名词也开始与钟表联系了起来，最后成了我们至今仍在使用的特定用语。

楼阁式嵌珐琅更钟

钟表调试好之后，万历皇帝十分高兴，重赏了利玛窦，又担心钟坏了没人维修，便特许他在京城自由活动，还可以领取俸禄。自从有了那座自鸣钟，万历皇帝还特意花费了数千两银子，在御花园内建造了一个钟楼。不仅钟楼内富丽堂皇，自鸣钟的底座上还装饰着黄金纹饰和宝石。那里成了万历皇帝常常带领后妃和一些近臣赏玩的一个去处。

利玛窦向万历皇帝进献的这两件钟表成了中国宫廷钟表收藏的源头。清朝建立后，传教士们发现他们遇上了比明朝皇帝更优秀的"顾客"：一位是爱学习的康熙皇帝，一位是爱收藏的乾隆皇帝。其他皇帝与皇室中人虽然也颇为喜爱这种器物，但谁能跟这二位相比呢？

先说康熙皇帝。他是中国皇帝中接受自然科学的程度最高的一位，非常欣赏西方技术，并且最早推动了技术本土化。其实顺治帝时期就已经开始让工匠仿制钟表，但由于当时的发条质量不过关，所以钟表走时不准确。直到康熙皇帝亲政，政治地位巩固之后，对于钟表的本土制作才开始步入正轨。康熙皇帝专门在宫廷里建了一个自鸣钟处，吸收了一些西洋来的传教士与宫内工匠共同设计制作。有一段时期，康熙皇帝叫停了南方进贡钟表的活动，就因为那时宫内可以自己制作了。

不止如此，清康熙三十一年（1692），康熙皇帝特意在乾清门搞了一次中国的日晷与西洋钟表的对抗赛。他命人在宫外广场上设立好日晷，用笔画出正午时光影应该在的位置，旁边放了一座被钟表匠确认精准的自鸣钟。皇帝与王公大臣们一同坐在旁边，边喝茶边等正午时刻的到来。正午时分，西方的自鸣钟上面显示的时刻与日晷显示的时间完全吻合，在场众人纷纷叫好，康熙皇帝对这次对抗赛的结果更是满意，回宫后大赏众人。

乾隆时期，宫廷钟表生产已达到相当高的水平。假若外国传教士与使团赠送钟表，除非技术新奇，否则乾隆皇帝都提不起兴趣来多看两眼。

这一时期，由于钟表制作技术的发展，在机械动力驱动下日月星辰、车马人物、花鸟虫鱼都仿佛活了过来，让乾隆皇帝十分喜爱，因此他特别令广州相关部门专门向国外定制这一类高级钟表。

在乾隆皇帝督促下，宫廷钟表造办处设计了许多妙趣横生的功能，诸如变换文字、音乐报时鸟、活动人偶舞蹈、水法（喷泉报时系统）、行船、转花、滚球，实现了丰富多彩的表演与互动等复杂功能。圆明园海晏堂的大水法就是这样的大型报时钟表的一种。

除了战乱被掠夺、破坏以及迁往台北的一部分，故宫博物院现在收藏的钟表仍有 1500 多件，主要来源于清宫造办处所造的钟表、广州自产的贡品钟表、英国与瑞士针对中国客户生产的定制钟表、法国利用新科技制造的钟表。反而当年传教士送来的钟表成为了极小的一部分。这样的收藏品规模，在国外也是不多见的。

鎏金铜镶嵌珐琅料石转花花盆顶
水法音乐钟

二、西来内化的鼻烟壶

鼻烟壶，就是专门盛装鼻烟的容器，在中国收藏品当中占有独特地位。明末清初，鼻烟传入中国，鼻烟盒渐渐东方化，产生了鼻烟壶。虽然现在来说鼻烟已经成为历史，但鼻烟壶却作为一种精美艺术品流传下来，被誉为"集各国多种工艺之大成的袖珍艺术品"。

明末鼻烟进口尚少，仅广东一带有人吸闻。自从清朝康熙皇帝允许西方传教士入境活动之后，大量的鼻烟和盛装鼻烟的玻璃瓶就随之传入中国。没过多久，吸鼻烟逐渐在富裕人群中成为流行时尚。西方诸国发现中国人喜欢这种小瓶子，立刻像进贡钟表一样大量出口鼻烟和玻璃制的鼻烟瓶。葡萄牙、英国、法国等国家纷纷加大生产量，以供中国消费。乾隆皇帝也常常赐赏王公大臣鼻烟。

　　鼻烟吸完之后常常剩下一堆鼻烟壶，一般是扔给了家中小孩或是赏给仆人玩了。可是随着制作鼻烟壶的材料越来越精致，开始兴起了专门收藏鼻烟壶的潮流。它之所以成为中国人追逐的收藏品，首先是因为制作材料高级，制作精美；其次则是由于便于携带，方便收藏。在这之外，那些空荡荡的玻璃瓶虽然也好看，但它们开始成为倍受喜爱的收藏品，还是因为内画艺术的发展。

　　鼻烟壶开始出现内画，还伴随着一段有趣的传说。相传乾隆末年，一位地方小官进京办事，由于不愿意花钱行贿，被朝廷官员硬是拖着，事情无法办成。地方小官连续等了好几个月，钱粮都已耗尽，事情也没办完，无奈之下只好寄宿在京城的一所寺庙里，勉强度日。他平时好吸鼻烟，这时也没忘了吸两口。他用的是小号玻璃瓶装的鼻烟壶，没几天就把鼻烟用尽了。他暂时买不起新的鼻烟，又舍不得扔掉旧的鼻烟壶，想吸时就用烟签去掏挖壶壁上残留的鼻烟，坚持了好久才丢掉鼻烟壶。

　　庙中的一个和尚看见了这个鼻烟壶，发现内壁上有许多划痕，看起来就像一幅画。和尚来了兴趣，特意把竹签烤弯削出尖头，蘸上墨，伸入壶中，在内壁上画

内画鼻烟壶

了几笔，效果不错。从此以后，鼻烟壶内画就诞生了。

　　真正的内画鼻烟壶出现于清嘉庆末年道光初期，此时已经进入

19 世纪。这一时期的内画鼻烟壶是用特制的微小尖勾画笔，在透明的壶内绘制而成的。自从鼻烟壶内壁可以处理成磨砂玻璃状以后，绘画效果就像在宣纸上作画一样，细腻又容易附着墨色，极大地促进了内画鼻烟壶的发展。

鼻烟壶在中国成为一种特别的手工艺品之后，便逐渐通过皇帝赏赐欧洲商人、来华使节和传教士重新流传到国外。当年沙皇俄国派钦差大臣到中国谒见皇帝，献上了一大批珍贵礼物，而皇帝回赠的礼品则是每人一件由皇室工场制作的精品鼻烟壶。到了清嘉庆时期，鼻烟壶愈发受到外国人的青睐，包括内画鼻烟壶在内的工艺品畅销海外，让外国收藏者惊叹不已。

瓷制鼻烟壶

三、纸上看世界的外来地图

西洋传入中国的精美器械，最后普遍都成了玩具，充实了收藏品的种类。但有一种传入的精密制品，其实是最有助于中国人了解世界的，它就是西来的世界地图。

地图是了解世界情况的基本资料，也是公认的重要收藏品之一。但是当时虽有如此先进的睁眼看世界的地图，清朝统治阶层却依然在英国等西方列强对华开战时两眼一抹黑，归根结底，地图没有发挥它应有的作用，反而同样是被当作玩具收藏了。

中国最早的世界地图出现在 1430 年，是由与郑和同时代的绘图师绘制的，但是没有留下明确的史实记载。日后利玛窦绘制《坤舆万国全图》，据说便是以此为参考，才在地理大发现开始前将南北美洲最早绘入世界地图的，至于真相究竟如何，还有待进一步研究。

　　传教士利玛窦最先开始在中国制作世界地图，并把它用于送礼。利玛窦刚开始绘制地图时也是以欧洲为准，将中国画在了地图的边缘，但在中国人的提醒下，他马上明白过来，应当把中国放在中间。他之前忘记了欧洲各国绘制世界地图时约定俗成的规则：每个国家在绘制属于自己国家的世界地图时，自己的国家都应当被放在地图中间。利玛窦很清楚自己是在为中国服务，那就必须以中国人的视角处理地图问题。后来的入华传教士也认同这种绘制方法，例如艾儒略（1582—1649）进贡的《万国全图》，毕方济（1582—1649）进贡的《坤舆全图》等，都是按照这一基本原则，参考各种资料绘制而成的。

《坤舆全图》

　　康熙年间，比利时传教士南怀仁（1623—1688）奉命绘制《坤舆全图》，绘成之后木版刊印，印毕另行设色。它是近代以来世界地图史上第一份比较完整的世界地图。现在《坤舆全图》世上仅有两份，一份在"台北故宫博物院"，另一份在河北大学图书馆。1760 年，法国传教士蒋友仁（1715—1774）绘制了《坤舆全图》，作为献给乾隆皇帝五十大寿的贺礼。南怀仁的世界地图与利玛窦的世界地图布局一样，而蒋友仁的世界地图在布局上与欧洲出版的地图完全一样，即亚洲在右侧，美洲在左侧。

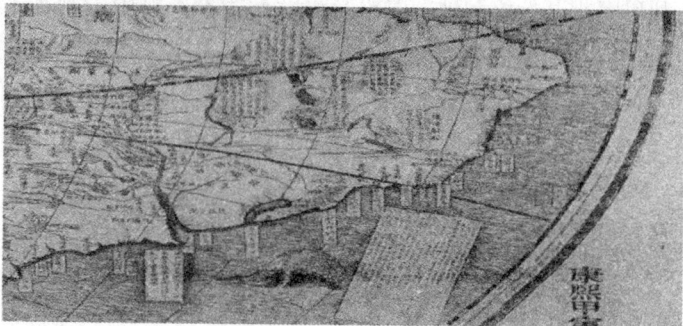

康熙年间《坤舆全图》（局部）

在世界地图刚进入皇宫的时候，皇帝们都非常高兴，但是不久便弃之一旁。在清末差点被焚之一炬，可以说是西来的收藏品中最不受重视的一种了。

小结：

其实最早从西方流入的经典收藏品，不是这些技术含量很高的物件，而是被称作"奇珍异兽"的动物，比如被称作"麒麟"的长颈鹿就非常受明朝永乐皇帝的喜爱。可是动物是活的，有生老病死，如果不能在本地繁衍生息，那就只能属于一次性收藏品。本章介绍的主要是充满了西方工艺精华的精美器物，它们的生命力可要比动物顽强得多。

西方传进来的工艺收藏品还有铜胎制作的珐琅器。在统治者的关照下，铜胎画珐琅工艺很快便成为中国经典器物制造技术之一，并且与瓷器制造技术结合，消化吸收再创新。但这无非是为上层阶级又多添了一件玩具，使东方又增添了一种可供收藏的工艺品而已。即使当时西方传教士进贡了红衣大炮、毛瑟枪等先进的火药武器，也依然被封建统治者将其与玩具一视同仁，当作西来的奇珍异宝收纳在珍宝库里，摆放起来直至落满灰尘。清政府明明有可观全世界地理情况的世界地图，却在鸦片战争时搞不清楚英国在哪儿，实在是贻笑大方。封建统治者将收藏做到这个份上，不能不说是误国误民的一件恨事。

22 鬼斧神工的石头
——玉石收藏

◇ ⋯⋯⋯⋯⋯

　　自然界物产丰厚，其中的万物各有各的存在意义。比如石头，可以用来砸东西，也可以用来盖房子。它不能吃，不能穿，可是在开始认识到"什么是美"的人类面前，石头的地位便逐渐提升。大部分石头是普通的，只有那些"天生丽质"的石头才会被人们珍视。石头被人赋予了阶级划分的意义，拥有"天生丽质"的石头更成了拥有财富的标识。

　　早在原始石器时代，就已经出现了用玉石制作的装饰品。在金属器物进入人们的生活以前，玉器是原始宗教神秘符号的载体。现在出土的许多夏商周时代的玉琮、玉璋，都是传统祭祀所用玉器。

直到商代以后才出现了艺术化的玉器，而且往往由专门的玉器工匠制作。历史上最著名的就是和氏璧。虽然关于它的故事十分久远，但是美丽石头的故事，我们还得从它开始讲述。

一、卞和献宝与蔺相如完璧归赵

春秋时期，楚国的一个草根玉器工匠卞和发现了一块璞玉，舍不得下手处理，生怕破坏这块玉的完美，于是非常高兴地向楚厉王献宝，想要获得封赏。可是宫廷玉匠一番检查之后，断定这是块普通的石头，指责卞和纯粹是在忽悠楚厉王。楚厉王听到之后当然十分愤怒，就以欺君之罪砍去了卞和的左脚。楚厉王死后楚武王即位，卞和再次献宝，结果武王依然认为其进献的是普通的石头，下令砍去卞和的右脚。到楚文王即位的时候，卞和已经不敢再去献宝了，怀着满心的委屈，抱着璞玉到楚山上哭了三天三夜。这件事不久便传了开来，文王非常感动，下令重新鉴定。这次经过仔细辨认，宫廷玉匠们终于确认它是块举世无双的美玉。卞和苦尽甘来，按照楚文王的意愿，从这块璞玉中制作出了绝世无双的美玉，正是"和氏璧"。

到了战国时期，和氏璧流落到了赵惠文王手里。秦昭王知道以后，就派使者与赵王协商，表示秦国愿意用河西十五座城池换取和氏璧，请赵国先将和氏璧送来一睹为快。

赵王和大臣们商量，大家一致认为秦王居心叵测，是个不肯吃亏的人，怎么可能变得这么大方？但要是断然拒绝，秦国肯定会兴师问罪；要是一口答应，只怕是对方设的骗局。大家思来想去，都没什么好主意。这时候，蔺相如挺身而出，提出自己愿意带着和氏璧去见秦王，并承诺如谈判不成功，也一定想办法把和氏璧完整地送回赵国。赵王别无他法，只好答应了他。

蔺相如到了秦国，把和氏璧进献给秦王欣赏。秦王捧着宝玉，看了又看，还交给大臣们传递欣赏，一时朝堂上下热闹非凡，可就是没人跟蔺相如提割让城池的事。

朝堂之内蔺相如的眼睛紧紧盯着和氏璧，生怕它脱离自己的视线范围。眼看秦王打算将它送入后宫给妃子欣赏，蔺相如顿时发觉事有蹊跷。和氏璧一旦脱离了自己的视线，就是被人偷梁换柱或窃取的好机会。可是和氏璧已经在秦王手中，怎么才能让他心甘情愿地还回来呢？他想来想去，心生一计，走上前去对秦王说："这块和氏璧虽然看起来完美无瑕，但是有一处常人难以发觉的小瑕疵，还请让我为您指出来。"秦王一听和氏璧有瑕疵，心中感到奇怪，赶紧令人将和氏璧交给蔺相如，让他当众示意。

蔺相如拿到和氏璧后，往后退了几步，靠在了大殿中的柱子上，怒发冲冠地对秦王说："当初大王传信给赵王，说好了愿意拿十五座城池来换这块和氏璧。本来没人相信天下有这样的好事。可是我觉得秦国的大王一定是个讲信用的人，才劝服赵王派我把和氏璧送来。没想到方才大王捧着玉，却不提换十五座城的事情。这样看来，大王既然没有用城换璧的诚心，估计我也不能那么简单地离开了。如果大王真要强迫我献出宝玉，那我只好用自己的脑袋和这块宝玉一块儿装饰这根柱子了！"说话间，蔺相如举起了和氏璧，对准柱子，眼看就要一头撞上去。

秦王本来想叫武士去抢，可是又怕逼急了蔺相如之后真的闹个人财两空的结果，给秦国惹来更大的麻烦，连忙向蔺相如赔不是，还叫人把地图拿来，指着地图煞有介事地说："河西一带，一共十五座城，都划给赵国。"蔺相如见此，又向秦王提出了条件，说："这块和氏璧是天下至宝。赵王送它到秦国，可是恭恭敬敬地斋戒了五天，还举行了隆重的送宝仪式。现在大王要接受它，也应该先按这样的礼节仪式来一次，我才能将宝物正式献出来。"秦王本不想这样做，但不想别生枝节，因此答应下来，打算先把这五天度过再说。

蔺相如带着和氏璧回到公馆之后，马上叫一个手下乔装打扮，让他把和氏璧藏在身上，偷偷地从小道先返回赵国。蔺相如则大大方方地面见秦王，说明了情况，请秦王先将割让城池的信物送往赵国，再正式迎取和氏璧，向天下证明诚意。虽然对这种手段不满，但是秦王知道是自己想通过不正当手段获得和氏璧在先，目前已经失去了最好的机会，也不能为了一块玉开战，就只好放蔺相如回赵国去了。

这件事情在历史上被叫作"完璧归赵"。虽然是老生常谈的故事，却是历史上不多的一个因为收藏品而涉及外交、战争、智谋等诸多元素的绝佳传说，在世界收藏史上也是绕不过去的经典传奇。

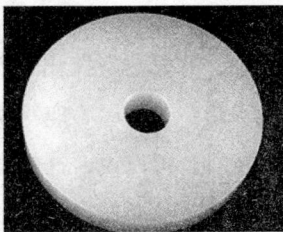

玉璧的一般粗加工形态

除了和氏璧，与之齐名、并称"春秋二宝"的随国玉石珍宝——随侯珠则蕴含着独特的东方神话色彩。相传随侯外出，见一条大蛇痛苦不堪，便出手相助。这条蛇痊愈之后便衔玉珠以报，留下了"灵蛇之珠"的美名，这颗玉珠也被称为随侯珠。据称随国灭亡后，这颗宝珠曾流入楚国，最后到了秦国国君手中。但是在秦始皇死后，这颗珠子完全不知所踪。有人认为它被安置在秦始皇的地宫中，作为照明之灯使用。但是它究竟是什么材质，现在尚无定论。

二、大个头的玉酒器

除了上文那些天然或被加工过的经典石质收藏品外，作为宫廷收藏的珍宝，历史上也非常推崇大件玉石制作的器物。其中的代表，就是渎山大玉海。它是中国历史上出现最早、重量最大的巨型玉雕，开启了大件玉雕作品收藏的先河。

渎山大玉海又名"大玉瓮""酒海"，是一件巨型贮酒器，可储酒 30 余石（约 1.8 吨），为 1265 年元世祖忽必烈令皇家玉匠精雕细琢而成，意在反映元初版图之辽阔，国力之强盛，可以说是石质版中国地图。它重达 3.5 吨，玉料为中国四大名玉之一的独山玉，是中国玉器史上里程碑式的作品。

让人觉得惊奇的是，渎山大玉海虽然形体巨大，但是雕工极为精细，借助玉石的特殊材质表现出了极为丰富的壮丽画卷。渎山大玉海脱胎于一整块黑质白章的大玉石，口呈椭圆形，周身雕刻波涛汹涌的大海，有龙、猪、马、鹿、犀、螺等动物游戏其间。浪涛翻滚中，海龙上身探出水面，张牙舞爪，上演着一幕龙戏宝珠的好戏。猪、马、犀、鹿等动物则是遍体生鳞，好像神话里龙宫中的虾兵蟹将。可以说，这幅海洋神话世界的景象正是元朝希冀一统天下的写照。玉匠们利用玉色的黑白变化来勾勒波浪的起伏、动物的眉目的高超技巧引领了时代潮流。

渎山大玉海原本被收藏在北海琼华岛上的广寒殿中，因为常常被用作皇帝大宴群臣时所使用的酒器，所以也算实用器。琼华岛是远古河道残留下的水泊中的山，有"渎山"之称，所以大玉瓮得名"渎山大玉海"。13 世纪意大利旅行家鄂多立克曾经进入北海，得以亲眼目睹渎山大玉海的风采。他在自己所著的《东游录》中描述了相关见闻："宫中央有一大瓮，两步多高，纯用一种称作密尔答哈的宝石制成。因为精美，使得它的价值超过四座大城。瓮的四周装饰金花，每角一龙，猛扑而出，好不威风。瓮里的酒是从宫廷用管子输送进去，瓮旁有很多金酒杯，供人随意饮用。"

明代万历时期，广寒殿坍塌，渎山大玉海被移出原址，百余年间居然被人们遗忘了。清康熙年间，朝廷计划重修西华门外的真武庙时，主持建设工作的辅臣高士奇发现它居然被道士们当作腌咸菜的石瓮。虽然被辨认出来，但是并没有被立即追索回宫，它仍旧放置在真武庙大殿中，从此真武庙也被叫作"玉钵庵"。直到乾隆皇帝以千金供庙，渎山大玉海才被赎回宫内，安置在北海的团城之上。虽然挪了地方，但也算是重归旧地。乾隆皇帝命人为它建造了玉瓮亭，还令40多位词臣各写诗一首刻于亭柱上。他自己当然也不例外，写了一首《玉瓮歌》，刻于渎山大玉海的内壁留作纪念。

渎山大玉海虽然被送回宫，但是人们偏偏忘了将安置渎山大玉海的原配石座也带回宫去。结果石座仍然遗落于真武庙内，渎山大玉海则另配了一个汉白玉雕花石座。有人觉得空留一个元代石座非常可惜，就又雕凿了一个石瓮安置在上面以示纪念。自此，真武庙改称"石钵庵"。事后，真武庙因为破损荒废改为民居后，原来的渎山大玉海石座和后刻的石瓮便于20世纪70年代被移到宣武门外的法源寺内。

三、玉雕精品——小白菜

回顾了风华绝代的上古名玉，也观瞻了玉中翘楚的元代巨型玉雕，接下来我们要讲述的主角，是个头不大不小的近代玉雕精品，而且是系列产品，它就是玉雕"小白菜"。虽说在民歌界还有一曲催人泪下的苦情歌"小白菜"，但是在富贵人家，"小白菜"则象征着"清雅高洁""纳百财"等吉祥意味，用玉雕白菜来表示，再贴切不过了。

"台北故宫博物院"玉器精品无数，知名度最高的始终是那块"翡翠玉白菜"。据说它是清光绪皇帝妃子瑾妃的嫁妆，所以原本摆放的位置应该在瑾妃居住的北京故宫永和宫内。翡翠玉白菜由一块灰白、翠绿各占一半的玉石雕刻而成，工匠把绿色的部位雕成菜叶，灰白的部位雕成菜帮，还在菜叶上头保留了两只小虫，一只是蚱蜢，另一只是蝈蝈。它与真正的小白菜大小相近，色泽滋润新鲜，吸引了众人的目光。然而这颗"小白菜"由于保管不善，曾经遭到过损坏，蝈蝈的一根长须断了一小截，让人觉得非常可惜。

玉雕白菜可不止这么一件。在"台北故宫博物院"，除了人气"爆表"的翡翠玉白菜

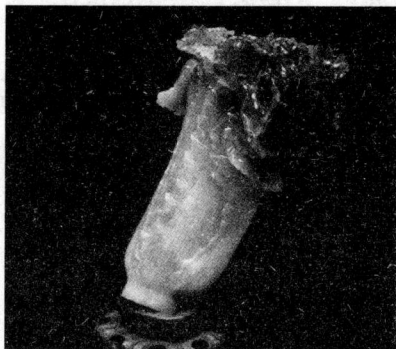

"台北故宫博物院"所存翡翠玉白菜

外，还有一颗绿黄相间的翠玉白菜，高度约 13.4 厘米，颜色偏黄，菜叶上也有菜虫，被亲切地称为"小小白菜"。因为它的质地比不上镇馆之宝翡翠玉白菜，所以并不出名。另有一颗更为娇小的翠玉白菜则是中心有一个洞，应该是雕刻时就存在了，因而有人判断这颗翠玉白菜原始的用途是花插。因为它被归在了珍玩库，不像另两件列在玉器科，所以很少公开展出。

自从到了台湾，翡翠玉白菜就没有再回过大陆。那么中国大陆就没有翠玉白菜了吗？当然不是，这种白绿相间的玉料还是颇为高产的，所以我们也能见到不少新鲜的"小白菜"。只是台北这个"小白菜"太出名了，所以我们都对其他"白菜"帮的成员视而不见，选择性忽略了。中国大陆现有的质量上乘的翠玉白菜有两颗，一颗在天津博物馆，另一颗在北京博物馆。因为北京博物馆这颗翠玉白菜没有什么故事，所以名声不显，默默无闻。倒是天津博物馆的翠玉白菜还颇有一番奇遇。

1950 年，天津的文物专家在天津市财政局的一个库房角落里发现了翠玉白菜。这颗翠玉白菜质地尚属上乘，仅次于台北的那个翡

翠玉白菜。但是天津的翠玉白菜色系更为丰富，拥有白绿黄三个颜色，工匠别具匠心地在黄色部分进行雕琢，反而赋予了翠玉白菜更加天然的感觉，好像一颗成熟已久、内里泛黄的冻白菜！从此这颗翠玉白菜就被赋予了一个形象的名字："冻白菜"。

本来清宫还有一棵更精绝的"翡翠大白菜"，但因为成了慈禧太后的陪葬品变得下落不明。据相关资料记载，这棵大型翡翠白菜，绿叶白心，菜梗上刻着一只振翅的碧绿蝈蝈，附近还刻着两只红白相间的马蜂，色彩十分丰富艳丽。1928 年 7 月，震惊海内外的慈禧陵寝盗墓案爆发。孙殿英率部众进入清东陵，用炸药炸开了乾隆皇帝和慈禧太后的陵寝，并将陪葬宝物洗劫一空。但是让人纳闷的是，孙殿英将这批宝物倒卖一空，也自称将部分宝物送给了蒋介石及其家属，但是现在我们始终无法见到一件来自于这两座皇陵的宝物，也是一件奇事。这颗翡翠白菜的下落，虽然据说送到了孔祥熙手中，但是至今没有消息证实。

现代以来，随着玉石矿的开采，翡翠白菜也变得寻常可见。"台北故宫博物院"还专门制作微型白菜挂件当作纪念品出售，满足了参观者的心理需求。

四、奇石的独特世界

除了玉石之外，还有许多不以质地取胜，凭借夺天地造化的独特外形登上石头收藏顶峰的存在，它们就是奇石。它们以自然形成的惊人形态，拥有了让人惊叹的观赏价值。受世人公认的中国四大奇石分别是东坡肉形石、岁月石、中华神鹰石和小鸡出壳石。东坡肉形石现藏于"台北故宫博物院"，是镇馆之宝之一。至于之前提到的太湖石等假山用石也属于奇石。

曾在圆明园文源阁前面矗立过的约 6 米高、4 米宽、1 米多厚的"玲峰石"，便是此类奇石的代表。因其有八十四洞，乾隆皇帝还称其

"胜米老"，这是因为与历史上最爱奇石的北宋书法家米芾相比较，米芾的"洞天一品石"比"玲峰石"少三个洞，因此乾隆皇帝非常开心。只是"玲峰石"命途坎坷，虽然躲过了英法联军的破坏，却还是被几个盗贼用炸药炸成碎石，埋没在了一片疯长的蒿草里，令人惋惜。

皇家奇石收藏中与"玲峰石"齐名的，是北京颐和园乐善堂前的大青石"青芝岫"。它有着8米长、4米高、2米宽的大个头，和"玲峰石"一样都来自于北京房山县的深山里，明朝的米万钟是它的第一代收藏者。米万钟从深山中发现它以后，苦于无法运出，听了聪明人的建议，雇了很多民工修路打井，试图在冬天用一条冰路将石头运出，结果家财耗尽也没有成功，最后只好弃之不顾。世人送这块石头一个外号叫"败家石"。直到清朝乾隆年间，它的命运才出现了转机。

青芝岫

传说是这样的，乾隆外出祭祖，在归途中看到这块大青石突兀地出现在路旁，感觉奇怪，向随行的刘墉询问原因。刘墉有心献宝，就将米万钟的事一说，还添油加醋地说是石头嫌弃米万钟档次太低。乾隆皇帝听后心想，"米万钟档次低，我不是正合适

青芝岫上的"芝岫"刻字

吗？既然奇石有灵，那就派人以礼恭请。"因此乾隆立刻下令派人焚香拜石，然后征集民夫将石头运回京城，打算放在给母亲祝寿而新建的乐善堂内。

可是回来之后，运输的人傻眼了，石头太大，然而乐善堂的外院门已经砌好，想完成任务就得破门而入。老太后听闻，觉得它果然是个败家石，直接不允。还是刘墉出的主意，指出石头形似灵芝，有瑞气，象征着人寿年丰，皇基永固，放在乐善堂前最为合适，弃置反而不妥。老太后听了之后十分高兴，这块奇石也就顺利安置在了乐善堂正门前。乾隆皇帝为其赐名"青芝岫"，并与大臣们题字吟诗，好不热闹。至于刘墉究竟会不会为这种劳民伤财的事忙前忙后，还真是很难说。不过这个传说，也算是为奇石收藏增添了一点乐趣吧！

小结：

在国外，人们最推崇璀璨的钻石、圆润的珍珠。在中国，人们喜欢的石头花样繁多，小一点的有雨花石，大一点的有太湖石，这还仅仅是用来当作庭院摆设，至于收藏，当然首推玉石器。中国人对玉石的喜爱，是与中国文化相关的一种表现，也是中国美的象征之一。中国人对玉石的喜爱源远流长、经久不衰，甚至 2008 年北京

奥运会的奥运奖牌也采用了独特的金（银、铜）镶玉的制作工艺，向世界充分展现了中国对玉石文化的推崇。

现在中国收藏界对奇石、美玉的追逐也是非常激烈，因此也出现了不少乱象，比如市场上曾经出现过一套天价的汉代玉凳，让人哑然失笑。汉代的人们都席地而坐，哪来如此先进的坐具？这些在玉石器上的伪作已经严重扰乱了玉石收藏市场的秩序。推崇石头本身天然质地所带来的美感无可厚非，但只有辅之以人工的艰辛创作才能出现绝世精品。美丽的石头与巧夺天工的技艺产生的良好交流，才是玉石收藏真正的意义与价值所在。

23

印为至尊
——西泠印社的印藏

◇┄┄┄┄┄┄┄

　　西泠印社，社址坐落于杭州西湖景区有如人间仙境一般的孤山南麓。该社于1904年由浙东文人群体中的丁辅之、王褆、吴隐、叶为铭等人发起成立，以"保存金石，研究印学，兼及书画"为立社宗旨。说来讲去，貌似与收藏并不沾边。其实不然，随着百余年的传承以及浙东文人的共同助力，西泠印社的文物收藏总数超过了1.6万件。藏品的积淀如此丰厚、数量如此巨大，这在中国民间博物馆中也是屈指可数的存在。

　　西泠印社的藏品并非局限在印鉴石刻之内，而是涵括印章、印谱、绘画、书法、碑帖、杂件等与制印、用印息息相关的多个领域。在1922年，西泠印社还集资修建了三老石室，珍藏了有"浙东第一碑"之称的汉三老碑等一批石刻精品。在西泠印社，书法绘画作品收藏也颇具浙东文人的特色。但是既然以印社为名，研究印学为主，那么它首屈一指的还得是印石收藏，而且其中确实也有丰富的故事可言。这第一件，就是首任社长吴昌硕的珍藏宝印。

一、印家绝品——12 方田黄印

吴昌硕是西泠印社的首任社长，自身书画功底深厚，篆刻技艺更是一流，生前就在西泠印社留下了不少自己的珍藏。但是西泠印社的 12 方特殊的印章是吴昌硕珍藏的自用印，并不是在他生前留下的。然而正是这 12 方特殊的印章，在吴昌硕去世后为吴家人与友人刘汉麟留下了一段深厚的友谊。

吴昌硕

这 12 方自用印全部都是以篆刻用石中的极品石料田黄冻石刻成。田黄冻石在刻石界属于上等材料，若有原料出土，人们一般依照原有形状略微加工，一经刻印，便一次成型，永为珍品。而这 12 方田黄印，上部镂雕兽型钮，形态各异；下部方正，印面刻有正文，印侧留有小记，在印章中位列上品，可以说是当仁不让。

12 方田黄印

在吴昌硕去世后，12 方田黄印一直由其子吴东迈保存。1952年，吴东迈夫人身患重病，急需治疗，但家中早已入不敷出，捉襟见肘。就在这时，吴昌硕长孙吴长邺的同窗好友、上海正泰橡胶厂董事长刘汉麟先生得知此事，送来一笔巨款以解燃眉之急。蒙此大恩，为表谢意，吴东迈将 12 方田黄印当作谢礼。

不久，商人出身的刘汉麟成了各项批判运动的对象。他曾被多次抄家，幸亏保存严密，田黄印才安然无恙。整日生活在惶恐之中的他，不知自己未来如何，更不知 12 方田黄印的命运如何。刘汉麟思考多次后，还是来到吴家，向吴东迈解释了自己的处境，将田黄印还了回去。刘汉麟走后，吴东迈嘱咐儿子吴长邺等运动过后再把田黄印送还给刘家。可是没想到，1966 年，吴家也被抄了家，这12 方田黄印最后还是被搜出来没收了。

当时这 12 方田黄印被没收后并未交公，而是被一个红卫兵私自藏匿，至于具体是谁无从可知。后来，田黄印被他以 100 元的价格卖给了上海文物商店。不久之后，文物商店准备出售部分字画等艺术品换取外汇。一个懂行的日本人看中了这 12 方田黄印并以高价买了下来。然而这样的文物是不允许出境的，因此在其离境时被一位懂行的工作人员阻拦了下来，予以查扣。在依法退还日本人的购置款后，这 12 方田黄印也被封存在了上海艺术品库房中。

后来落实相关政策，要求物归原主，可是有关部门派人上吴家还印时还带来一张 100 元的收据，要求不还钱便不能拿到印章。面对莫名其妙的收据，吴家人哭笑不得。由于已经找不到当年那个占了便宜的人，吴家人也不想多生是非，便交了 100 元，这才将 12 方田黄印赎了回来。

看到这 12 方田黄印历经磨难终于重回吴家，吴长邺感慨万分。经过多年风雨洗礼，吴长邺也已经看淡了家族收藏。他重新找到了刘汉麟，共同商量这些田黄印的最终归宿，刘汉麟已经不愿意再拿走这些对吴家意义非凡的宝印。俩人最终决定以刘汉麟的名义，将这 12 方见证了吴、刘两家数十年情谊的田黄印捐给吴昌硕曾经奉献过的西泠印社。

吴长邺、刘汉麟二人对此结果非常满意，西泠印社也无疑是吴昌硕遗物的最好归宿。西泠印社为感谢二人的义举，特意拿出了 1 万元奖金表示感谢。吴长邺、刘汉麟二人将这 1 万元的奖金捐献给了上海静安区青少年活动中心，为社会公益事业做了贡献。

吴昌硕自刻印
"酸寒尉"

二、弘一法师出家赠印

李叔同是近代文人中的传奇。相信不少人都对歌曲《送别》中营造的"长亭外，古道边，芳草碧连天"的美妙意境留下了深刻的印象，而他便是这首歌曲的词作者。这样一位才子，在浙东文人中属于绝世奇才，在未出家前也是篆刻的行家，常常与西泠印社的篆刻名家交流技艺，也积攒了一批精致的自用印章。

1918 年 8 月 19 日，李叔同谢绝了友人的劝说，毅然前往虎跑寺剃度出家。在青丝落尽、佛前诵经的那一刻，李叔同消失了，出现在大家面前的是一代名僧弘一法师。在诗词、书法、音乐、绘画、戏剧等多个领域，当年的一代才子李叔同才华尽显，也在红尘

之中积累了浓浓的情谊。出家当日断然舍弃，他将俗世之物全部分赠友人，以此斩断旧日缘分。而他多年来累积的 93 枚自用印则全部送给了西泠印社。

那些自用印，有些是自刻，有些是友人相赠，以李叔同在俗世的交友考虑，这些印章的最佳归属应当是西泠印社。他将印打包交予好友、西泠印社的创始人之一叶为铭，嘱托对方寻一妥善之处安置即可。叶为铭面对好友的俗世遗言，也不由地产生了古代文人"笔冢""葬花"的伤感情绪，在仔细斟酌一番后，选定了西泠印社所在孤山的半山腰处，沿鸿雪径台阶往上的一处崖壁，并凿壁保存李叔同所赠之印。现如今登上小孤山，石壁上嵌有"印藏"的石匣就是当年藏印之处。李叔同赠印的故事，也成为人们口口相传的经典之一。

出家后的弘一法师同西泠印社的联系没有中断过。因为在出家之地，刻碑写经的事是家常便饭，免不了与印社的人有写经、刻碑、用印的交流，所以他同西泠印社的联系并没有中断，反而还有了新一层境界上的往来。

1923 年，西泠印社的创始人之一吴隐之子吴熊打算在遁庵左侧建一座阿弥陀经石幢，恳请叶为铭出面，邀请弘一法师书写经文。弘一法师郑重地接下了这一份功德善事，写好了经文，特别请叶为铭叮嘱镌刻者用心刻写，并且请叶为铭在经文刻好后，能够赠送拓本若干份，以留一份善缘。叶为铭也非常用心地监督刻

华严经塔

经工作，直到完美收工。

1924 年，西泠印社在古四照阁旧址建设华严经塔，叶为铭请弘一法师撰写了《西泠华严经塔写经题偈》，镌刻于塔上第一层。这座塔现在已经成为西泠印社园林的标志性建筑，吸引着八方来客的瞩目。

三、葛昌楹的"传朴堂"藏印

葛昌楹也是西泠印社社员。他自幼喜好摆弄印鉴，收藏印章便成了他人生中的最大爱好。葛家是书香世家，家中有私家藏书堂"传朴堂"，因日军纵火现已不存，原址在浙江平湖城葛氏旧宅内。楼内藏书传到葛昌楹父亲葛嗣浵时已经颇具规模。而葛嗣浵弃官归隐后，又用毕生精力经营传朴堂，使堂中的藏书由 10 万余册增至 40 万余册，藏书及书画闻名遐迩，其藏印之声名也随之鹊起。葛昌楹便是传朴堂的第三代主人。

葛昌楹生平所藏印章不下千余枚，也正因如此，才应邀加入了西泠印社。1937 年，传朴堂毁于战火，楼内藏书、名画顷刻间化为灰烬，损失惨重。藏印也在大火中散佚殆尽，赶回来救火的葛家人竭尽全力，也只是找到先前埋入地下保存的数百枚印章。葛昌楹与印社同人丁辅之商议后，又联合其他藏印家将各自的劫余之印合辑成册，在 1939 年出版了《丁丑劫余印存》20 部，为自己的珍藏做了一次历史性的纪念。

葛家这时已经家道中落，没有新的收入来源，又遇上战争，一大家子人的生活更是难以维系。葛昌楹为维持生计，无奈之下只得变卖家中藏印，过了几年吃老本的日子。每一次变卖前，葛昌楹尽量将最舍不得卖的藏品留下。即使这样，印章还是日渐稀少，葛昌楹心里也不好过，直到抗日战争结束后，这种煎熬的日子才终于结束。

中华人民共和国成立后，葛昌楹将自己所藏的一部分印章陆续转让给了无锡收藏家华笃安，华笃安不久便将这批印章捐献给了上海博物馆。1962 年，葛昌楹听说西泠印社准备重建，非常欣喜。当时他居住在上海，特意从所剩不多的藏印中又精心挑选出明清名人印章中的精华，如邓石如的"江流有声断岸千尺"、程邃的"竹篱茅舍"、傅山的"韩岩私印"等 43 方名印捐献给西泠印社。西泠印社特意派工作人员上门迎接这批印章。在交接的时候，老人动情地说道："这回是小女儿出嫁了！"印章入藏西泠印社后，躲过了"文化大革命"的破坏，最终得以幸存。

葛昌楹在 1963 年去世。20 余年后的 1986 年，他的夫人冯梦苏又将自己的 10 枚自用印捐献给印社，再次丰富了西泠印社的馆藏，留下了葛昌楹与西泠印社斩不断的浓浓情谊。可是他曾收藏的一方与西泠印社有关的宝印却一度下落不明，那就是"西泠印社中人"。这枚印章在失踪数十年后，才终于回归西泠印社。

"西泠印社中人"印鉴

四、"西泠印社中人"印归来

"西泠印社中人"印出自吴昌硕的手笔，也是最早刻印"西泠印社"四字的一方重要印鉴。印章质地为浙江青田石中被称作"石中君子"的封门青。印的边款刻有"石潜、辅之两兄属刻持赠书徵，三兄社友、金石家。丁巳春仲安吉吴昌硕"等不到 30 个字。印章的边款告诉我们，在 1917 年印社创始诸人中的吴隐与丁辅之两位篆刻名家特为友人葛昌楹向吴昌硕索求一方印章。吴昌硕答应之后，以一印回报三人的友谊，施刀刻下了"西泠印社中人"一印。之后，印章便送予葛昌楹悉心珍藏。

1944 年，葛昌楹与胡淦将此印辑入了他们的藏印汇总《明清刻印汇存十二卷》中的第十二卷，并公开发行，人们才知道还有这么一方宝印的存在。可是怪事也来了，从此之后这方印鉴再未出世。葛昌楹在 1963 年去世前捐出自己所藏全部宝印的时候，没有提到"西泠印社中人"印章的存在，也没有提到曾将这枚宝印出售过。他去世后，他的家人流散外地，更是没有人提到这件事。也就是说，从 1944 年开始，"西泠印社中人"印章就如同人间蒸发一般消失了。大家只闻其名，未见其形，这件事一时成为收藏界的一个谜案。

直到时隔上次面世已经 53 年的 1997 年，"西泠印社中人"印章居然在上海的一场拍卖会上现身。这一消息吸引了众多知晓这段秘闻的爱好者持重金前往，想要竞拍宝印，但最终都未能如愿。一名代理购买者志在必得，以常人难以接受的高价将印拍下。事后人们才得知委托方是时任日本篆刻联盟理事长、西泠印社名誉副社长的小林斗。虽然小林斗也是与西泠印社渊源颇深的人，但是这次"西泠印社中人"宝印东渡去了日本，还是让不少人感到遗憾。

得到此印的小林斗十分欢喜，对它爱不释手，称其为"印中瑰宝"。然而让许多人始料未及的是，他重金买下宝印的真正用意是为了送这方印章回到它的初始之地。

2003 年 11 月，西泠印社成立 100 周年纪念庆典上，小林斗特意携带"西泠印社中人"印章出席，并当众宣布将印章捐赠给西泠印社，让参与庆典的西泠印社众人十分佩服他对印社的深厚情谊。

"西泠印社中人"印章的归来，为西泠印社成立 100 周年添了个头彩，也让西泠印社的社员们感到十分高兴。印章将永远保存在西泠印社，再也不会有外流之忧。

五、抗战时印社的休眠

　　早在西泠印社成立之前，清代就有著名的"西泠八家"活跃在浙江印坛上，奠定了西泠印社的收藏基础。只是晚清时期走向衰落，才激发了其创始人的建社热情。

西泠印社山门之一

　　西泠印社的收藏也是多灾多难。在抗日战争期间，许多属于印社的建筑都被损毁，只有小孤山上散落各处的收藏多数得以保全。这与西泠印社常年聘请的一户人家的努力守护分不开。西泠印社的看门人叶六九与儿子叶德生、叶秋生一家三代共 19 个人，从西泠印社创社之始就居住在小孤山，全家承担守护重任，日常则是靠贩卖茶叶等土产、碑帖书籍作为副业维持生计。战争期间，他们把能搬动的古物都埋入地下，匾额招牌全部取下藏起，故意破坏进山的道路，伪装成荒山秃岭，将前来游玩的本地人劝走，尽全力让日本人忽视西泠印社的存在。没有游人，一大家子也只能开垦些荒地，勉强维生，之外便是依靠三位避居上海的印社创始人丁辅之、王褆和叶为铭每月接济一部分生活费。直到 1947 年，印社才恢复了正常的活动。

"文化大革命"期间，社员们为了保护印社的收藏，自发地将部分藏印、楹联等藏品放入极为偏僻的房间，锁好之后弄成年久失修、无人使用的样子掩人耳目，还用和好的泥灰覆盖住无法移动的石刻、古碑，在园中四处张贴当年流行的标语大字报，让人们不敢轻易去揭开、移动，终于使大部分收藏得以留存下来。

小结：

西泠印社曾经历过改革开放初期的困难，也面临过经营不善的困境。直到 2003 年，在印社 100 周年纪念庆典上启功被选举出任空缺多年的名誉社长，他成为了西泠印社精神的接棒者。启功去世后，接任社长的是印学大家饶宗颐。经过体制改革，他重新启动了西泠印社的盘活计划，第二年便摆脱了之前资不抵债的困境。现在，西泠印社逐步恢复了自己的各项事业，还在众多领域有了新的拓展。现在的西泠印社已经是海内外公认的研究金石篆刻艺术历史最悠久、成就最高、影响最广的学术团体，发展成为国际性的研究印学、书画的民间艺术团体，被人们尊称"天下第一名社"，是浙东首屈一指的文人社团。

印本来只是书画的配角，但自从文人篆刻兴起后，它便独立于琴棋书画之外，自成一种艺术体系。西泠印社的成立，弥补了原先无印章专业艺术社团的遗憾。

西泠印社除了收藏前面提到的众多名家印鉴外，它存在的最大的意义在于印鉴与其他收藏品共同形成了西泠印社自己独特的文人群体收藏脉络。它的社藏文物在百余年捐赠义举的支持下形成，对于西泠文脉延续有着重要的历史意义。这些经典社藏背后的故事，也反映了近代文人的操守与面貌，给我们展开了一幅独特的历史画卷。

24   历史的硬质载体

——中华名碑

◇ ·················

　　碑石文字并不是东方独有，但是东方碑刻在数量上还有质量上绝对都是首屈一指的存在。中国碑刻是中华文字的重要载体，也为书法艺术的发展提供了极为有力的支持。最早记载的碑刻文字是秦代的石鼓文，而秦代为歌功颂德进行大规模礼仪活动时所留下的泰山刻石、琅琊台刻石、峄山刻石等六大刻石，则为中国早期石刻留下了实物证据。自从西汉出现造纸术，纸的发展也加速了碑刻的广泛传播。随着文字的简化，书法由篆书发展为隶书，再发展为行书，这也为碑刻的发展提供了有利土壤。

　　比较著名的碑石收藏博物馆首推西安碑林博物馆，而碑石收藏中比较著名的碑石，还要从下面数块名碑开始讲起。

一、汉司徒袁安碑

汉司徒袁安碑，是用篆书写就的汉代墓碑中的代表作，东汉永元四年（92）立。原墓碑所在地点不详，袁安墓也不知所在。碑高1.53米，宽约0.74米。篆书雕刻，共10行，满行应为16字，可惜下截残损，每行各缺1字，故每行现存15字。其中第8、第10两行本来就不满行，其他行均缺一字，但可以通过文意补全，全碑实存文字139字。字体结构流畅大方，笔画纤细。碑中间的石穿是为下葬立碑时方便拖运所致，位置较低。

司徒袁安碑石穿

袁安在历史上官至司徒，这在史书中多有记载，碑文内容翔实可信。而且这块碑的侧面刻有"明万历二十六年（1598）三月题记"等字样，可知此碑至少在明代时就已被人发现，但当地县志并未留下记载。民国时期，人们再次发现它时，它是在河南偃师县西南的辛家村牛王庙中。由于背面平整，它被人们当作供案使用。又因为刻字的一面朝下，来供奉上香以及主持庙务的僧人一直不知道它是碑刻。

之后，1928年初兴起新式教育，牛王庙暂时被改作辛村小学。因为供案所在的佛堂并未拆除改建，所以石碑仍在原地放置。虽然碑的侧面有明代题记，可是无人对明代石碑感兴趣。1929年夏，一小孩课间捉迷藏时仰卧石案下，猛然发现石上刻有字迹，才告知了村里大人们，村民将碑重新立了起来，一时人人称奇。教书先生任继斌懂拓印，便开始制作碑文拓本转送来访宾客，并在碑石穿孔留下的空白处盖有辛村小学的印章。很快，袁安碑拓文进入金石家的视野，袁安碑也闻名全国。

抗日战争全面爆发之后，日军迅速逼近偃师县。1938 年，当地爱国人士组织文物保管委员会将此碑收存起来，转移埋藏，抗战胜利后却无人再找得到确切的埋藏地点。直到 1961 年，在一户人家屋后重新发现了这块石碑，这才被转送到河南省博物馆收藏。

近代以来，故宫博物院原院长马衡曾经对袁安碑有过怀疑。直到 1923 年在洛阳出土了袁安之子袁敞的墓碑，也是小篆笔法，字体与袁安碑如出一辙，虽然残损严重，但是马衡先生依

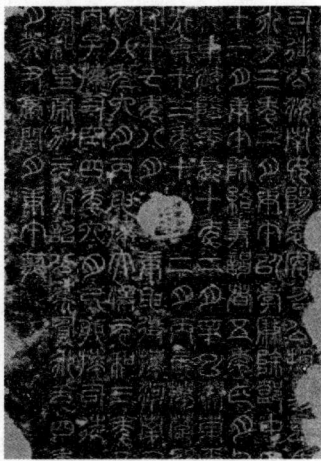

汉司徒袁安碑

照内容认定了其正式身份，并最终凭借它认定了袁安碑的真实性。父子双碑现世，却并未聚到一起。袁敞碑现藏于辽宁省博物馆，也是该馆重要的石碑收藏之一。

二、汉三老碑

汉三老碑，碑文为隶书，略有篆书风骨，完好且可辨识的字有 217 个。开首记有"三老"及其子的忌日，但所在的碑额已缺，无法知晓姓氏。碑中提到了这一家族祖孙三代人的名讳，其中的"三老"为父，名通，儿子名忽，字子仪。此碑是忽的第 7 子邯所建，据碑上记载，邯的母亲去世日期最迟，为建武二十八年。历史上使用"建武"年号的有 7 个朝代，但只有东汉光武帝的建武纪年长达

32 年，其他各朝代的建武纪年都没有能达到 28 年的，"三老"这个官职也是汉代才用，因此此碑最终被定为汉代古碑。

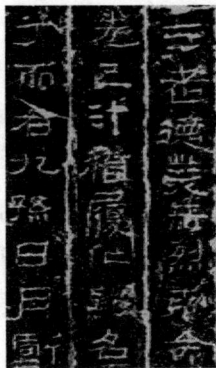
汉三老碑（局部）

清咸丰二年（1852），浙江余姚的一个村民在山里将石碑挖出，运回村内。当地金石爱好者周世熊最先赶来辨识，认定其汉碑身份，与发现人协商后运回自家庄园，建了一座竹亭将其保存了起来。

清咸丰十一年（1861），太平军兵至余姚，周世熊居住的庭园被侵占，竹亭则被太平军充作厨房，石碑被推倒在地，与周世熊收藏的其他古砖旧碑一起被垒作灶台，埋锅造饭。太平军退后，周世熊发现石碑只是略微受到烟火熏灼，左侧黔黑，但是文字没有受到影响。他非常高兴，认为是上天保佑，对石碑更加精心照料，常常以拓片相赠同道中人。一时间浙东文人蜂拥而至，认为它是研究东汉时期官制与文字、书法沿革的重要宝物。当地学者、名家纷纷索求拓片，并为汉三老碑题跋作记，渐渐给汉三老碑打出了"两浙第一碑""东汉第一碑"的响亮名声。

1919 年，上海古董商人陈渭泉前来拜访，见周家人才凋零，趁机出 3000 块大洋从周家购得宝碑，运到上海，一时间上海古董界大为震动。1921 年传出爆炸性消息，日本古董商向陈渭泉求购汉三老碑！另一位古董商人毛经畴得知后，把这一消息告诉了上海知事沈宝昌。沈宝昌是浙江绍兴人，听闻老家珍宝有外流危险，认为不可坐视不管，更何况是"两浙第一碑"，当即与浙江海宁人、两任上海海关监督官姚煜联系，约定力阻此碑外流，并商量集资赎回。二人联系了浙江文人社团中有悠久收藏历史的西泠印社，开始了一场抢救家乡文物的大行动。

　　西泠印社的吴昌硕、丁辅之等人商议后，认为一人独守不如众人共守。他们开始在同乡名流、社会贤达中间发起募资赎碑活动。浙江文人们积极响应，社会名流纷纷解囊，西泠印社的全体社员也踊跃认捐，为赎碑共同出力，其中浙江督军卢永祥、绍兴籍上海知县沈宝昌、海宁籍前清遗老姚煜、湖州首富张均衡等人都出手相助。吴昌硕等人还发起了数十位名家捐献各自珍藏的书画印谱义卖的活动。不到一个月，65人集资了大洋11270元，其中向陈渭泉赎碑花费了8000大洋，剩余款项则用来修筑石室，作为碑石安置之用。1922年7月，石室落成，取名"三老石室"，吴昌硕为此作记，略述其事。除汉三老碑之外，三老石室还藏有西泠印社原有的10余块古碑。印社还依据先秦石鼓文的宋代经典摹本新制了刻石，使得印社本身也成为我国碑石收藏的一个象征。在汉三老碑入藏后，西泠印社更是成为了石刻艺术的圣地。

三、大秦景教流行中国碑

　　大秦景教（即基督教）流行中国碑，唐德宗建中二年（781）吐火罗人（即波斯人）伊斯（或景净）撰文所立，朝议郎前行台州司参军吕秀岩书写并题额。碑身高197厘米，下有龟座，全高279厘米，碑身上宽92.5厘米，下宽102厘米，上额刻着"大秦景教流行中国碑"，总共32行，每行满行62字，共计1780个汉字和数十个叙利亚文。碑刻内容记述了当时大秦景教在中国的传播情况，对于研究我国古代的宗教文化有着重要意义。

大秦景教流行中国碑碑文

此碑在明熹宗天启三年（1623）出土，但具体地点已经无人知晓。当时西方来华的传教士们得知此事，争相拓片并把碑文拓片译成拉丁文寄往欧洲。当地人怕此碑被他们盗走，秘密地把碑与碑座抬到附近的金胜寺内保存。

清文宗咸丰九年（1859），曾经有人为此碑重建碑亭，但不久因太平军与捻军在当地引发战乱，金胜寺遭到焚毁，这块碑石便被掩映在废墟中。西方一些学者主张将这一文物运往欧洲保管。1891年，曾有欧洲某国公使请总理衙门设法保护此碑，为此总理衙门出资 100 两银子，可资金到达陕西时只剩下 5 两，县令只好找了几个泥瓦匠给碑搭了个草棚了事。

20 世纪初，丹麦人傅里茨·何尔谟贿赂县令，出"三千金"买下此碑，准备运往伦敦。清廷得知消息，立刻通令陕西巡抚阻止此事，最后在陕西学堂教务长王献君与何尔谟协商下，何尔谟同意废除购买合同，而清廷则批准其复制一个大小相同的模版带回伦敦。1907 年，陕西巡抚将大秦景教流行中国碑入藏西安碑林（现西安碑林博物馆）安置。

这块碑被傅里茨·何尔谟认为是中国最重要的碑，足以与罗塞塔石碑、米沙石碑、阿兹特克太阳历石并列世界上四大代表性碑刻。何尔谟回伦敦后，依照自己仿刻的碑模版又复制了一批，并向世界推销，朝鲜金刚山长安寺、美国华盛顿特区乔治城大学文化交流中心都得以收藏。

四、无字碑

人死后所立的墓碑多是有字的，可是无字碑的存在却另有深意。中国历史上无字墓碑不少，其中有的因为主人功劳太大、很难以碑文书写其生平，如东晋宰相谢安的墓碑；还有的是因主人罪恶滔天、无人愿意为其撰写碑文甚至刻碑，如南宋奸相秦桧的墓碑。

泰山顶上的那块无字碑则是汉武帝上泰山时所立，其中深意，后人揣摩至今也不得其解。甚至还有明代皇帝的陵墓——十三陵中十二块无字碑的神奇组合，居然是由于太祖谕令导致大臣们无法写碑文，而有资格写碑文的继任皇帝们又不想写，碑文部分才空出来的。但是要说起因主人功过最难评价而碑上无字的，就只有大家耳熟能详、坐落在乾陵的武则天的无字碑。

武则天的无字碑现在依然伫立在乾陵，受到文物单位的保护，虽未挪动过，但广义上我们也定义它为收藏品。乾陵位于陕西咸阳市乾县城北 6 公里处，是唐高宗李治和武则天的合葬陵。陵前有两块巨碑相对而立。西侧的一块叫"述圣碑（或称述圣纪碑）"，东侧的就是武则天的无字碑。述圣碑是武则天亲自撰文、为高宗歌功颂德而立的碑，碑面黑漆，由 7 块巨石拼成，高 7.5 米，重 89.6 吨。作为丈夫

无字碑

的高宗的碑上刻满了碑文，可是他的妻子、中国历史上唯一的女皇帝武则天的石碑却没有刻一个字，这又是怎么一回事呢？

与述圣碑不同，武则天的无字碑是用一块完整的巨石雕凿而成，在中国历代巨碑中排名也是靠前的（现存最大的古代石碑是河北大名宋代五礼记碑，高 11.9 米，但碑身断裂。另有河南巩义宋会圣宫碑较为完整，高 9.2 米，但缺乏保护）。无字碑高 7.53 米，宽 2.1 米，厚 1.49 米，重量达 98.9 吨。碑首雕刻了八条螭龙，巧妙地缠绕在一起，鳞甲分明，威严大气。两侧则刻有升龙图，各有一条腾空飞舞的巨龙，线刻而成，呼之欲出。碑座阳面还有线刻的

狮马图（或称狮马相斗图），马屈蹄俯首，温顺祥和，雄狮则昂首怒目，十分威严，周边还有许多花草纹饰，线条精美流畅。如此杰出的石材与雕饰已经具备，却偏偏没有留下最重要的碑文，这成了千古一大奇案。

据史书记载，唐高宗死后，乾陵的选址、设计以及营建，武则天都曾亲自过问，严格把关。两碑相对而立，无字碑的高度、重量、完整性都是略微比过了述圣碑，可以说，在安葬高宗时武则天就已经确定好要成对立碑，却并未统一石材的样式，而且她当时还无大功，无字碑石材质量优于述圣碑是无论如何也说不过去的。以此看来，应当是在武则天统治时期突然出现了绝佳石材，被临时征用作无字碑的材料，至于最后为什么没刻上字，那就是另外的故事了。

无字碑上为何无字，民间说法颇多。大部分人认为，武则天立无字碑是自认功高天下，难以用文字表达。也有人认为，武则天可能在离世前觉得自己罪孽深重，感到还是不写碑文为好。有一种说法认为武则天想要用无字碑来向天下宣告一种观点：功过是非让后人去评论，自己作为历史上的特殊存在，当代人难以评说。另有人提出一种观点，就是继位的唐中宗李显本身的纠结，他对这位先皇兼母后的武则天实在是难以发表意见，所以不撰碑文，任由巨碑空白。还有一种说法就是武则天离世后政局动荡，女皇被匆匆下葬，而当时太平公主与唐中宗、韦后等人忙于内斗，导致无人过问刻碑一事。众说纷纭，真相难以挖掘，却为它增添了不少神秘色彩。

现代的专家学者给出了新解释。当时陕西文物研究所搭了棚架，想对无字碑进行一次立体考查，近距离一看才发现了无字碑上面居然还有玄机！在无字碑的阳面，从上到下刻满了方格子，每个长4厘米、宽5厘米，排列整齐。证据表明，后人从未有加工无字碑阳面的记载，那就只有一种可能，它们是当初为了石碑刻字准备的方格。以此看来当时应当准备好了碑文才对。根据格子总数计算，可以推测碑文大约有3600多字。这便引发了另一个问题，为什么已经准备好的碑文没有刻在石碑上呢？

历史学家曾给出了这样的推测：武则天生前，碑文已经写好，并交给了中宗李显，但"神龙政变"后，李显重登皇位，反而无法决断碑文内容。对他来说发泄憎恨则有违人伦，但若对母亲歌功颂德却违背内心，只好留下了一块无字碑。这样的解释也很有道理。以笔者来看，还有可能是武则天退位与去世是大臣们逼宫所致，碑文中不好表达，所以李显才干脆废弃了已写好的碑文。

无字碑并非完全无字，这一变化是在宋金以后产生的。乾陵在当时已经变为了前朝旧地，常常有游人来拜访观光。偶然有一个胆大之徒在上面刻了字，后来者争相模仿，结果就让无字碑变成了个混乱的"有字碑"。这种情形说起来有如游人在景区胡乱涂写刻画"到此一游"的性质，但是无字碑上的留言除了书法略有档次外，这些文字也不乏文采，有抒发感慨的："难名帝尧德，易卜汉文心"；还有描

无字碑碑阴

写守陵后裔们依然尽忠的："惟有乾人怀旧德，年年麦饭祀昭仪"。

其中保存最完整的是 1135 年金人以女真文字刻的《大金皇弟都统经略郎君行记》，它为研究女真文字和中国少数民族历史文化提供了不可多得的资料。

小结：

汉司徒袁安碑、汉三老碑、大秦景教流行中国碑之所以成为收藏佳品，各有各的原因。前两者是因为它们的时代足够古老，书法也具有时代色彩，让人尊敬。后者则以内容制胜，是中国少有的古代涉外宗教石碑。它们的共同点是都离开了各自原先应该存在的地方，而且获得了人们的珍视，成为了收藏的对象。而只有无字碑仍在原地，保护欠佳，让我们不得不思考这样的珍贵遗迹应有的归所，以及究竟应如何对待它们等问题。

在我国禁止出境展览的文物中有一块山西博物院收藏的涅槃变相碑，虽然没有上述几块碑石那么丰富的故事，但是在碑刻界也是特殊的存在。虽然是常见的碑石形态，但是它使用的是浮雕，表现了佛祖释迦牟尼涅槃前后的情景与佛陀讲法度人的事，雕工细腻，构图紧凑，在全国也是仅此一份。

除此之外，还有不少流落国外的名碑，其中背负着国耻族恨的一块名碑便是被日军在日俄战争期间从旅顺掠走的唐碑，叫作鸿胪井碑。它是一块不规则的碑石，形似卧倒的单峰驼。碑文记载，公元 713 年，唐睿宗派遣朝廷郎将崔忻任鸿胪卿，以"敕持节宣劳靺羯使"的名义出使震国旧都（今吉林省敦化市），执行宣谕震国为忽汗州以及敕封大祚荣为渤海郡王的使命。清政府曾派人修筑石亭对此碑予以保护，结果被日本人连亭子一道掠走，成为了日本天皇花园里的收藏品，至今仍是我们心中的一大遗憾。

作为收藏品来说，碑石本身并不是一个好的选择，因为它们的积累是一个缓慢而又分散的过程。古代立碑的做法是：因事立碑，事情结束则数百年无需关注；随地立碑，只要认为有必要，田间地头都有可能立碑；随机立碑，没有规律性，有些形成传统，有些仍处于依某些条件才会立碑留证的状态。在当代，往往是过去的碑石虽然留存下来，然而与其相关的事件却早已无迹可寻。对于碑石的管理，除了一部分碑石原地保留外，现在几乎每个省市县文物管理处都收藏着当地散佚的碑石，即便如此还有不少碑石散落在乡间沟渠，无人照看，更不用提那些残碑断刻的处境了。

25　碎裂的图腾
——动物形石雕收藏

◇ ....

　　我国古代多用动物作为图腾，而它们也常常被用在石雕领域。我们在市场上常见的动物形石雕，多是普通石材的作品。因为古代石雕作品多用于建筑装饰或是墓葬营建，而且这些石雕作品往往不能轻易离开它们原来所在的地方，所以它们很少被当作收藏品，只有极少数例外，比如昭陵的六骏石雕就被迫离开了原来呆了千余年的地方，被异地收藏。近代以来，从圆明园西洋建筑群中流失的一批建筑构件同样也不乏石雕艺术的精品。其中有一对石鱼就相当精美，在西洋楼大水法还完整存在的时候，它们称得上是这一艺术杰作的一部分。

　　可惜的是，昭陵六骏被盗走，散落成碎片，而石鱼则是从近代国耻的伤痕——圆明园而不幸流落民间。它们就像碎裂的图腾一样，留下的是整个民族的伤痕。

一、昭陵六骏初分散

昭陵六骏成为收藏品，是在近代它们被偷盗买卖之后。之前它们在昭陵静静地守卫着唐太宗李世民的陵寝，默默地与主人共同回忆丰功伟绩。可是盗墓者猖獗，对这 6 件石雕艺术精品也不放过，意图倒卖高价，最后导致其中的两件石雕马流落海外，不能不说是一个遗憾。那么在这令人惋惜的过程中，这些石雕经历了什么呢？

因为昭陵六骏是石雕，体型大，重量也不轻，普通的盗墓贼只是打那些便于携带的金银细软等物件的主意，一般不会有人愿意花费精力偷盗这些石雕，所以一千多年里这六件石雕马始终伫立在昭陵西北祭坛两侧。虽然建筑早已倾颓，它们也遭受了风吹雨打，却从

昭陵六骏之"青骓"

未变得四分五裂，直到近代才被觊觎它们的人弄成了残片。从 1907 年法国汉学家沙畹为六骏拍摄的照片来看，六骏之首"飒露紫"与另一匹"青骓"保存完整，由此可以看出六骏之中只有它俩是在之后的盗劫活动中被破坏的。

清末，政治风云变幻，许多地方的社会治安早已失去原先的安定。乱世中文物商贩愈加猖狂，肆无忌惮。昭陵等地早已失去监护，成为文物贩子时常光顾之地。尽管附近的村民还记得自己守陵护陵的历史重任，但是依旧无法阻挡从外地来的大批贪婪的文物商贩，这些中外文物贩子纷纷勾结，共同参与到了向国外倒卖文物的不法活动之中。文物商贩的欲望愈演愈烈，由于方便搬动的文物越

来越少，因此本来对沉重的石雕不感兴趣的文物商贩，终于在民国时期盯上了它们。

1912 年，美国人马龙听说了昭陵保存着精美石雕的故事，于是联系了在北京的法国商人格鲁尚，出了一大笔钱要求对方抢在德国人之前弄到昭陵六骏，因此格鲁尚派人悄悄潜入昭陵盗取石雕。1913 年 5 月的一天，被格鲁尚雇佣的一干盗贼把砸

昭陵六骏之"拳毛䯄"

下来的"飒露紫"和"拳毛䯄（guā）"往山下转运时，被闻讯赶来的当地村民团团围住。情急之下，二骏被盗贼们从山道上推下了山崖，散落在山间。不久之后，陕西政府将碎片收集回来，粗略拼成了原状。虽然外国强盗的阴谋没有得逞，但是原本完整的"飒露紫"变成了碎片，"拳毛䯄"则损失了部分残片，主体还算完整。

有人说陕西督军陆建章得到了这两匹石雕骏马，想要进献给刚当上大总统的袁世凯装点花园。也有人说是琉璃厂古玩铺延古斋的老板赵鹤舫先前听过相关事情，就怂恿袁世凯的儿子袁克文向陆建章索要那两匹石骏。不管起因如何，当袁克文见到两匹碎裂的石马后，对于这样的情况相当不满意，最后便没有将二骏接进府中。

另有一种说法则是，二骏尚未被送入袁家花园，袁世凯就在 83 天的皇帝大戏之后以生命谢幕了，袁家买石骏的事也就不了了之。二骏留在赵鹤舫这个中间人手里，最后被他卖给了卢芹斋。也就是这个与外国人交往甚密、将大量古物倒卖给外国人的文物贩子卢芹斋，让二骏流失到了国外。

二、不同的命运——"二骏"与"四骏"

1916 年 2 月，美国费城宾夕法尼亚大学博物馆（以下简称宾大博物馆）的新展厅落成。博物馆馆长高登决定举办一个揭幕展，主题便是中国文物精品。就在这次展览中，他结识了来自中国、在海外文物倒卖界有着显赫名声的卢芹斋。

又过了两年，卢芹斋携带二骏前往美国，准备待价而沽，暂时将石雕存放在美国纽约大都会博物馆。1918 年 3 月，应卢芹斋邀请，高登第一次在纽约大都会博物馆里见到了虽然破碎却依然精美的二骏，立刻被这两座石雕吸引住了。数日后，他写信给卢芹斋，提出了自己想要购买的意愿，并且开始在博物馆的董事会成员之间游说，准备在同人之间达成明确的购买意向，为获取二骏做好铺垫。

他写信劝说董事长哈里森，信里讲到："这些神奇的浮雕自 7 世纪以来，一直出现于历史记载，证明中国人视其为艺术领域内的优秀作品。它们是非宗教、纯世俗的艺术品，对我馆的佛教雕刻收藏能起到完美的平衡作用。因为中国早期雕刻是宗教的天下，六骏因而成为稀世之宝。这些石刻实为独特的不朽之作。"在获得董事会批准后，高登让卢芹斋将二骏送到宾大博物馆。

当时卢芹斋狮子大开口，要价 15 万美元，可以在 3 年内付完全款。在当时，这个价位都足以买到 5 件上等的中国青铜器了。为了能凑足这笔巨款，高登四处募捐，却依然无法凑足。直到 1920 年底，一位名叫艾尔德里奇·约翰逊的慈善家为博物馆提供了一笔慷慨的捐款，解了高登的燃眉之急。最终，经过与卢芹斋又一次讨价还价，宾大博物馆以 12.5 万美元的价格买到了"昭陵二骏"，并做了初期拼接。为了对捐款者表示感谢，博物馆专门在二骏陈列柜的下方挂上了写有"艾尔德里奇·约翰逊先生捐赠"的铜牌。

二骏入藏宾大博物馆的消息在西方古玩界造成极大轰动，不少人在羡慕万分之余，也盯上了仍在中国的剩余四骏。

1918年，外国人勾结陕西督军陈树藩，到昭陵盗窃剩余四骏。代理人向守护昭陵的民众宣布，要将四骏运至西安保存，不日起运。但当地民众不放心，派出几名民众代表一直远远跟随着运载大车。那些人驾车沿渭河行至西安城北的草滩时，突然改变了方向，向码头奔去，途中还将最后一块完整的"青骓"摔碎，准备连同其他早已破碎的石雕一起装箱，走水路离开。跟随的几名民众代表发觉情况不对，立即入城向省议会报告。

省议会立刻派人通知了驻防在渭河北岸的靖国军，要求他们出兵封锁河道，另派人在城内声讨陈树藩盗卖国宝。陈树藩无可奈何，便派人将四骏运至陕西图书馆保存。直至西安解放，四骏依然在图书馆的角落里保持着破碎的样子。1949年，陕西图书馆将四骏移交西安碑林博物馆，拼接成型。至此，四骏得以安然保存在国内，唯一可惜的是六骏从此无一完整。

现在我们去昭陵，还会看到仿制的六骏石雕在墓道两旁与其他石雕相互呼应，仿佛讲述着六骏过去辉煌的历史。在西安碑林博物馆内，碎裂的四骏则带给我们近代历史伤痕累累的感觉，让我们不得不摇头叹息历史与人性的残酷。

三、回归的缥缈

因为二骏当年被文物贩子携带出国，所谓的各种合法手续一应俱全，所以对美国法律来说，这样的文物是合法买卖品，不适用盗窃文物归还的国际协定。虽然二骏回归的可能性微乎其微，但也还是有人在为它们的回归而努力。比如，1972年尼克松访华前夕曾向旅美华侨询问送什么礼物给中国最为合适，当时已有一定威望的杨振宁提议将二骏送回，却当即被否决了。

二骏回归也曾出现过一丝曙光。1986 年夏，陕西省考古学会会长、考古学家石兴邦到美国考察时，特意与美国哈佛大学华裔考古学家张光直一起到宾大博物馆观看二骏。张光直与戴逊是多年好友，在多方斡旋之下，戴逊表示愿意考虑将两件藏品归还中国，但提出要中方用几件文物作为交换。石兴邦回国后讲明情况，西安碑林博物馆答应从保存数量较多、收藏价值一般的唐代石造像中挑出两尊，与宾大博物馆交换二骏。但是后来戴逊听闻中国认定二骏是非法流失文物，最终反悔，交换未能成功。

昭陵

2003 年，有关昭陵六骏原址的考古发掘又有了新的进展。经多年发掘清理昭陵建筑群遗址，人们发现了唐代和清代曾经摆放昭陵六骏的两处基座。在台基附近的土层中，考古学家发现了三块较大的昭陵六骏的残片。这三块残片并没有明显的风化情况，从石质来看，要比流传至今的昭陵六骏主体石材完好许多。我们可以猜想的是，恐怕它们被凿落的时间更早，才会在泥土的保护下避免了之后风吹日晒的侵蚀。

昭陵六骏总共六件石雕，皆成碎块。虽然它们的坎坷命运是因为国内外文物贩子的贪婪，但是四骏最终能够保存在国内，也证明了国人中有胸怀大义的人存在。

四、碎裂的圆明园建筑石雕

同样碎裂的极品石雕还有圆明园的大批建筑构件装饰品。其实在被多次破坏之后，圆明园石质建筑的绝大部分并不完全是被火烧毁，而是在整体被烧之后变成废墟，又在之后的百余年里被拆毁了。拆下来的物件中，数量最大、最耐保存的便是这些建筑的石雕构件。

在国内比较出名的一个故事就是北京胡同中隐藏着的那两条原属于西洋楼大水法的汉白玉石雕鱼。那两条鱼，每只身长 125 厘米，高 58 厘米，重达 1 吨。2003 年，北京师范大学艺术系正准备毕业的学生刘阳经常去北京的老胡同里拍风情照片留念。一

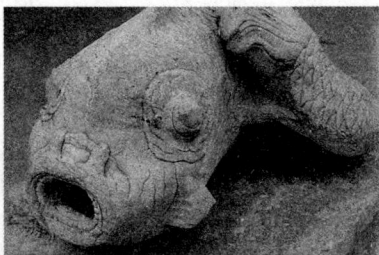

石鱼

次，他走到西单横二条附近胡同中段的 11 号院的门前，偶然一瞥，发现院子当中的树下有一对硕大的石鱼。他后来回忆道："鱼是平躺的，头向上扬起，嘴是圆的，体型富态，充满了美感。"刘阳想给石鱼拍张照，但看门的老太太说那是机关宿舍，不让随便进，刘阳便失望地离开了。

毕业后，刘阳到了圆明园管理处文物科工作。2006 年年初，为了撰写一本有关圆明园流失文物的书，他开始有目的地查阅圆明园相关文献档案资料。当他在翻看法国著名的传教士莫里斯·亚当于 20 世纪 20 年代拍摄的两张照片时，猛然发现上面有两条似曾相识的大石鱼。带着石鱼有可能是圆明园旧物的猜测，他再次找到了那个大院，经过多次交流，终于获得看门大妈的同意，对着大石鱼一次拍了个够。通过实地考察和拍照对比，刘阳确定，这对石鱼就是

从圆明园流失的汉白玉石鱼。像这样的石雕构件，如不是现今仍存有照片和在国外保存的相关玻璃版画仍留有记录，其他史料基本不可能记载它们的存在。

刘阳立刻把这个发现告诉了圆明园文物管理处。很快，圆明园文物管理处请来相关专家对石鱼进行了鉴定，大家一致认同刘阳的推测，这对石鱼就是圆明园大水法的附属石雕。因为大院的居民也听上一辈老人们提到过石鱼是圆明园的，多年来院内居民也予以妥善保护，从来不让小孩在上面乱写乱画、骑上爬下，所以石鱼依然保存非常完好。在圆明园工作人员的劝说下，居民们最终同意让石鱼回到圆明园，圆明园文物管理处则回赠大院居民一对水晶工艺的仿石鱼留作纪念。

尽管如此，两家单位的沟通却依旧费时费力，协商过程比较漫长，前后差不多用了 1 年的时间才让这对石鱼在 2007 年 6 月回到了故地，为此还举行了回归纪念仪式。其实这样的石鱼总共有 6 只，但是其他 4 只究竟被弃置在北京城的哪个角落里，直到现在还没有人知道。

在石鱼被索回的同时，位于西城区地安门西大街 153 号的北京教育网络和信息中心（原北京市电教馆）也主动捐献了 8 件石刻文物：6 件西洋楼景区汉白玉石雕建筑构件和 2 件中式建筑构件。当年它们是在"文化大革命"期间被人们当作战利品运送到电教馆的，结果随着社会的发展它们被原先占有的人抛弃，一直散乱地堆放在馆后一个小院子的角落。与大名鼎鼎的兽首不同，这 10 件石雕才是圆明园文物管理处自 1976 年成立以来首批成功回归的文物。在捐赠热潮的带动下，西单横二条 34 号院的居民也捐赠了 4 件相关石雕文物。

而有些文物，与圆明园近在咫尺，却因为与它们现在所处的环境融为一体，回归反而成为争议颇多的破坏行为。清华大学当年就占用了一部分圆明园废弃后的土地，现在仍留有不少圆明园残迹，也有不少民国新建筑。北京大学校园里，有十几件文物就来自于圆明园，其中包括北大正门（西门）的一对石狮子、未名湖西岸山坡上的"山高水长"土墙诗碑、未名湖里的翻尾石鱼、未名湖上的西式平桥、主楼前的一对石麒麟、燕南园的莳花碑和流水槽、西门办公楼前双龙戏珠图案的龙云石和办公楼前的一对华表。

在它们之中，凡是能够留存下来的，都是精美的石雕艺术品，而且多数都是北大前身之一的燕京大学从清朝王爷载涛手中购买的。还有一部分是抢来的，比如那对华表是燕京大学的牧师不顾阻拦强行从圆明园拉走的。这些构件，多半已经成为现有环境的一部分，如果贸然剥离，反而又是一次破坏，这成了圆明园旧物回收的难题。西城区很多老宅子里也有不少的圆明园文物精品，但是回归之路依然漫长。

虽然圆明园文物回归是很难的，但也有出人意料的进展。2014年，挪威归还了中国7根圆明园建筑构件的大理石柱。这7根石柱曾被百年前居住中国的前挪威骑兵军官约翰·威廉·诺尔曼·蒙特捐给挪威一家博物馆，根据该博物馆与中国商人黄怒波达成的捐资1000万挪威克朗（合当时1000万人民币）的协议，挪威将石柱于2014年9月送还中国，使其重归故里，同时该博物馆获得与北京大学合作开展文物保护工作研究的机会。不过7根石柱将放在北京大学展出，而不是真正回到圆明园。这样的结果，可能与圆明园文物回归的目标还有一定距离吧！

小结：

石雕中的庞然大物肯定是不可移动的，即便有人想要收藏也得有那个实力，不仅得凿下来，还得搬得动。我们常常听说的代表性石雕就有以中国四大佛教石窟为首的宗教石刻群，如果联想更广泛一些，屹立千余年不倒的赵州桥也可以说是石雕作品中的庞然大物。与泥土塑像、竹木雕、金属铸造等多种材质的艺术品相比，石雕有着自己独特的收藏魅力。

石雕名作中充满机缘巧合的物件还有很多，现代著名石雕作品也常常在城市街头传递着一个城市的人文精神。失散的昭陵六骏与流落民间与海外的圆明园石雕的回归之路是艰难的，但能够唤起中国人的爱国精神，是自我进步的重要试金石。我们在希冀文物顺利回归的同时，也应提升自我的爱国意识并时刻保持理性。

26

笔下龙蛇走江湖
——三希堂书法名帖收藏

◇ ....

中国人对书法的爱好世人皆知。由方块字与毛笔、纸张、油墨相互交融而带来的书法艺术品也是收藏界的宠儿。除了当代名家名帖，在收藏史上留下丰富印记的便是那些萦绕着古老墨香的历代书法名帖。这些在历史中幸存下来的名帖，在明清时期进入最后的沉淀期，真假混杂，官藏私藏皆有。这其中有幸留存下来的，我们到今天仍可目睹；不幸的，在清末之后的动荡时期销声匿迹，连赝品都无从仿制。

以清代三希堂为基点，我们就此追溯这些经典书法名帖的收藏历史，静静地品味它们过去的故事。

一、隔海相望的"三希"帖

明清皇宫收藏的书法名帖可谓不计其数。其中最为著名的，就是清乾隆皇帝最喜爱的"三希"帖。它们是王羲之的《快雪时晴帖》（唐代摹本），其子王献之的《中秋帖》，还有侄子王珣的《伯远帖》。乾隆皇帝认为，整个大清帝国汪洋般的宫廷书画收藏中，最精致的三件藏品莫过于此，为此他特意将自己的书房改名为"三希堂"，还镌刻了一套《三希堂法帖》帖碑。这三帖都与当年作者们各自写给友人的书信有关，历经千年流传，也经过不少名家之手，能够幸存实属不易。

《快雪时晴帖》的真迹早已不存，现存的只是唐代书法家用双钩技法临摹的摹本，但是即便是摹本，也保留了王羲之书法真迹的大部分神韵，因此后世收藏家与书法鉴定家一直将这幅1300多年前的作品当作真迹看待。据传真迹曾落到唐太宗手中，最后陪葬昭陵，传闻的真假现在也无法验证。这一摹本曾经流入魏征手中，后传给了褚遂良。宋初被铜山苏舜元、苏舜钦兄弟得到，而且苏家收藏实力雄厚，仅此帖的摹本就获得了三份。书法家米芾也得到了一本有"褚"印者。到了明代，就只剩下我们现在看到的这

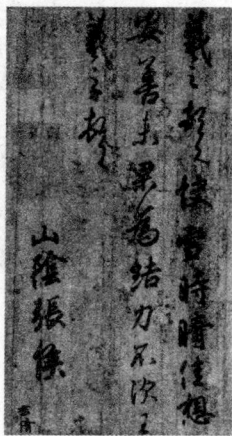

《快雪时晴帖》（局部）

一份摹本。它先后辗转于朱存良、王穉登、吴国廷、刘承禧、冯铨等收藏家手中，清乾隆十一年（1746）进入内府，被乾隆作为稀世珍品收藏。最终它跨过海峡，被安置在"台北故宫博物院"中。

《中秋帖》在清代以前并没有在许多收藏家之间流转，曾被宋代内府收藏，在明代相继流入项元汴与吴国廷手中。也正是在吴国

廷这里，《伯远帖》从民间被寻获，二帖与《快雪时晴帖》率先汇合，但不久之后又分开，《快雪时晴帖》随后落入冯铨手中。直到乾隆皇帝征集，三帖才重新在三希堂聚首。

相比《快雪时晴帖》，《中秋帖》与《伯远帖》还经历了清末的外流大劫。1911 年至 1924 年，《伯远帖》与《中秋帖》被安置在敬懿皇贵妃所居的寿康宫。等到皇家成员被全部请出紫禁城的时候，敬懿皇贵妃将二帖携带出宫，由她娘家侄孙做主卖给了古玩商，辗转流传到大清最后一任景德镇督陶官、北京西安门德聚成古玩铺的经理人郭葆昌手中。

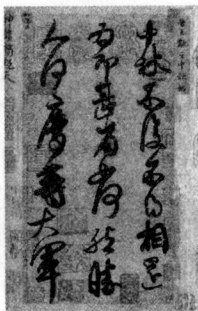 

《中秋帖》（局部）　　　　　　《伯远帖》（局部）

郭葆昌小心收藏二帖，从不对外宣扬，因此无人知晓。他死后二帖归其儿子郭昭俊所有。抗战胜利后，郭昭俊把父亲的私藏官瓷全部捐献给了故宫博物院，以此换取了中央银行北平分行经理的职位。1949 年，随着银行南撤，他退到广州，接着被疏散到了香港。为了做生意，郭昭俊将二帖抵押给一个印度人。那个印度人则将之以 10 万多港币的价格抵押给了香港汇丰银行。

郭昭俊做生意赔了本，抵押期满后无力赎回，只好出售还债，为此他找到鉴藏家徐伯郊商量。徐伯郊本就是新中国外流文物回收的特邀专家，得此消息立刻给时任故宫博物院院长的马衡写信，马衡向周恩来总理报告了此事的原委。1950 年 11 月 5 日，周总理亲自拍板，同意购回二帖，并安排当时的政务院文化教育委员会副主任马叙伦出面赴香港买回，终于使"二希"帖回归到故宫博物院。从此以后，三希堂三帖大陆留二、台湾存一，隔海相望的它们成了现在的历史遗憾之一。

二、曾流出国门的《黄州寒食帖》

苏轼的《黄州寒食帖》是他被贬黄州期间所作。他被贬之后的心路历程从《黄州寒食帖》的内容中可谓一览无余，笔法上也有所表露。通篇书法文笔流畅，气势奔放，风骨洒脱，在书法史上被称为"天下第三行书"，在苏轼书法作品中也是上乘之作。其传世之后，曾先后被北宋洪迈、南宋张演、元代张氏家族收藏，明代流入董其昌手中，清代被乾隆皇帝收入内府，录入《三希堂法帖》。清嘉庆年间，《黄州寒食帖》被安置在圆明园内，直到近代劫难的到来。

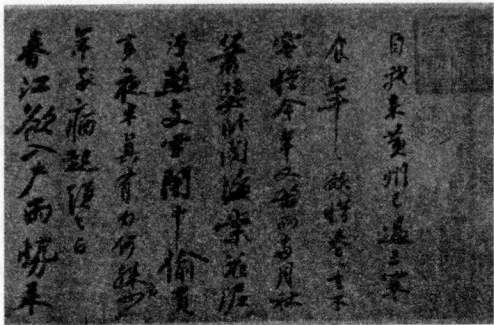

《黄州寒食帖》（局部）

清咸丰十年（1860），英法联军火烧圆明园。《黄州寒食帖》虽然躲过了被焚毁的厄运，但是因意外而流落民间，被广东人冯展云获得，之后又相继被盛伯羲、完颜朴孙收藏。它曾于 1917 年在北京书画展览会上展出，受到万众瞩目，1918 年转传到收藏家颜韵伯手中。也正因此,《黄州寒食帖》被转卖到了邻国日本。

1922 年,颜韵伯游览日本东京,顺道将《黄州寒食帖》高价卖给了日本收藏家菊池惺堂。1923 年 9 月,日本东京大地震,菊池家意外起火,收藏的古代名人字画多数罹难,唯有《黄州寒食帖》被菊池惺堂抢救出来。自此之后,《黄州寒食帖》被菊池惺堂寄藏在友人内藤虎的书斋中多年。

第二次世界大战之后,国民追索日占文物的热情高涨。国民政府外交部长王世杰嘱托友人在日本访觅《黄州寒食帖》,查找到下落后以重金购回,纳入自己的收藏中。在他去世后,《黄州寒食帖》被他儿子高价转卖给了"台北故宫博物院"。

除了这幅原作,有关它的高仿复制品也是收藏界的热门。1975 年前后,日本著名的"东坡迷"山上次郎斥巨资买下了台北展厅中的最后一幅《黄州寒食帖》复制品。1985 年 11 月,山上次郎率日本"东坡参观访问团"到达黄州东坡赤壁,将其拥有的这幅《黄州寒食帖》卷轴复制品捐赠给东坡赤壁管理处,以此表达他对苏轼的敬仰之情。这幅《黄州寒食帖》复制品也成为大陆收藏的唯一相关珍品。

三、落入民间收藏家手中的《韭花帖》与《松风阁诗帖》

因为《韭花帖》与《松风阁诗帖》的经历略有相似,都在清宫出现过,但以不同方式流落民间,都未经历过清朝衰落之后的倒手转卖流出国门,我们一起回忆一下这两幅名帖所经历的收藏故事。

《韭花帖》是五代时期杨凝式的作品,被称作"天下第五行书"。真迹曾经进入过宋徽宗宣和内府和南宋绍兴内府,元代被张晏收藏,明代时相继流落到项元汴、吴桢手中。它曾经在清末流传有三个版本:一版即为清内府藏本,现收藏于无锡博物馆中;二版为裴伯谦藏本,收录于日本人编辑的《支那墨迹大成》,今已佚;

　　三版为罗振玉藏本。有趣的地方在于，收藏于无锡博物馆的《韭花帖》可能是个摹本，只有罗振玉的藏本才是真迹。

　　据罗振玉这一版本记载，乾隆皇帝主修《三希堂法帖》碑刻之后，将书帖封存入库。在这期间，一名鉴书博士铤而走险，偷梁换柱，以摹本成功偷换真本，携带回家，而摹本留在宫中成为清内府藏本，也就是前面提到的无锡馆藏本。自从真迹流出宫门，便陷入了民间收藏家的快速转手中，许多收藏者都有幸将其摆在自家案头欣赏。直至清末书贴才被罗振玉购得收藏，他去世后由其后人捐给了北京故宫博物院。另外在台湾"兰千山馆"还收藏有一本《韭花帖》摹本，被主人寄存在"台北故宫博物院"，供游客参观。

　　《松风阁诗帖》为北宋黄庭坚所作。宋朝时被向民收藏，后流入贾似道手中，又历经明代项元汴、清代安岐收藏，最后流入清内府，同样被收入《三希堂法帖》。它流落出宫的原因目前还无人知晓，很有可能是宫内太监私自外携售卖，民间收藏家才有了收藏的机会。

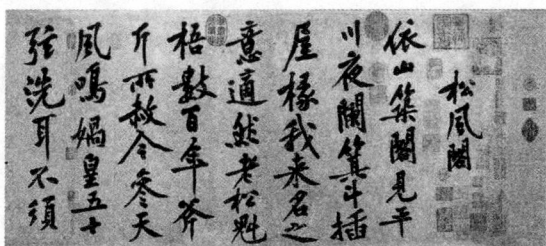

《松风阁诗帖》（局部）

　　清道光年间，新晋进士授兵部主事的鄂籍收藏家王家璧出任顺天乡试誊录官、会试受卷官一职。趁任职之便，他在北京古玩市场上潜心搜集，发现了黄庭坚的《松风阁诗帖》和宋代蔡襄的墨迹。出于对湖北老乡的敬仰之情，他出资买下并携带回鄂，将其作为自已的珍藏。近代，此帖再次流入市场，被有心人买下，最终出让给了"台北故宫博物院"。近些年它被评为"天下第九行书"。

四、其他书法作品漫谈

相比于前面书法作品的传奇经历，名为"天下第二行书"的颜真卿的《祭侄文稿》的流传收藏则显得平淡无奇。它在北宋时期进入宋徽宗宣和内府收藏，元初落在书法家鲜于枢手中，明代流落到吴国廷手里，后辗转流入清内府，然后便是随故宫文物南迁到达"台北故宫博物院"。其实大部分书画收藏皆是类似的流传历程，这种情况被称为"流传有序"，其实就是流传过程清晰并能够安然度过危难。仅有极少数的名家字帖机缘巧合中有了其他经历，才带给我们值得讲述的相关收藏故事。北宋米芾的《蜀素帖》也与《祭侄文稿》属于同样的情况，不过多转手了几次。

同样情况的还有名家写名作的书法帖，比如宋徽宗赵佶的《草书千字文》，元代书法家赵孟頫的《前后赤壁赋》，都是历史上的经典作品，但是由于并非自己创作，只有书法为人称赞，本身情感难得一见，所以收藏与流传的故事寂寂无闻。

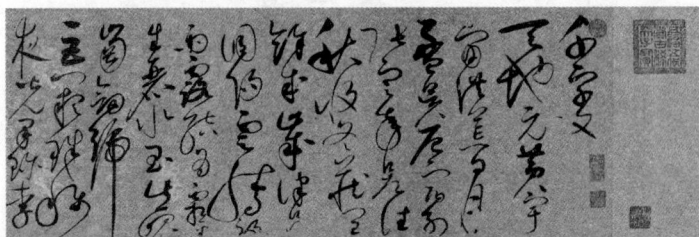

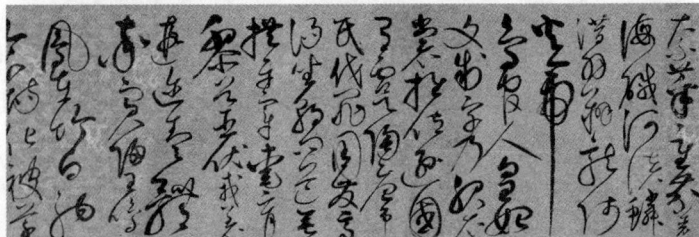

赵佶的《草书千字文》（局部）

　　现存最早的书法名作是西晋陆机的《平复帖》，因机缘巧合未被《三希堂法帖》收录，原因另文讲述。"下真迹一等"的王羲之书法帖的唐代摹本则流传颇多，比如自唐代就流入日本，隐秘千年方才现世的《丧乱帖》《孔侍中帖》《频有哀祸帖》与《忧悬帖》，"台北故宫博物院"收藏的尺牍帖合集《平安三帖》，另外还有散落各地的王家书法《万岁通天帖》帖集残余。

　　而唐代名家欧阳询的名作多以碑刻流传，纸品仅有四件，除《千字文》被判定为真迹外，其他三帖《卜商帖》《仲尼梦奠帖》与《张翰思鲈帖》存疑千年，至今仍有人认为它们是唐代摹本，所以未有定论。这些都是单独的书法卷轴，适宜被人传世收藏。至于以王羲之的《十七帖》、宋制《淳化阁帖》为代表的字帖，虽然多数原帖散佚，但却留存碑刻作为人们临摹学习的样本。也正因如此，它们的临摹本数量众多，存世也多，使得后人对名家书法的学习得以绵延不绝。这样的结果，恐怕也是当年古人镌刻《三希堂法帖》的心愿之一吧。

　　小结：

　　魏晋以来近 2000 年间，书法名家辈出，流派层出不穷，名帖也异彩纷呈，成为收藏界竞相争夺的热门之一。这些历代书法名帖辗转百家之手，相继流传入清代乾隆皇帝建立的三希堂中。它们伴随着历代王朝统治的覆灭，经过失散、重聚、再失散的曲折流转，拥有着不同的命运轨迹，给名帖的收藏史留下了丰富的传奇故事。

　　著名的书法名帖并非全部都是纸质版本。前面提到的《三希堂法帖》《十七帖》《淳化阁帖》都是宫廷御制的碑刻名帖，可以说是石质摹本，流传能力更强。由于碑帖材质太重，并不适合成为收藏的对象，只能使用拓印技法获得拓本，反而更有利于书法文化的普及。我们现代书法基础教育常常教授的书法版本多来自于唐代颜真卿、柳公权的著名楷书作品，而且全部都是碑刻名帖，比如颜真卿的《多宝塔碑》《勤礼碑》，柳公权的《玄秘塔碑》等。在成长的道路上，每位书法家都一定会对前辈的书法作品潜心学习，从中领悟不少的艺术真谛。中国文化圈对书法名帖的收藏将随着书法文化的发展不断持续下去。

27 公子最是潇洒
——捐尽国宝的张伯驹

◇ ⋯⋯⋯⋯⋯

　　提起中国近代著名收藏家，人们能说出不少名声显赫的人物。虽然人数不少，但是称得上潇洒的，首推民国著名收藏家张伯驹。他出身于官宦世家，被过继给张镇芳作嗣子。由于他世家子弟的身份，又天资超逸，因此与溥侗、袁克文、张学良并称为"民国四公子"。不过他有着扎实的文学功底，集书画家、诗词学家、京剧艺术研究家于一身，著有《丛碧词》《红毹纪梦诗注》等书，称得上是真正的博学公子。但是只有作为收藏鉴赏家这一身份的张伯驹在收藏界留下了最为潇洒的身影。

张伯驹一生醉心于收藏古代书画，过手的中国历代书画名迹有许多都是天下独一无二的珍品，其中就有现存最早的画与最早的书法，被称为"天下第一藏"。他与他的那些价值连城的收藏品的故事，让笔者细细道来。

一、最早捐出的《游春图》

张伯驹捐出的绝世名画藏品，首推隋代画家展子虔所绘的《游春图》。它是中国现存最早的纸品画作，在它之前的魏晋画作早已真迹不存，仅留唐人摹本，有人称它是"国宝中的国宝"。画卷长二尺有余，运笔精到，意趣无限，素有"天下第一画卷"的美称。它曾传入清内府，最后在溥仪从伪满洲国逃难时流散民间，被北京的古董商重新搜罗回了北京。

张伯驹照片

1946 年，张伯驹从古玩店老板马霁川那里看到此画，决心购买。但是马霁川张口索要 800 两黄金，让张伯驹一时难以承担，经过讨价还价，达成了 220 两黄金的交易价。回家之后，张伯驹与太太潘素商量，将张家在弓弦胡同的一所宅院卖给辅仁大学，再用所得的美元换成 220 两黄金。哪知马霁川故意刁难，又加价 20 两。不得已之下，潘素用自己的嫁妆补贴，终于凑足了 240 两黄金将《游春图》买下。值得一提的是，那所宅院占地 15 亩，原先是清末大太监李莲英的旧宅。如果保留至今日，它的市值达到十几个亿也毫不奇怪，辅仁大学算是占了很大的便宜。

1951 年，发生了一件令书画界、文艺界都震惊的事情。著名画家张大千先生在移居南美之前特意留下三件珍品，通过朋友交予郑振铎，曲线赠予大陆收藏。张伯驹听闻后也非常佩服张大千的爱国精神。1952 年春天，郑振铎登门拜访张伯驹。在交谈中，张伯驹夫妇获知郑振铎为了将书画名作真迹收归北京故宫博物院，数年来不停奔波，对其奉献精神非常赞赏。当时张伯驹非常激动，主动提出捐出《游春图》。

郑振铎也很高兴，提出给予等价报酬，但张伯驹百般推辞，不肯接受。不久，张伯驹亲自将《游春图》、唐伯虎《三美图》的真迹以及其他几幅清代山水画轴送到了文化部。在多次提出补偿皆被拒绝后，文化部决定奖励张家 3 万元，这笔钱最终用于偿还张伯驹购买此批字画所欠的外债。

二、《平复帖》与《上阳台帖》

张伯驹第二次捐出的国之重宝，就是号称"天下第一书"的《平复帖》。《平复帖》是西晋大文人陆机的手书真迹，距今已有1700 年，比王羲之的手迹还早七八十年，是中国已见的最古老的纸本法帖，堪称传世孤品。《平复帖》是书法从汉隶过渡到草书阶段的作品，有承上启下的独特价值。除了号称"天下第一书"外，收藏界还尊称它为"中华第一帖"。

这帖本身的收藏经历也颇为丰富。关于它的收藏最早可以追溯到唐代末年，原本与谢安的《慰问帖》(已佚)同轴，上面至今留有唐末鉴赏家殷浩的印记。宋时曾入宋徽宗内府，战乱后流散。直到明万历年间，《平复帖》归大收藏家长洲（今江苏苏州）人韩世能所有，并传给了他的儿子韩逢禧。韩逢禧与张丑是非常要好的朋友。明思宗崇祯元年（1628），张丑从韩逢禧手中购得《平复帖》。明思宗崇祯十六年（1643），张丑去世。清顺治年间，收藏家吴其贞用钱三百缗买下《平复帖》，觉得自己占了个大便宜。

之后《平复帖》到了冯铨手中，不久便归了真定（今河北正定）收藏家梁清标，没几年就转移到清初大收藏家安岐手中。《平复帖》从安岐家流出后，便如同其他著名收藏品一样在清乾隆时期进入清内府。不过它没有落到乾隆皇帝手中，而是被陈设在寿康宫，供乾隆皇帝的母亲赏玩。正是因为在其母亲居所内，这幅名作并没有被乾隆皇帝所收藏，不仅没有留下他的题跋，也没留下内府藏印，连《三希堂法帖》都没有收录它。

清乾隆四十二年（1777），乾隆的母亲去世。《平复帖》作为"遗赐"，被赏给她的孙子永瑆作为纪念品。因为乾隆不可能与自己儿子抢母亲的东西，所以没有索要。从这时起，《平复帖》离开皇宫，转移到了成亲王府，永瑆为此专门开辟了一间屋子，起名叫"诒晋斋"，以《平复帖》为首的收藏品全部收藏在内。

永瑆最后将《平复帖》留给了曾孙载治收藏。载治卒于清光绪六年（1880），家里仅剩孤儿寡母，光绪帝则指派奕䜣代管载治家务事。对溥伦等人来说，这位奕䜣爷爷可没那么好心。他知道《平复帖》价值连城，意义非凡，便托言溥伦等人年幼，为慎重起见先由自己代为保管，从此将之据为己有。清光绪七年（1881），奕䜣将《平复帖》赠与李鸿藻，想要借机拉拢他。李鸿藻是聪明人，当然知道奕䜣的真正用意，以皇家故物不敢自藏为由，留赏数月后，拍下字帖照片，遣人将原物奉还恭亲王奕䜣，所以自奕䜣开始，《平复帖》都是在恭亲王家中流传。

清宣统二年（1910），奕䜣之孙溥伟在帖上自题一跋，称"谨以锡晋名斋"，并将永瑆的《诒晋斋记》及七律、七绝各一首抄录在后面，原本二尺长的《平复帖》立时成了五尺多长的长卷，陆机的原作则在前半部分，随时可以分割下来。

1911年，清朝被推翻，溥伟作为宗族重要人物逃往青岛图谋复辟，将《平复帖》留给了在北京"两耳不闻窗外事"的弟弟溥儒。溥儒也是画家，曾与张大千齐名。这时由于家人众多，因此他每遇大事就出售家藏名画来维系生活。1937年，溥儒丧母，治丧亟须一笔巨款，他打算将《平复帖》的前半部分以 20 万银元的价格出售。在这之前，溥儒已经把所藏的唐韩幹《照夜白图》卖给了书画商白坚甫，因而字画被转手倒卖到日本，最后流失到了英国。清朝遗老们听闻这些消息，纷纷惋惜不已，写信劝溥儒说丧事可以从俭，但千万不能再将祖传宝物流失国外，溥儒一时犹豫不已，便没有出售。

在《照夜白图》流失后，张伯驹对这一结果也十分惋惜，曾上门求购《平复帖》，但是当时溥儒无衣食之忧，便没有答应。这次听说溥儒打算出售《平复帖》，深恐溥儒再把帖子卖到国外去，张伯驹立即请友人傅增湘从中周旋，最后达成 4 万元的交易价。张伯驹先付 2 万元，其余 2 万元分两个月付清。与此同时，将《照夜白图》转卖给日本人的白坚甫得到溥儒因为治丧急需用钱的消息，想将帖转卖给日本人，并一口答应付全额。溥儒此时反而庆幸《平复帖》已经转给张伯驹收藏，否则国宝又要被这个文物贩子糟蹋了。

但是张伯驹得到这幅名帖后，不久便遭遇厄运。1941 年，他遭人"绑票"，索要 200 根金条，来人意在逼索《平复帖》。被"绑票"的张伯驹看对方也不像职业绑匪，便大耍公子脾气，绝食好几天。他对被允许探视的妻子潘素说："救不救我不要紧，但一定要保护好我的藏品。如果变卖收藏来赎我，那我宁死也不出去。"就这样僵持了八个月，在朋友的斡旋下，绑匪大概也失去了耐心，将赎金降到 20 根金

潘素

条。潘素和张家多方筹借，变卖首饰、抵押房产，最终将张伯驹救了出来。实际上这批绑匪是奉汪伪政府的高官之命办事的特务，虽然目的没达到，但因为怕把事情闹大，所以收个赎金，把事情简单

了结，最后不了了之。

　　经此一吓，张伯驹夫妇决定到抗战后方居住。他们取道河南到达西安，将年幼的女儿张博彩托付给西安友人，然后回京将《平复帖》等国宝级字画裹挟在被子里运到西安。

　　继上次捐出《游春图》后，1956 年张伯驹在文艺界的号召下再次捐出了包括《平复帖》在内的 30 多件书画作品。

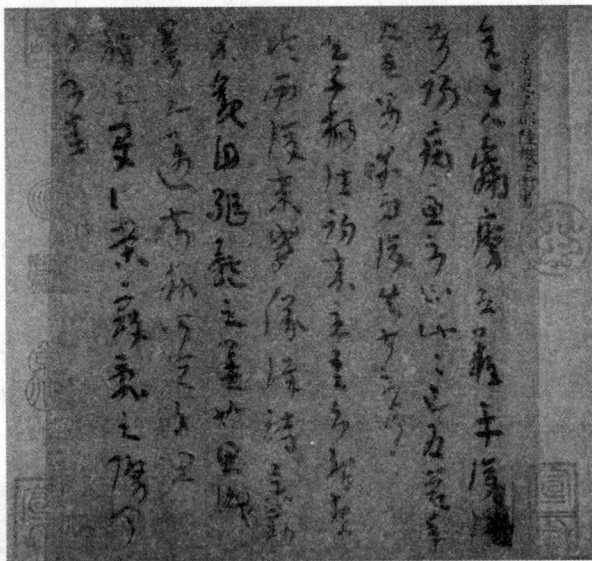

《平复帖》（局部）

　　在捐出《平复帖》后，张伯驹手中还保留了不少存货，想日后另择机会捐出。其中有一幅传说为李白手书的《上阳台帖》，有人疑为宋人伪作，但是天下仅此一份，也无法找到李白其他作品印证。此帖书法豪放、雄浑，又含飘逸之气，倒颇符合李白诗歌风格。正文右上有宋徽宗瘦金书题签"唐李太白上阳台"一行。乾隆皇帝在引首御笔题"青莲逸翰"四字楷书。此帖原本也是清内府收藏，清末随溥仪流出宫外。

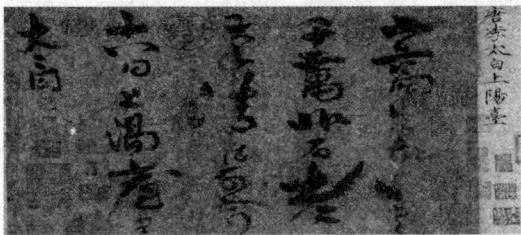

《上阳台帖》（局部）

张伯驹对毛泽东主席的书法非常喜爱，认为其与李白书法同样充满浪漫主义风格，便将《上阳台帖》交由统战部的徐冰转送给毛主席。毛主席收到此帖，欣赏数日，也十分珍爱，亲自嘱咐中央办公厅给这位收藏家代写感谢信一封，附寄1万元人民币，并说明自己赏玩后会转交故宫博物院珍藏。张伯驹收到回信，也非常钦佩毛主席的为人，认为毛主席书法与人品俱佳。可是张伯驹万万没想到，他也因为收藏品得罪了一位人品与书法不符的人。

三、打成右派避居辽宁

张伯驹一生潇洒，却也无意中得罪了一些小人，其中一个便是康生。当时康生以文化老革命自居，常常在他们这个圈子跑动，借了张伯驹的不少字画却逾期不还。张伯驹最后没办法，只好通过陈毅向周恩来总理反映情况，周恩来总理又当面提醒了一下康生，结果张伯驹就被康生记恨上了。

1957年，张伯驹捐献《平复帖》不到一年，反右派运动开始，张伯驹不幸被圈进了名单。他之前得罪了康生，结果被康生认定为"极右分子"。戏剧界、国画界开始经常批斗张伯驹。经此遭遇，潇洒一生的张伯驹瞬间失去自信。这时期他已经没有收入，只能靠妻子卖工笔画维持生活。遭此打击的他心中实在不是滋味，逐渐丧失以往的热情。

　　这时期唯有曾经常有来往、当时也受到冲击的陈毅元帅还惦记着他，担心他受不了打击，选择错误的解决方式结束人生，便一直在想办法。

　　1960 年，陈毅托老友、吉林省省委书记于毅夫设法给张伯驹一条出路。于毅夫让中共吉林省委宣传部宋振庭想办法将张伯驹夫妇接到吉林工作。

　　1961 年初春，张伯驹突然收到一封来自长春的电报，是宋振庭邀请他去吉林省博物馆工作的通知，不久又来一封电报，让张伯驹不要有后顾之忧。可是当时内心已经备受打击的张伯驹，不相信天下有如此好事，主动回信提及自己"右派"身份，可是宋振庭依然力邀他到吉林赴任，并告诉他这件事是陈毅元帅的安排。

　　张伯驹这才知道是陈毅帮忙，行前带潘素去陈毅家辞行。陈毅劝他想开些，忍辱负重渡过难关，临行还送了张伯驹一幅字："大雪压青松，青松挺且直。要知松高洁，待到雪化时。"张伯驹非常感动，庆幸自己结交了这样一位友人。

《百花图》

　　到了吉林后，张伯驹回想起这份友情，感慨万分。他终生以书画为伴，到了晚年，身边珍品寥寥无几，朋友更是所剩不多。为了感谢陈毅对自己的帮助，他决定将自己所剩的全部书画，共计30多件，捐献给吉林省博物馆（现吉林省博物院）。其中宋朝杨婕妤的《百花图》是我国现存唯一一位古代女画家的作品，曾一直被张伯驹视为晚年最后的精神慰藉，也被他捐了出去，现已成为吉林省博物院的镇院之宝。

1972年，陈毅去世，张伯驹听闻老友离世，不胜悲愤，手写一幅长联托人送至北京的陈毅追悼大会。毛主席在追悼会看到了这幅长联："仗剑从云，作干城，忠心不易，军声在淮海，遗爱在江南，万庶尽衔哀，回望大好山河，永离赤县；挥戈挽日，契尊俎，豪气犹存，无愧于平生，有功于天下，九泉应含笑，伫看重新世界，遍树红旗！"毛主席吟罢，称赞道："写得好！"于是便回头向身旁的周恩来询问张伯驹是什么人，在陈毅夫人张茜的提示下，才想起了张伯驹。得知张伯驹的情况后，毛主席沉默了，然后对着周恩来小声说了些话，周恩来听完马上高声说道："按主席指示办！"便在追悼会结束后开始处理张伯驹的事情。

周恩来要给张伯驹落实政策，康生立即表示反对。他早已认定张伯驹是个罪大恶极的"极右分子"，当然要将错误坚持到底。由于周恩来坚持这是毛主席的意见，才终于使流落在外3年的张伯驹从吉林回到北京。但是他的房子早已被人侵占，日子也无法恢复往日的祥和。

直到1978年9月，张伯驹才得以平反，此时他已是步履蹒跚的八旬老人。数年之后，他因被误诊而耽误病情，不幸离世，甚为可惜。

小结：

张伯驹同妻子潘素捐献给国家的还有范仲淹唯一的传世墨迹《道服赞》、杜牧唯一的传世墨迹《张好好诗》、宋四家之一蔡襄的

《自书诗册》、黄庭坚的《诸上座帖》，还有宋徽宗赵佶的《雪江归棹图卷》、宋赵伯啸的《仙峤白云图》、元代赵孟頫的《千字文》、明唐寅的《孟蜀宫使图》、唐人写经《大般若波罗蜜多经》等。

　　张伯驹、潘素夫妇无偿捐献国宝的行为备受国内外人士的称赞，也带动了其他收藏家的捐赠之举。张伯驹出身于豪富之家，但只要见到绝世珍品，即便倾家荡产也在所不惜，曾被他父亲称为"败家子"。在经济上来说，他将家产败光了，但是留下的却是满满的精神财富。时至今日，张伯驹向国家捐赠国宝的事迹在收藏界依然是最受人钦佩的传奇之一。

28   不平凡的文物大迁徙
——国宝的三次长征

◇ ⋯⋯⋯⋯⋯

　　收藏品是可移动的，这一特点赋予了它们可流动的属性。除了部分收藏品是传承有序的流动外，比较常见的便是买卖过程中产生的迁移，一般规模较小，而且涉及到经济利益的变动。在收藏史上，很少有专门为了保护收藏品而进行的有计划、大规模的迁移活动。在中国，这一活动被付诸实践，引发了世界上少有的一次国宝的长征。这件事发生在北京，故宫收藏品历经数百年的积累，却在民国时期遇到了劫难。

　　1931 年 9 月 18 日，"九一八"事变爆发，与东北地区近在咫尺的北京大受威胁。故宫博物院决定选择院藏文物精品南迁至上海。这一决定使得故宫收藏品开始了南迁，甚至与故土隔海相望的坎坷命运。

一、南迁第一波——迁往江南

南京国民政府建立后，北京丧失首都地位，自然也不再是全国文化中心。在江南，上海与南京的繁华足以承载新的文化中心的重任，它们也正需要这批数量庞大的故宫收藏来丰富自己的文化底蕴。就这样，在确定了南迁第一站是上海后，故宫工作人员开始积极打包文物，准备南迁，这一准备就花了半年时间。到了 1932 年底，大部分文物得以安全装箱，只待迁移的命令，剩下的文物则寻找地宫，另行储存。

政府的命令永远没有军事威胁来得快。1933 年 1 月，日军进入山海关，进攻热河和长城各关口。故宫博物院理事会紧急协商后，正式决定自当年 1 月 31 日起，将文物分批南运。消息一出，反对者极力阻止，直到当年 2 月 5 日夜，在北平市政当局

北京故宫博物院

协助下，第一批南迁古物，共计 2118 箱，才运到前门火车西站，共装了 18 节车皮。故宫博物院秘书吴瀛负责第一批押运，押运人员、监视员、宪兵及故宫警卫分乘首尾的三节客车随行。张学良命军队沿途警戒护送，从故宫到车站沿途，日落时分就开始戒严。为了避免引起太多人的注意，直到天黑才正式启运。故宫博物院雇佣的几十辆人力板车载着文物箱子轮流运往车站，由军队一路护送，故宫的工作人员负责照明、清点、登记。整个过程紧张而又有条不紊，除了时不时由远及近、由近及远的车轮声，周围一片沉寂。在这样的沉默中，被选中的故宫收藏文物总计 13427 箱及 64 包，分五批先

后运出。它们第一次离开了陈设多年的地方，开始去南方寻找容身之处。

迁移的过程并不是一帆风顺，反而充满着危机。文物南迁的消息在文物离开北平之前就已经走漏，徐州地界的土匪已经放出话，准备伏击运送文物的列车。国民政府将消息传回文物南迁队伍，把随行的工作人员吓了一跳，当地政府紧急调动地方保安团，配合驻军在铁路沿线剿匪，这才将土匪的气焰打压下去。火车也在周边驻军的配合下，有惊无险地通过了徐州。

为了保卫文物安全，中间的每节车厢都在门口处安排故宫工作人员与一两个士兵携机枪驻守，在部分车厢还安排了适合在车顶防御的射击区，也是安排机枪班驻守。在平时，故宫的中层骨干各自监管一部分文物，做到心中有数，大家互相监督，时常核对，因此没有出现任何意外。

当年3月中旬，第一批南迁文物运抵上海，存入法租界天主堂街仁济医院旧址五楼的仓库里，行政院长宋子文亲自检查。1933年5月15日，最后一批文物启运，共计6066箱，存放在上海英租界广州路路口业广公司二楼仓库里。

1934年，故宫博物院老院长易培基因"盗卖故宫文物"的罪名蒙冤被南京政府解除职务。1934年1月24日，新院长马衡开始主持南迁上海文物的清查工作。他与同人在清点中将南迁文物全部过目，还编印了《存沪文物点查清册》。在这次清点中，许多之前记载有误或是鉴定错误

南京朝天宫库房内存放的文物

的文物被重新整理，比如《富春山居图》的真迹就是在这次检视中从低档文物中找出来的。

作为当时的首都，南京对迁来文物的存放也颇费心思。南京政府行政院批准在南京朝天宫兴建故宫博物院南京分院。1936 年 12 月，故宫文物由上海转运南京，不到 10 天就送入朝天宫库房，南京分院正式成立。然而没过几天，"七七"事变爆发，日本发动全面侵华战争，南京形势岌岌可危，南迁文物又一次面临危机。此次，南京分院奉行政院令，决定将文物迁往大后方，分南路、中路、北路三路先后进行。

二、南迁第二波——三路分进向西去

南路共运送文物 80 箱，于 1937 年 8 月由南京走水路运至湖北汉口，后用火车运到长沙，之后又从长沙向贵阳转移。日军对长沙和贵阳进行轰炸的时候，这批文物幸运地躲过了日军的炸弹。1938 年 11 月，它们被成功转移到四川安顺华岩洞储存，1944 年则被转运至巴县飞仙岩，负责押运的数十人在那里一直待到抗日战争结束。

中路文物数量最多，多达 9369 箱。选择船运是迁移这么一大批文物的最好方式，为此南京分院还专门租用了一条英国货轮进行运输。1937 年 11 月，文物装船运到汉口，当年 12 月又转运宜昌，然后又用小船转运重庆，直到 1938 年 5 月才成功运完。在重庆租用了几家百货公司的仓库后，文物暂时有了安身之所。可是日军对重庆的轰炸也非常频繁，好几次危及文物安全。马衡是这批文物的主要负责人，他决定继续西迁，直到 1939 年 9 月文物才全部转移至乐山。

北路数量也不少，共运送文物 7281 箱。与中路同时从南京起运，火车经徐州、郑州至宝鸡，因潼关形势突然紧张，不久便转移

到汉中。因为后续路线没有通火车，所以在西安行营的协助下，文物运送队伍组织了一支运输车队，开始了穿越茫茫秦岭的征程。由于时值冬天，还发生了不少危及生命安全的险情。

当时正是大雪封山时期，秦岭山上已经白雪皑皑，盘山路又陡又滑，十分不利于行车安全。运输车分批运输，前三批也还顺利，可是随着降雪的逐渐增强，到第四批车队运输时便出现了问题。

运输车队出发的时候，雪还很小。可是不久雪下得越来越大，在途经一个小村庄时不得不停下来休息，顺便吃些午餐。可是从山路对面过来的人带来一个坏消息：前面的山道因为大雪造成了塌方，路面被掩埋了一半，运送文物的大车最好不要冒险前行。众人停留了一天，也没有等到好消息。雪越下越大，车道也被盖住，车队更不敢前行。

大家本来以为一天的时间足以通过这段山路，所以没有携带足够的食物，村里唯一的小饭铺哪里供得起这么多人的饮食，大家一时陷入了缺粮的困境。好在遇到可以前行的小商车时，他们把消息送到了前面等待已久的大部队。

北路的主要负责人是那智良，一得到消息赶快叫人去买大批食物，准备亲自运过去。瓷器部主任吴玉璋劝他留下主持大部队的工作，自己前去送粮解救他们。那智良本来不同意，后来在护送文物的杨崇耀副官也愿意前去的情况下，最终答应留下。

可是负责运输文物的司机看了看路况，没有一个人愿意去冒险。大家好言好语，又许诺了较高的报酬，最终一个年轻司机勉为其难地答应了。

车开到被雪覆盖的山路上，即使小心翼翼，依然状况百出，不是碰到一块大石，就是陷入一个深坑，但大家最怕的是车子打滑滚到旁边的山坡下。司机和吴玉璋、杨崇耀二人一起瞪大了眼睛，时时关注前方的异常情况。等到平安到达目的地的时候，司机所穿棉衣的内里都被汗水湿透了。有了送去的给养，第四批车队也在天晴后慢慢与大部队会合了。大家对当时的危险经历依然心有余悸，因此，在以后的行驶中车队准备了许多防滑的铁链以备不时之需。

1938 年 4 月，北路文物全部运抵汉中。不久敌机轰炸了汉中机场，文物再次被迫离开。刚离开，汉中就遭敌机轰炸，原储存文物的库房也中弹被炸毁，行政院这时又命令转运成都。汉中到成都 1100 余公里，路况复杂。途中过河时没有桥梁，须用木船载运汽车过河。在困难重重的情况下，北路文物还是在 1939 年 2 月被抢运到了成都。这时行政院又下令转移至峨眉，并成立了故宫博物院峨眉办事处，将文物存放在当时租赁的库房中。

在峨眉保存期间，为了防止白蚁肆意损坏装文物的箱子、危及里面书画之类的文物，工作人员在底层的文物箱下面铺上数块鹅卵石，用石头作为箱子与地面的隔离层。白蚁要想爬进箱子，必须从地上堆土才能上到鹅卵石上面的箱子里，这样一来，每天检查鹅卵石附近的土屑就可以得知箱子有没有被侵蚀。不过过程很是辛苦，工作人员得趴在地上慢慢探查，每次通查至少要半天时间，每天早晚各检查一次，更不用说平时要常常打扫，防止臭虫等害虫孳生。

抗日战争胜利后，1946 年 1 月至 1947 年 12 月西迁文物陆续运回南京。南京沦陷时未能运出的一部分文物，也被南京分院找回，清点文物时他们当时利用"对签子"的办法来保证文物能够对上号。这种办法虽然极其耗费人力，但却是最有保障的一种办法，类似于现代物流的追踪机制。一根竹签代表一箱文物，搬运工人每交回一根签子，就代表一箱文物安全送达。直到抗日战争胜利，这一统计方式也没有出过差错。

三、南迁第三波——运往台湾

1948 年 9 月下旬，故宫博物院理事长翁文灏与一众理事应国民政府的要求，决定将南迁文物全部运往台湾。迁台文物共分三批，从南京运往台湾基隆港，共计 2972 箱，大都是南迁文物的精华。另外国民政府还要求已回到北平主持故宫博物院重建工作的院长马衡对北平剩余文物也做一个目录，用来从中遴选南迁文物。

这一行动是国民政府推动的，遭到许多不愿意前往台湾的文物工作者的强烈反对。当年为了防止日本帝国主义侵略者的掠夺，这批珍宝迫不得已离开了它们常驻的地方，实属无奈之举。如今仅仅因为国民政府败逃台湾，就将它们迁往

"台北故宫博物院"

更为陌生的地方，实在是自私自利的行为。为阻止文物迁台，故宫博物院南京分院陶孟和发动群众阻止，但行动最后失败。

三批珍品被带走后，南京分院主任欧阳道达留守南京朝天宫库房，看管剩下的 1 万多箱普通文物。他本来也是反对文物南迁的，但在国民政府的强烈坚持下，只好眼睁睁地看着对方派人把已圈定的文物搬走。奉命留守后，不愿再接受新的迁运命令的欧阳道达立即组织人员将文物库门用钢筋混凝土封闭，让本来还计划继续组织南迁的委员会理事们无可奈何，只好不再打剩下文物的主意。

当时，北京故宫博物院已经回收了一小批南迁文物，也在抗战结束后从日军、伪军以及民间百姓手中搜集到一批新的珍贵文物，因此院长马衡对文物南迁台湾的行动极为痛心。他知悉自己的学生及下属庄严将作为首批南京文物迁台的督运官后，从此以后与庄严

再无来往。对于千里之外的文物迁台工作，马衡想阻止却力不能及，只能一边关注着南京文物迁运工作的进展，寄希望于有人能够阻止文物继续迁台，一边在行政院的压力下尽全力维护北京文物的周全。

行政院要求北京故宫博物院造好清册，再迅速上报总务处交行政院批示，此举意在挑选精品。马衡很清楚，造册也就是半天的事，可以拖延时间的环节还是在对文物进行打包的时候。文物清册不久就编好了，马衡拖了几天才在对方的催促下送了过去。在接下来的装箱准备工作中，马衡只是一再告诫有关人员"不要慌，不要求快"，从不催问装箱的进展情况。马衡给故宫博物院全体工作人员传达行政院命令时故意忽略掉其中的急迫感，叮嘱他们："打包时一定要细致谨慎，古物馆的藏品经不起折腾，诸位都是行家，行政院唯一的要求是稳妥，要保证不损坏，所以我们的工作不求快，慢慢来做！一定不要求快！"

在这期间，解放军包围了北平，马衡在故宫员工与中共北平地下党的支持与配合下，将故宫对外出入的通道全部关闭，严禁通行，前来接收南迁文物的人只能无奈离去。当时北平的机场已经在解放军炮火范围之内，华北"剿总"司令傅作义在行政院催促运送文物出城的命令下，居然计划拆卸东西长安街牌楼，用长安街的路面作跑道来抢运。不过这个计划还未实施，北平就和平解放了，故宫文物也避免了这次飞机抢运的危机。

当时，马衡非常关注北平和平谈判，希望能够有个圆满的结果。他还要求傅作义的部队清除储藏在太庙中的弹药，防止可能爆发的战火破坏文物。直到傅作义宣布自己接受和平谈判的结果，马衡才对文物的安全放下心来。1949年1月31日北平正式和平解放。当年3月6日，北平市军管会正式接管故宫工作，除了马衡仍任故宫博物院院长，全体员工原职留任之外，还增加了对故宫的安全保卫工作。

南京博物馆的文物精华被运走后，留下的 1 万多箱文物也相继运回了北京故宫博物院，可是并不是全部，在南京朝天宫库房还保留了大约 2211 箱、约 10 万件瓷器。由于一些历史原因，这些文物没有回到北京，现在仍处于南北协商解决中。

那剩下的文物是否全部安然无恙呢？其实不然，当时南京多处存有重要历史文物的地方也将一部分珍品转移到了朝天宫库房内，可是朝天宫库房仍然遭到了日本人的洗劫，其中故宫工作人员未来得及运走以及南京原有的文物大多被日军搬走，南京朝天宫库房剩下的不过是战后追回的一小部分，还有很大一部分由于日本方面战败后的资料毁弃、遗失而下落不明，至今仍然等待我们重新发现。

小结：

当时的文物南迁带走的不仅仅是故宫的珍品，还有河南博物院、南京中央博物馆的不少优秀藏品。这场南迁运动，前两次因为日军侵华战争不得不走，后一次则是在南京国民政府的推动下将这些文物送到了海峡对岸，从此这些文物便在数十年内不得重聚。

这种有计划的大规模文物保护性迁徙在世界文物流转史上也是少见的。在国外，普遍出现的是西方列强对殖民地国家的文物宝藏进行掠夺式的迁徙。大部分殖民地国家的文物保护工作远不如中国开展得成功。在文物大迁移的途中，文物展览依旧在国内外举办，它们一直履行着文化宣传使命，其中 700 多件文物曾赴英国展览，引发西方的热烈关注。战争是历史记忆的敌人，它常常破坏美好，不断地产生罪恶。虽说文物迁徙这种方式是无奈之举，但是也起到了对文物的保护作用。

29 国家级图书馆的劫难史
——皇家藏书的起起伏伏

◇ ⋯⋯⋯⋯

　　我国藏书历史悠久，从皇宫到民间都会修建专门的馆阁亭台用于藏书，这对古籍收藏与保护贡献颇多。但也正是因为书在用于收藏的情况下规模比较大，为人们带来阅读便利的同时，也造成了它们在遭受劫难时会产生巨大的损失。

　　2000 余年的中国图书收藏，不仅受到国家政策与社会环境变动的影响，而且与皇家的命运息息相关。关于书厄，隋朝牛弘提出"五厄"，明朝胡应麟又补充"五厄"，共计"十厄"：秦始皇焚书、王莽之乱、董卓之祸、西晋八王之乱、侯景之乱和周师入郢、隋末混战、唐安史之乱、唐末战乱、北宋靖康之灾、南宋绍兴之祸。事实上，我国古代藏书遭遇的远不止"十厄"，明清交替之际的文字狱，近代以来的新文化运动，都对古代典籍造成了不小的损害。为了讲述方便，我们将其分为七个时间段的故事，而不仅仅局限于"十厄"。

一、秦朝的两把火——你焚六国我焚秦

战国末年，秦灭东周，接收了东周王室留存的一切，包括"守藏室"的文物古典。秦国扫灭六国，一统天下，也将大部分奇珍异宝卷往咸阳，书籍也不例外。随着天下的统一，面对原来六国留下的文化典籍，为了让天下臣民齐心归顺秦朝，防止有人以古诽今、怀念故国，秦始皇采用李斯的建议，点燃了图书之厄的第一把火——焚书。

先说明一点，此时的书全部都是竹简或木简，高级一些的有帛书，兽皮书也有，数量恐怕不多，但是他们都与后来的纸质书有同一个弱点，就是怕火。

秦始皇焚书是有选择性的，并非将全天下的书都付之一炬。《史记·始皇本纪》中有句话："非秦记，皆烧之，非博士官所职，天下敢有藏《诗》《书》百家语者……杂烧之。"这句话的意

现代复原的阿房宫

思是主要烧毁民间藏书中的有关思想文化、历史的书，但博士官手中的文化类书籍仍有留存。此外，六国自撰的史籍一律销毁，只留秦国史书和医药、农业等技术类书籍。在此之前，秦国变法时商鞅也曾"燔《诗》《书》而明法令"，这都是为了统一思想。虽然中央诏令强硬，但是执行难也是一个很大的问题，一些文化人家仍私藏了《诗》《书》等典籍，只是不敢声张。这一次焚书灭绝了战国以来民间的文化活力，导致了帝王专制的风气日益鼎盛。整个春秋

战国以来的古代典籍，由秦始皇焚书开始，被毁去一大半。

这一把火让人们刻骨铭心，无论什么文化层次的人都对秦始皇恨得咬牙切齿。可是人们往往忘记了另一把火的事情，那就是数年后的秦末，战乱带给各地藏书更大的一场劫难。秦王子婴已经投降刘邦，秦宫中的部分档案也被萧何接收。可是在西楚霸王

阿房宫遗址

项羽到来后，秦宫就被他用一把大火烧了个干净。大火延续三个月，官方所存的大批典籍毁于一炬，从这一点来说，嬴政和项羽这两个人都令人十分不满，先后把大规模的上古藏书给烧没了。

二、两汉藏书——王莽之乱与董卓之祸

西汉时皇帝对儒生相对优待，连地方藩王也多以藏书为爱好，河间献王就是其中的代表之一，传说他的藏书数量与朝廷不相上下。当时西汉已经建有兰台、石室等官方收集档案及藏书的机构。司马迁则利用这些条件私修《史记》，终获成功。当时秦代老博士官如伏生口述的《诗》《书》等书不但得以重新记录，还编纂为新的简书入库收藏，以及孔安国从孔子旧居找出来的孔家藏书，这些都极大地促进了汉代对上古书籍的收藏与传播。民间的藏书爱好者更是数不胜数，藏书之风兴盛一时。曾有人做过统计，西汉藏书的数量曾经达到13000余卷，这在火劫之后是难能可贵的。

公元9年王莽篡汉自立、建立新朝的举动，不久便触发了汉末农民大起义。自从绿林军等起义军在战场取得优势，许多官方机构被战火摧毁，皇宫、地方藩王乃至富户的许多藏书也在战争中变成了灰烬。王莽最失误的地方在于将战火引到了长安，连与农民起义军一同行动的刘汉贵族也不珍惜祖先的基业，放任起义军焚烧了长

安的宫殿，西汉上百年辛苦累积的藏书在天下大乱中遭遇了灭顶之灾。

东汉时，人们对竹木简这样的书籍载体感到厌倦，开始寻求替代物品。这一时期布帛书籍在皇宫、朝堂中流行，极大地方便了政令的传播与处理，但是不方便保存。蔡伦对造纸术的改进让人们体会到了纸质书籍的便利。虽然当时仍以竹木简为主流，但新材料的不断进步让人们看到了书籍复制与保存相对容易的希望，藏书馆也有一定发展。著名藏书机构"东观"便是东汉中后期的官府藏书所在地，以此为资源，朝廷还编撰了《东观汉纪》等重要典籍，并且以东观校书郎取代了之前担任典籍整理工作的兰台令史。私人藏书家更是层出不穷，东汉大儒郑玄、杜林，及东汉末年的蔡邕等人，都是藏书爱好者。在数量上，东汉藏书的总量超过了西汉时期。东汉都城洛阳也成了文人雅士云集之地。

然而到了东汉末年，朝堂内乱，董卓挟天子以令诸侯，众路讨伐军声势浩大，逼得董卓不得不暂避锋锐，携献帝从洛阳西迁长安。临走之前，除了带走部分财物外，布帛之类的书被当成布料利用，纸质书与竹木简全部成了引火材料，一把火将洛阳城烧成一片废墟。洛阳大火毁掉了东汉数百年的藏书。

三、魏晋南北朝——兵乱与藏书爱好者的意外

东汉末年的混战局面过去后，三国鼎立局面形成，各国进入了长期文化建设时期。魏国开国皇帝曹丕本身在文化方面有所建树，又以禅让方式和平接收了东汉最后的遗产（多数是在曹操时期累积的）。曹丕设秘书郎专掌艺文藏书，并主持编修中国第一部类书《皇览》，由此可知当时已有一定的藏书基础。当时纸质书数量渐渐压过竹木简，政府典藏得以持续不断地积累。哲学家王弼以玄学理论闻名，但少有人知道他拥有过万卷藏书，是曹魏时期著名的私人

藏书家。西晋代魏，统一全国，由于蜀后主刘禅与吴后主孙皓皆在略微抵抗后投降，使得统一过程中并未对魏蜀吴三国的收藏造成破坏，三国积累的藏书最终汇聚于晋都洛阳。西晋延续曹魏制度，继续以秘阁作为主要藏书机构，所藏书籍将近3万卷。著有《博物志》的西晋文学家张华更是藏书大家，搬家时用车30余乘，而且拥有大量的稀有典籍。从这一时代开始，纸开始真正取代竹木简，成为主流的书写工具。

但不久，书厄再次降临。司马氏宗室操戈，内部兵乱，引发了长达16年之久的"八王之乱"。战争中连皇帝都被迫随权臣随波逐流，不停搬家，洛阳变成了临时居所，秘阁藏书也遭到严重破坏。内乱造成了北方内迁少数族裔的崛起。晋怀帝永嘉五年（311），匈奴五部建立前赵政权的刘聪、刘曜攻破洛阳，俘虏晋怀帝北去平阳（今山西临汾），史称"永嘉之祸"。皇宫各处被毁，洛阳城一时难以恢复元气。战火中皇宫秘阁所藏图书的损毁也非常惨重，剩余所藏书籍寥寥无几。东晋迁都后，南迁图书只余3000余卷。

南朝宋代东晋，用的也是和平手段，完整接收了全部遗产。由东晋入南朝宋的文学家谢灵运曾编纂《四部目录》，就收录了图书近6.5万卷，藏书规模远超以往。这是因为在西晋末年大乱时不少移居江南的私人藏书家保存了数量可观的藏书，有的文人，如梁任方，虽然家庭贫困，但是藏书依然超过万卷。可是在502年，梁武帝萧衍用兵灭齐建梁，没能约束好兵士，结果将藏书的秘阁烧毁，又造成了大量书籍的损失。

好在这一时期有一位以爱读书出名的皇帝——梁元帝萧绎，他在身为皇子时就非常重视图书的收集与整理。549年，侯景作乱，率兵围困梁武帝萧衍，还烧了都城建业皇宫东阁中的大量古籍。梁元帝为了趁机即位，忍到最后才出兵平乱。他对父亲的去世并不关心，但是对书籍的损失非常痛心。待局势稳定下来，他将另一藏书圣地文德殿的藏书搬运至江陵，平时广征私家藏书借抄入藏，所藏之书最多时达到 14 万卷，藏书数量一时成为历来藏书之冠。

正是因为他爱书爱到了不务正业的地步，所以朝政荒废。554年，西魏攻城，朝廷岌岌可危。梁元帝这次终于醒悟，对自己读书读到痴迷的行为失望至极。但他做了一生中更大的一件错事，就是在投降之前命人将宫中所藏的古今图书 14 万卷全数焚毁，其中包括文德殿所藏。后人对此感叹："君自有罪，书有何罪？"占领皇宫的魏军派人从残墟之中清理图书，仅剩 4000 余卷。梁元帝的这次选择是历史上图书典籍损失最严重的一次书厄。

隋灭北周，用的是温和手段；南下灭陈，对方也不堪一击，并没有演变成玉石俱焚的情况。581 年，隋文帝顺利接收到周朝图书 1.5 万卷；8 年后再灭南陈，将陈朝旧藏也运回了北方。大臣牛弘首次提出古人书史的五厄，建议政府重视收集图书，文治天下，因此隋文帝开始了新一轮图书征集活动，捐书一本赏绢一匹，迎来了书籍收藏的春天。隋炀帝即位后，藏书工作不断得到完善。他要求所藏书目多录副本，防止孤本损坏难以挽救，还分数地贮藏，各寻合适宫室保护。隋朝藏书极盛时，据称有 37 万卷，即便一半是副本，也还有 16 万卷之多。隋末军阀割据，隋炀帝在江都被弑，江都藏书也因此被毁，但是他下令抄写的副本发挥了作用，王世充打着勤王口号占据的洛阳尚有 8 万余卷并未受到战火波及，李渊领军入长安也没有毁坏长安宫室，长安的藏书得以幸存。

可是在战乱时士兵不烧书，并不意味着书就安然无恙。洛阳藏书便摊上了火烧以外的事，那就是水淹。628 年，李世民攻入洛阳，收获大量典籍，打算充实长安库藏，命人用船将这些典籍运往长安。不料，洛阳至长安如此近的距离，居然会发生运书船触礁沉没的事故，众多书籍落水漂散，多数毁坏，徒增一段遗憾。与梁元帝爱书却毁书相比，这称得上是藏书爱好者意料之外的情况。

四、唐代两冲击——安史之乱与唐末乱象

唐朝历时将近 300 年，算是延续时间较长的一个统一王朝。可是与汉朝一样，唐朝中后期也经历了两次大乱，造成了极大的藏书损失。唐初诸皇帝都有心做个盛世明君，而且科举制度刚刚兴起，社会上便掀起了一股读书热潮，也带动了全民藏书的热情。唐初，继承自前朝的秘府向民间征集图书后恢复馆藏，朝廷设弘文馆储四部（经、史、子、集）群书 20 余万卷，在东宫则设置了崇文馆，与弘文馆功能一模一样，另外还在后苑设别馆收藏了不少佛道儒的相关书籍。唐玄宗也爱藏书，对于图书的副本问题非常关注，要求在长安与洛阳两地各藏一套四部典籍，在唐玄宗开元五年（717），最主要的藏书机构已经转变为集贤院。唐代开始采用的雕版印刷技术促进了书籍的发行供给，虽然有资料说这时候唐代官方藏书大约在 12 万卷，但笔者感觉仍有低估之嫌。

李家刚把唐朝经营了一半，书厄便再次伴随战火来临。755 年发生了安禄山、史思明叛乱，史称"安史之乱"。叛军攻陷两京，唐玄宗逃亡四川。这一次，即便有副本的藏书也难逃连烧两次的厄运。

这次厄运之后，安史之乱最终平定，唐朝政府重新修补书库。唐代宗、唐文宗时期都有意搜集图书，经过多年征集，集书又达 5 万余卷。然而不到百年，黄巢起义爆发，并在 881 年攻陷长安建立大齐政权，战火之中藏书再次变成灰烬。这之后进入混战的五代十国时期，更是不利于藏书的保存。曾有后梁遗书 3 万卷被后唐定州节度使王都所得，但是在他反叛失败后自己放火烧毁了。秦末以后的这几次书厄，致使后人再难见到唐代以前的书籍珍品。

五、宋遇双劫——金元南下掠书回

宋朝统一全国后，也开始下诏征募前朝遗书，重建图书收藏系统。宋朝依然延续了秘书省的秘阁藏书，还增设崇文院三馆一阁，对献书者予以优待。经过多年收集，朝廷收藏书籍总量最高达到7万卷。当朝文人鼎盛，著述也颇为丰富，刊刻新书极多，不少都送官方收藏。宋代私人藏书家也非常活跃，连赵宋宗室赵宗绰也有藏书7万余卷，比朝廷藏书还多，更不用提一些收藏大家，如叶梦得之流。北宋时期，若不是北方长存战事，中原在文化上可谓歌舞升平，书香鼎盛。

可是北宋末年，金军入侵北方，宋钦宗投降，不仅受尽侮辱，他本人还被金军用来要挟北宋朝廷交出金银财宝及图书典籍。之后，金军毁去东京（今开封）城，掳掠二帝大摇大摆离去。北宋援军集结完毕的时候，东京已经是一片狼藉，而被掠走的图书也有很多不幸变成了碎屑。所幸部分被掠的书籍到了北方后被妥善保管，金人也建立了馆藏制度来收集民间藏书，也有了丰富的官藏书籍。

随后宋高宗赵构迁都临安（今杭州），建立南宋。虽然偏安一隅，但政权仍在继续统治，藏书系统很快得以重建。除了征集民间藏书，朝廷还借助江南发达的印刷体系重印了大量图书。南宋官藏之书在百年间的发展从数量上来说还比北宋略胜一筹，大多是拜新刻所赐。在重文轻武的时代，藏书与文化的大力发展、相互支撑才有了宋代社会文化繁荣的良好局面。印刷业的发达也导致民间私藏私印十分兴盛。流传下来的宋刻版书至今仍是质量上乘的古籍珍品。

两宋时期，崇文院藏书处都曾失火，损失了不少图书。元人先灭金，继承了金代的图书收藏；后灭宋，也接收了南宋不少幸存书籍。但是战火中官藏书籍的损失依然是一次不可挽回的书厄。两宋图书在战争后两次被北掳的结果就是图书收藏又进入了一个新的时期。

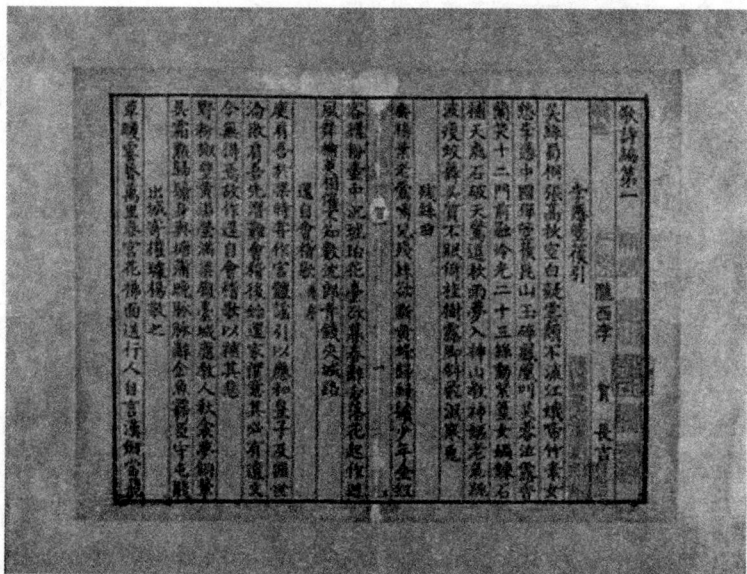

宋刻本

六、元明清藏书——元朝重视，明朝兴盛，清朝破坏

因为元代完成了政权封建化，也有一定的文化建树，并重视文化教育，所以对书籍收藏保护工作的开展与宋朝无异。徐达北上进攻元大都，元顺帝弃城北逃，留守的监国及丞相拒绝投降，为这个政权尽了最后的忠义。除了攻城的那一段时间，徐达率兵入城的时候全城非常平静，留下的元人没有在城中发生暴乱，北京城完好地到了朱元璋手中。在这样的情况下，元朝皇宫所藏典籍等财物被明军全盘接收。

因对元人的本能排斥，部分明代文人呼吁恢复宋时古风，所以重刻书籍之风在明初很兴盛。朱元璋在南京专门建设文渊阁来收藏明以前典籍，当时的官修巨典《永乐大典》就是利用了文渊阁的所有藏书所制。这一时期私人藏书家日见增多，胡应麟、范钦、毛晋等人还在江南开创了藏书楼的流行风尚，明朝官藏图书更是达到数百万卷，可见社会进步带来的盛世促进了藏书的极大丰富。

虽然社会在进步，但是统治腐败、民不聊生的情况还是引发了底层民众的反抗。1644年，李自成率领起义军攻入北京，诸军大肆破坏，官府藏书自然躲不过去。对于一个农民起义者来说，统治者收藏的一堆废纸又能有什么价值呢？与其抱怨李自成无知，还不如说民众教化的根基依然不稳固，书中所载的文化经典并没能为老百姓提供切实的服务。

没过几年，清朝取代了明朝，但是这个政权的领导者太过不自信，以至于做事极其偏激。虽然对藏书多有厚爱，也编修大型典籍，征召图书，却生怕人们从思想上反抗它的统治，于是把不少有碍统治的书尽数销毁，对一些文人也常常使出残酷手段进行整治。明代的许多地方志都因为字词中对"清朝"不敬，被整本整本地销毁，结果造成我们现在看到的许多地方志都丧失了真实的明代地方历史脉络。

为了统一天下的思想，清乾隆皇帝以修撰《四库全书》为名鼓励民间献书，却对民间藏书造成了一次空前的破坏。他虽然保存了部分典籍，但也禁毁了不少图书，民间图书收藏因此损失了很多的宋版图书，流传至今的都成了稀有之物。《四库全书》修成后，分七部在各地建阁收藏。虽然有不少书因为未进献而幸免于难，但这次献书也称得上是史上一大书厄。

七、清末民国之殇 ——战火连天文脉碎

清朝后期，朝廷已经病入膏肓。1840年的鸦片战争、1851年的太平天国运动导致战乱席卷全国。洋人与太平军攻城略地，所过之处多有焚烧抢掠，古书自然不能幸免，江南三阁也被毁得只剩下杭州文澜阁的半部《四库全书》，地方藏书也同临此厄。然而书祸远

不止于此，1860年英法联军攻入北京，大肆抢掠之后火烧圆明园。园中专藏古籍的文源阁被焚毁，所藏《四库全书》化为灰烬。清光绪末年，八国联军与义和团的混战毁掉了翰林院的大批藏书，仅存的《永乐大典》也被焚毁不少，剩下的散佚各地，难以重聚。

清末，皇家藏书中除了紫禁城与承德、沈阳等处的行宫中还保存了部分藏书外，多数已经散佚或是被人盗卖。清宫藏书的整理工作只能依赖许多在朝廷任职的民间藏书家的帮助，这期间最大的功绩是发现并保护了清代内阁大库的明清档案，为文化典籍保存了最新鲜的资料。

1912年，新成立的中华民国进入北洋政府时期，北洋派成功迫使清王朝移权。虽然这一变动并没有纵兵而造成以往的兵劫，但是许多地方的藏书楼也因为进入战乱时期保护不周，导致珍藏的大量古籍流失海外。民国政府稳定以后，各省相继建立新式图书馆用来藏书，并收集民间书籍。虽然大多数是新印图书，但是也为一部分古籍善本找到了安身之所。在这之后，日本侵华战争爆发，日军的深入侵略以及沿途对私人藏书楼与图书馆的掠夺也对藏书造成了不小的损失。

小结：

皇家藏书如此命途多舛，那么民间藏书呢？事实上，厄运只会更多，不会更少。民间藏书由于分散，结果出现了面对劫难时的两极分化：离祸源近的，必毁无疑；离祸源远的，相对来说就可能躲过一劫。民间藏书往往伴随着皇家藏书同时遭难，甚至在古代太平时期也依然避免不了由于朝廷诏令的失误与民众的蒙昧而出现大规模毁书的情况。这样的劫难让有识之士极为痛心。只有民众文化水平得到提高，待人待事更加理性，图书收藏才能迎来真正的春天。

30 各有各佛缘
——四尊不同命运的佛像

◇······················

　　佛像是佛教的重要象征之一，不能简单地称为收藏品，而是一种供奉品。宗教场所不仅有保存佛像的义务，也形成了独特的收藏义务。前面讲到榆林窟的象牙佛历经千年风险，数代保护者以命相护的故事，相信有不少人为之感动。在中国各地，很多佛像的收藏故事也颇具传奇色彩，就让我们一一来看一下吧！

一、打着慈禧旗号的大玉佛

　　前文曾提过在北海公园的团城有个渎山大玉海。团城是北海公园中的一个圆形小屿，号称"世界上最小的城堡"。其主殿承光殿中供奉着一尊大玉佛，慈祥端庄，通体洁白无瑕，色泽光润。玉佛左臂披金色袈裟，头顶与衣褶上镶嵌着各色宝石，熠熠生辉。这尊大玉佛与渎山大玉海并称为团城双宝，也是北京最大的一尊玉佛。

玉佛身高 1.6 米，重约 1.2 吨。

可是这座国宝级大玉佛最初并不在承光殿，而是被供奉在西直门附近的一个小庙中。那么它是如何到达这里的呢？这还要从它曾经所在的那座小庙说起。

那座小庙叫伏魔庵，建于明代，具体位置在西直门内大街北侧火药局胡同里。清光绪年间，这座庙的住持是灵辉和尚。他有一个厉害的师弟，名为明宽法师。明宽法师不仅精通佛教经典，还善于交际，与慈禧太后宠信的大太监李莲英相识。当年为了获得李莲英的庇护，他二话不说将自己住持的海淀关帝庙的一半土地转让给李莲英建了私宅。因为他和灵辉和尚与皇宫的太监们交情都不错，还发展了不少弟子，所以平时在北京城，他们两座庙里的布施要比其他小庙丰厚得多，因此也有能力到外地请到更好的佛像。

清光绪十八年（1892）明宽法师外出云游，与广东的智然和尚相伴到南洋游历、募化。因为明宽法师佛法精深，又善于交流，所以因缘巧合之下，缅甸僧人赠送了他一尊精美的大玉佛，他便想要不远万里运回北京。清光绪二十四年（1898），大玉佛起运回国。为了避免路上有人抢夺，明宽法师干脆打着为慈禧太后"奉旨请佛"的旗号，在镖车上插上奉旨用的黄旗。这一行为使得地方政府对他礼遇有加，也不敢过多盘问。

可是等玉佛到了京城，入驻伏魔庵不久，消息走漏，最先将负责北京城巡城的步军统领吸引了过来。他拿住明宽法师"冒旨"的罪名，要收回玉佛。明宽法师好不容易将大玉佛请回来，哪能说给就给。他特意跑去求助慈禧太后宠信的大太监李莲英，表示自己诚心为太后请佛，请太后收回玉佛，并且饶恕"冒旨"之罪。李莲英自然为他在慈禧太后面前美言了几句。慈禧太后了解了情况，答应收回玉佛，不仅没有追究"冒旨"之罪，还下旨赏赐给明宽法师白银 500 两以及《龙藏经》一部，并派人重修了伏魔庵，赐名为玉佛寺，至于大玉佛，则选择良辰吉日供奉在了团城承光殿里。玉佛寺里没玉佛，一时也成了北京人茶余饭后的谈资。

时至今日，玉佛寺已经在城市建扩中彻底消失，而大玉佛被供奉在团城承光殿不久就遇上了八国联军入侵北京的事件。八国联军在洗劫团城时，难以搬动玉佛，就把上面的金银宝石全都刮走。还有一名士兵妄图砍下玉佛的左臂，虽未达到目的，却给玉佛左臂上留下了深深的刀痕。玉佛后来虽然被修复，但伤痕犹在。不过能够避免被抢走，也算是这件大玉佛的一件幸事，才能至今仍在承光殿内接受着众人的观瞻。

二、小佛让大佛

北京雍和宫是藏传佛教的全国重点寺院，其中供奉的佛像也以藏式风格为主。其中有一座法轮殿，殿中供奉着一尊黄教祖师宗喀巴的铜像。可是在 1929 年之前，原先的位置上供奉的只是一座小佛像。这其中又有什么故事呢？

当时那尊小佛像为纯金制造，是一尊身披哈达的西藏喇嘛式释迦牟尼佛像。内部中空，采用藏传佛教特有的"装藏"，在里面装满了珠宝珍品。小佛像是在清乾隆十年（1745）正月西藏七世达赖喇嘛向乾隆皇帝进贡的宝物之一，被乾隆皇帝下旨供奉在雍和宫主殿内。可是主殿高大宽敞，与这座佛像比较之下总给人一种"殿高佛小"的感觉，于是在殿内建造了一座刻有宝像的曲栏大法坛，坛上又陈列一座鎏金千

释迦牟尼佛像

叶莲台，将释迦牟尼像安置其上，多少弥补了一些视觉上的差异。乾隆皇帝特意为此写了一首佛赞诗。由于诗里面提到了法轮，因此

佛像所在的殿堂被称作法轮殿。

到了清宣统元年（1909），人们想要换一座大小、题材合适的大佛，最终选择为祖师宗喀巴塑像。雍和宫喇嘛白普仁向当时的王公大臣们募捐集资，铸造了一尊体型高大的铜像。他计划换下小金佛，供奉大铜佛，可是铜像铸成后，资金用尽，又恰巧遇到了辛亥革命，时局动荡，白普仁此时无力请人换装铜像，只好将其存放在雍和宫旁边的一处民房内，一时没了下文。

宗喀巴佛像

1928 年，军阀混战接近尾声，号称五省联军总司令的孙传芳在北伐失败后皈依佛门。一日，他前来雍和宫朝拜，发现殿高佛小，也觉得非常奇怪，便询问住持是怎么一回事。白普仁如实告知之后，孙传芳便答应自己出资换装佛像，为铜像贴金后择吉日迎请供奉。1929 年 5 月 21 日，雍和宫举行了"宗喀巴开光大典"，广邀各界人士参与，此后每年都举行 108 个喇嘛参与的奉经活动，连办 49 天。直至现在，雍和宫依然香火鼎盛，大铜佛受到寺内僧人的精心保护，一直光彩夺目。

三、王世襄请佛

雪山大士是释迦牟尼在过去世修行菩萨道的时候在雪山苦行，不涉人间时的称谓，被称为人间佛，也称瘦骨罗汉。形象多为瘦骨嶙峋的老人，蜷一足，两手扶膝，支撑下颌，表现出一种深山独处、唯思坐禅的玄妙情景。京城收藏名家王世襄家中就供奉了两尊小型明代雪山大士像，它们的来历各不相同。

一尊为金髹木雕像，是他在 1951 年 3 月
获得的。王世襄因事前往天津，忙碌了一天，
傍晚时途经古玩店，刚进门便看到柜顶上的
这尊佛像，略一问价立刻如数结账购买。王
世襄在坐车回北京的路上高兴不已，拿出来
细细审视，还引来乘客的围观讨论，一天的
劳累也在获得珍宝的喜悦中一散而尽。

另一尊为鎏金铜像，造型略为特别。头
大异常，容貌奇古，耐人寻味。王世襄获得

雪山大士像

这一佛像的过程中还出了一些小意外。当年在东直门内羊管胡同有
一座极乐庵，里面居住着一位老居士宋云普先生。他是个虔诚的佛
教徒，常年搜求铜木佛像，带回家供养。1950 年冬，王世襄经人介
绍前往拜访，看到宋云普家中上上下下有数十座佛龛，内外大小佛
像四五十尊，只在时代与仪容上面略有区别。王世襄当时就被铜制
的雪山大士造像吸引住了，但是没敢开口询问，只请回了一尊明代
的金髹木雕僧人像。

1951 年 12 月 21 日，王世襄时隔一年再度造访，这次才得知雪
山大士像是宋云普多年前向某座寺庙布施不少香火才迎回家中的。
王世襄心动了。他一本正经地介绍到自己的母亲也是佛门弟子，但
已经十多年没有合适的佛像来供奉，而且家中佛堂依旧，希望能迎
一尊佛像回去。宋云普先生听了这番话非常高兴。王世襄进一步试
探，谈到自己很早便希冀家中佛堂能够重新佛光普照，为此特意恳
求宋居士赠送这尊雪山大士像，并愿意加倍偿付当年的香火钱，以
表达自己的虔敬之心。宋云普欣然应答，取出洁白纸张亲自包裹，
将佛像交由王世襄捧好，并送出门外。到了停放自行车的地方，因
为王世襄太高兴了，所以一时忘乎所以，为图方便，将佛像倒装在

车梁下方的裆裉中。宋云普一看，立刻不高兴了，连忙用双手将铜像倒转过来，大声说道："岂能如此不敬！"王世襄一看，知道自己犯了严重错误，口中连称："罪过！罪过！"重新放置好之后，立刻上车疾驰而去，生怕宋云普发现他诚心不足，向他索还铜像。

一年后，王世襄又从地安门义古斋淘到一个朱漆佛座，遍体断纹，古拙可爱，将雪山大士像安置在上面，二者就好像浑然天成。这两尊雪山大士像最后随着王世襄的其他收藏品进入拍卖市场，被其他有缘人收藏了。

四、皇寺金佛被盗之谜

皇寺的正式名称叫作莲花净土实胜寺，坐落在沈阳市和平区皇寺路206号。由于它曾经与清朝开国皇帝皇太极有着密切关系，因而成为皇家重点寺庙。其中供奉的一尊玛哈噶喇金佛是寺中最重要的宝物。这尊金佛呈古铜色，站像，双手捧着降魔杵，高约40厘米，重约30千克。令人震惊的是它在近代失窃了，至今无迹可寻。这又是怎么一回事呢？要讲到它的失窃，还要先从它被供奉在沈阳开始讲起。

据记载，这尊佛像是在元世祖时期由喇嘛帕斯巴用千两黄金制成的。早先供奉于五台山，后请回塞北沙漠，最后被喇嘛夏尔巴乎图请至察哈尔林丹汗国供奉。后金天聪九年（1635），被皇太极征服且纳入版图的察哈尔部喇嘛默尔根带领一队僧人，选用一峰白色大骆驼，载着这尊金佛以及一部金喇嘛经，经过长途跋涉来盛京（今沈阳）进贡。皇太极获得消息，立即派大臣前往迎接。

当队伍行至今日寺庙附近的一棵老槐树下时，白骆驼突然卧地而亡。见此，默尔根及其他喇嘛认为是佛意使然，属于"吉兆"，连忙对着死去的白骆驼诵经祈祷，并将白骆驼长卧之处视为佛门圣地，认为是他们的"生根"之处。皇太极降诏在这里设佛寺，造寺院。历时两年寺庙方才建成。建成之后皇太极亲率文武百官前往祝贺，并赐名为"莲花净土实胜寺"，将玛哈噶喇金佛安置在佛寺的西配殿中。

刚建成的实胜寺出了一件怪事，金佛多次离奇出现在正殿顶端，并且遥望东方。人们这才明白金佛不愿住西配殿，想住正殿，而且得是比正殿高的坐西朝东的高楼中。但是按照喇嘛教规，正殿是全寺最高建筑，其他寺内建筑都不能高于正

实胜寺前面驮佛像的白骆驼石雕

殿。掌印喇嘛思来想去，只得把金佛的意愿如实向皇太极禀报。皇太极听后，决定在实胜寺里再建一座坐西朝东的佛楼，专门供奉玛哈噶喇金佛，为了不违背教规，就命名这座佛楼为玛哈噶喇庙。因为是二层阁楼，人们又称它为玛哈噶喇佛楼。楼建好了之后，金佛有了合适的安身之处。在这里被供奉了300多年，就连日本人盘踞东北的时候金佛都安然无恙。可是在抗战结束后，它却因保护不周被盗了。

据说是在1946年3月30日，沈阳刚刚下了一场雪。庙里来了两个人，一个是喇嘛们都熟悉的当地居士李檠西，另一个人二十七八岁，进寺之后举动异常，东张西望。他们来做什么呢？原来，国民党新任辽宁省主席徐箴特派他们来实胜寺给金佛送佛家供器。旧时新官上任来拜佛是惯例，大家也就应允了。虽然觉得那个年轻人表现异常，但考虑到是省主席派来的，李檠西又专门陪着，喇嘛们也就没有多疑，更没有多加注意。

当日二人要求亲自登楼将供器安置在金佛面前，寺中诸人不好驳了对方面子，便让佛楼负责人乌尔根达来领着他们登上了佛楼，解开所有锁具后让他们进屋里摆放供器。所有活动都结束之后，他们告诉乌尔根达来，把寺院的积雪打扫干净，明天徐箴主席要来亲自拜佛。对方的话不敢不听，所有喇嘛便在傍晚顶着凛冽的寒风，清扫寺内积雪，打扫佛堂，为迎接徐箴忙碌了大半天，直到午夜事情才基本结束，所有僧人都疲惫不堪，在后半夜沉沉地睡去了。

第二天早晨，乌尔根达来前往佛楼给玛哈噶喇金佛拈香，正想开门，却发现佛楼门、楼梯口、金佛所在房间的门锁全部被捣毁，上楼一看，大惊失色，玛哈噶喇金佛不见了！不仅金佛丢失，其他金银供器也不翼而飞，就连昨天新送来的供器也不见了。

眼看徐箴就要来拜佛，怎么办呢？众喇嘛吓得一时不知如何是好。无奈之下，掌印喇嘛派人前去报案，请警察帮助寻找。

就在报案期间，徐箴恰好在上午十点左右由两名随从陪着来到了实胜寺。掌印喇嘛慌忙把徐箴让到待客厅，满面愧疚地向徐箴说明了金佛昨晚被盗的情况。徐箴听后，面露遗憾之色，小声嘀咕道："看来是没有佛缘啊，那也得上去看看。"说罢依旧登上佛楼，向着空空的佛龛，遵从佛规拈香礼拜，之后又安慰了一下寺庙众人，并派随从去督促警察局尽快破案。

次日上午，当地警察局六分局一队警察前来调查，到佛楼看了看，随意观察了一下情况，便下令带走相关人员问询。他们将负责佛楼的乌尔根达来、托克通阿、包庆海等十几个喇嘛统统抓了起来，带到警察局看押。

第三天，负责审讯的警长先让他们白天反省、自我举报，可是没有任何人来反映情况。到了晚上，他见众喇嘛都不承认偷金佛的事，也懒得细细询问经过，直接动用酷刑。各种酷刑挨个过了一遍，仍没有一个喇嘛招供。一直折腾了一个多月，被抓的所有僧人都快要精神崩溃了，警察依然没有问出任何结果，最后只好将僧人分批放了回去。警察局局长还私下里训话，要他们回去之后老老实实，别再多生是非。

众喇嘛回到寺中，谁也不敢议论此事。徐箴又带着人前来慰问，让大家安然处之，找不到就算了，以后引以为戒，不必太过纠结。从此以后，寺中众人不敢再提金佛的事情。但是依然有人从蛛丝马迹中推测徐箴是这一事件的始作俑者。

想想也是，玛哈噶喇金佛在实胜寺佛楼供奉了300多年，连日本人都没有强抢，偏偏在新任省主席徐箴要来拜访之前丢失，不但没有引发徐箴的怒气，反而不了了之。尤为可疑的是，那两个前来送供器的人也莫名其妙消失了，据称是得了暴病而亡。而且还有件怪事，在金佛被盗后的五天之内，实胜寺连起两场大火，库房、山门和牌楼皆被烧毁，然而徐箴不查不问，置若罔闻。

可是猜归猜，就算怀疑徐箴，又有谁能查到他的头上去？到了1948年末，人民解放军歼灭了东北境内的国民党军，徐箴乘船带着全部财产逃往台湾，途中船遇暴风沉没。如果盗窃了玉佛的人真是徐箴，玛哈噶喇金佛就在海底也未可知。至今为止，这一佛像还无任何消息，实胜寺则重新迎请了一座类似的铜佛，暂时替代了玛哈噶喇金佛。2016年，在沈阳市信众及社会贤达人士的襄助下，按照历史原样重塑了玛哈噶喇金佛，经过加持、开光、装藏等仪式后，它被重新供奉在实胜寺中。

小结：

四尊不同的佛像，四种不同的命运。它们各有特色，却在面对形形色色的人时产生了不同的因缘际会，这也是佛家造像收藏故事中常有的情节吧！